다섯 살,

우리 아이 어떻게 키울까?

다섯 살,
우리 아이 어떻게 키울까?

오사카보육연구소 씀 | 이학선 옮김

보리

우리 보육을 비추어 볼 성실한 이웃의 거울

"토닥토닥 해 줘." 낮잠을 자려고 눈을 감고 누워 있던 한 녀석이 내 손을 붙잡고 졸랐다. 그러자 나란히 누워 있던 아이들이 여기저기에서 "나도 토닥토닥." "나도 나도." 아우성들이다. 20년 전, 일본의 한 어린 이집에서 일하면서 연구를 할 때 거의 날마다 낮잠 시간에 겪은 일이다. 오른손, 왼손으로 양쪽에 있는 한 녀석씩 토닥거려 주자 그 옆에 있는 아이들이 자기도 해 달라고 한다. 한 손으로 두 아이씩 번갈아 토닥거리 고 있자니 앞뒤 줄 아이들도 반쯤 실눈을 뜨고 "토닥토닥." "토닥토닥." 하고 속삭인다. 문득 천수보살상에 달려 있는 천 개나 되는 손이 떠올랐 다. 그 이상하도록 많은 손들이 부러웠다.

어린이집에서 여러 아이들을 함께 키우는 일은 자기 집에서 아이 한 둘을 돌보는 것과는 아주 다른 일이다. 그러나 어린이집은 한 집 한 집 에서 아이를 키우는 것보다 아이들을 더 잘 돌보고 키울 수 있는 곳이기 도 하다. 사회와 떨어진 곳에서 한 어머니가 한두 아이를 종일 돌보는 것보다 두세 어른들이 여러 아이를 함께 돌보면 아이들을 더욱 밝고 건 강하게 키울 수도 있다. 내가 일한 일본 어린이집에서는 늘 웃음소리가 그치지 않았고, 경험 많은 교사가 새내기 교사들을 늘 격려하고 안심시

켜 주었다. 그 때 널리 쓰고 있던 일회용 종이 기저귀가 아기들 피부에
도 안 좋고 환경 문제를 일으킨다는 사실을 알고서는 어린이집에서부터
면 기저귀 쓰는 운동을 펼치기도 했다.

어린이집은 아이들이 먹고, 입고, 자고, 놀고, 멍하니 앉아 있고, 골똘
하게 생각하고, 또는 그냥 돌아다니면서 '삶의 방식(문화)'을 익히는 곳
이다. 남자인 내가 어린이집에 갔을 때, 선생님들이 반가워하며 동네 목
욕탕에 아이들을 데리고 가 달라고 했다. 그 동안 여탕만 다녔는데 남탕
도 구경시켜 주고 싶다는 것이다. 아이들은 물론 아주 흥분하고 좋아했
다. 오랜만에 동네 남탕이 시끄러웠지만, 그것도 지역 어린이들의 존재
를 주민들에게 알리는 계기가 되므로 중요하다고 했다.

한국 사회에서 1980년대는 '보육'이란 개념조차 억압되었다. 개인 발
달과 가정 육아를 중요하게 생각하는 영미식 유아 교육관이 지배하고
있었고, '보육'은 '탁아'라고 하여 식구들과 어머니한테서 어린아이들
을 떼어 내려 한다고 의심을 받았다. 그러나 이 시기에 일본에서는 집단
보육과 사회 성장을 중시하는 사회주의권에서 연구, 실천한 사례를 소
개하는 출판물도 많이 나오고, 그러한 보육 운동을 실천하는 곳도 많이
있었다.

왜 지금 우리는 20년 전에 일본에서 만든 보육 책을 읽는가? 이 책 속
에 바로 지금 한국 보육 현장에 필요한 진지한 연구와 치밀한 기록과 보
육 운동의 열정이 녹아 있기 때문이다. 1980년대 일본 사회는 여성 노동
력을 쓰기 위해 보육 예산을 늘리고, 여전히 강한 가부장 가족 문화 속
에서도 어린이집을 늘려 갔다. 바로 오늘의 한국 사회를 떠올리게 한다.
이 책은 그 때 일본 보육 현장에서 어린아이들이 자라는 것을 어떻게 뒷
받침해야 할 것인가를 진지하게 고민하며 만든 것이다. 우리보다 한 세
대 전에 사회 보육 제도를 세운, 일본 보육 운동의 여러 실천 경험과 연
구의 결정체라고도 할 수 있다.

이 책은 다른 어떤 보육 책보다 교사와 부모가 서로 도와 아이를 돌보는 것에 대해 자세하게 다루었다. 또한 어린이집 안에서 아이들과 함께하는 일상 생활을 언제나 새롭게 관찰하고 기록하는 연구자로서, 그리고 부모들과 만나고 이야기를 나누면서 바람직한 육아 문화를 이끌어 가는 활동가로서 보육 교사가 해야 할 일을 그리고 있다.

물론 하루하루 새로운 지식과 정보가 넘쳐나는 오늘날, 한 세대 전에 다른 사회에서 실천한 육아법을 읽는다는 것은 불안한 일이다. 그런 점에서 이 책은 교과서가 아니라 참고서로 읽어야 한다. 꼼꼼히 읽되 거리를 두고 보아야 한다. 시대 차이만 아니라 문화 차이도 늘 생각하면서 읽어야 한다. 예를 들어, 일본의 기후와 주거 환경에서 비롯된 생활 습관은 깨끗한 몸과 위생을 강조하는 것으로 나타나고, 보육 현장에서는 똥오줌 가리는 훈련을 빨리 하거나, 옷을 자주 갈아입히거나, 추위를 이기는 피부 단련법을 열심히 고민하거나 하는 것으로 나타난다. '남에 대한 배려'나 '집단 만들기' 같은 섬세한 훈련도 집단주의 일본 문화와 연결된 보육 방식이다. 우리는 그러한 문화 특성을 배워야 할 것이 아니라, 우리 자신은 어떻게 하고 있는지, 또는 어떻게 해야 하는지를 돌이켜보아야 한다. 다시 말하면 우리 나름대로 보육 방법을 정리하고 만들어 가기 위해 토론하는 출발점으로 삼아야 한다는 것이다.

이 책은 치밀한 관찰 기록과 섬세한 글쓰기, 집단의 지식 수렴 방식 같은 일본 문화의 특질을 잘 드러내어 만든 책이다. 다른 문화에서는 찾아보기 힘들 만큼 정말 '자세한' 집단 육아법 교과서다. 우리 사회에서는 아직 제대로 경험하지 못한 한 살 어린이 보육에 대해서도 눈에 보일 듯이 그리고 있다. 허둥지둥 필요한 부분만 찾아 읽기보다는 먼저 쭉 한번 진지하게 읽어 보기를 권한다. 사람을 키우는 일은 기나긴 삶과 성장 과정을 생각한 문화적 맥락 속에서 이루어지기 때문이다.

이 책을 번역한 이학선 씨는 과천에 있는 공동육아 어린이집에서 아이들에게 옛날 이야기를 들려주는 '이야기 할머니'로 활동하고 있다. 늘 만나고 있는 어린이집의 교사와 부모들이 일본에서 실천한 보육 내용을 읽어 보았으면 좋겠다고 생각하여 10년 전부터 이 책들을 번역해 왔다. 모두 여섯 권이나 되는 전집을 대학 공책에 볼펜으로 꼭꼭 눌러써 가면서 전부 번역해 내었다. 한 할머니의 노력과 시장 논리를 넘어선 보리 출판사의 결단으로, 척박한 우리 보육 현장에 아주 구체적인 보육 방법론을 소개할 수 있게 된 것을 감사드린다.

이 책을 만드는 데 참여한 일본 보육 교사와 연구자 들은 서구 보육 이론과 방법론을 공부하고 참고하면서도 자신들이 만드는 이 책이 "빌려 온 수입품이 되지 않도록, 우리가 실천한 것을 우리 눈으로, 귀로, 손으로 함께 확인해 나가자."고 되풀이해서 다짐했다고 한다. 이 책이 한국 보육 현장에서 우리가 경험한 것을 우리 스스로 책으로 만들어 나가는 디딤돌이 되기를 바란다.

2007년 7월

정병호(한양대학교 교수, 공동육아와 공동체교육 공동 대표)

책을 펴내면서

아이가 태어나는 것

아이가 태어나는 것은 세상에서 가장 감동 깊은 사건입니다. 태어난 아이는 날마다 새로운 몸짓과 표정, 새로운 감정과 말을 익히고, 사람다운 능력과 자질을 배우고 익히며 창조해 갑니다. 부모들은 아이가 자라면 그 아이가 태어날 때 자신이 얼마나 불안해하고 긴장하며, 또 얼마나 기뻐하고 감동했는지 이야기할 것입니다.

오늘날 아이의 세계

아이는 태어난 지 석 달이 지나면 얼러 줄 때 소리 내어 웃습니다. 다섯 달째 들어가면 낯익은 사람을 알아보고 방긋 웃기도 합니다. 아홉 달째는 힘차고 개성 넘치는 소리로 엄마, 아빠 같은 옹알이를 합니다. 그러다 첫돌 무렵에는 두 다리로 일어서고, 걸음마를 합니다. 사람으로 살아가면서 꼭 거쳐 가야 하는 첫 번째 문을 지나가는 것이지요. 그러면서 앞 시기와 뚜렷하게 나뉠 만큼 시야와 활동 범위를 넓혀 갑니다. 또 부모에게 보호받고 기대던 데서 조금씩 벗어나 한 발 한 발 자립해 나가고, 자기 세계를 넓혀 갑니다.

그러나 아이가 한 발 한 발 자립해 간다고 해서 부모가 아이를 편하게 키울 수 있는 것만은 아닙니다. 아이가 조금씩 자립하면 할수록, 아이의 세계가 넓어지면 넓어질수록 부모는 한결 책임이 무거워집니다. 더욱 복잡하면서도 여러 방법으로 아이를 보살펴야 하고, 마음써야 할 부분도 늘어납니다. 아이가 부모에게 '보호받고 기대던 관계'도 새로운 모습을 띠어 때로는 부모 힘만으로는 어쩔 수 없는 일이 생깁니다. 부모들은 아이들이 자라면 이 시기에 자신이 어떤 일을 겪고, 얼마나 마음고생을 했는지 예를 들어 가며 이야기할 것입니다.

부모가 아이를 키우는 방법은 지난날과 오늘날에 걸쳐 셀 수 없이 많이 이어져 왔습니다. 이것이 쌓이고 쌓여 '아이 키우는 슬기'가 되고, 우리가 살아가는 데 크나큰 유산이 되고 있습니다. 그러나 '아이 키우는 슬기'는 개인에게서 개인에게로 이어져 왔기 때문에 오늘날 부모들이 유아기 아이를 키우는 데 도움이 많이 못 됩니다.

오늘날은 격동의 시대로 배가 지도 없이 바다를 떠다니는 것처럼 모든 게 확실하지 않다고 합니다. 위기에 빠진 시대를 반영하는 말이겠지요. 아이를 돌보고 키우는 분야에서도 그 영향을 받아 여러 가지 어렵고 힘든 부분들이 나타나고 있습니다. 아이들 세계도 폭넓게 바뀌어 가고 있습니다. 복잡한 원인들이 뒤엉켜 아이들을 둘러싼 사람 관계는 엷어지고, 집단은 흩어지고, 연대감은 약해지고 있습니다. 또 식생활도 바람직하지 않게 바뀌어 가고, 지역과 집단마다 놀이 방법이 빈약해지고, 상품화한 퇴폐 문화가 넘쳐나 아이들 감성에 영향을 주고, 어린이 세계를 무너뜨리고 있습니다. 유아기에는 인격을 갖추는 바탕을 만들어야 하는데, 이 시기부터 어린이 세대는 허물어지고 있습니다.

오늘날 어린이 세계를 풍요롭게 하려면 단순히 '아이 키우는 슬기'를 이어받는 데서만 그치지 않아야 합니다. 아이를 둘러싼 집단과 환경 속에서, 아이가 살아가면서 발달하는 모습을 더욱 정확하고 뚜렷하게 잡아 내야 합니다. 그리고 아이가 발달하는 것을 도우려면 과학에 바탕을 두고 아이를 키워야 합니다.

과학에 바탕을 두고 아이 키우기

과학에 바탕을 두고 아이를 키우려면 부모들이 저마다 실천한 것을 쌓아 가는 것만으로 그쳐서는 안 됩니다. 수많은 경험에서 나온 아이 키우는 슬기가 과학에 바탕을 두고 아이를 키우는 힘으로 발전하려면 준비를 해야 합니다. 아이를 키우는 일은 어머니가 하는 일이며 개인이 책임져야 할 일이라고 생각하는 데서 벗어나, 사회가 함께 책임지고 펼쳐 나가야 할 일이라고 생각해야 합니다. 다시 말해, 사회에서 아이를 돌보고 키워야 합니다.

사회에서 아이를 돌보고 키우기

사회에서 아이를 돌보고 키우는 범위는 맞벌이하는 부모들과 앞으로 맞벌이를 해야 하는 부모들이 절실하게 운동을 펼치면서 넓어졌습니다. 사회에서 아이를 돌보고 키우는 운동이 발전하면서 아이 키우는 분야에서 함께하거나, 나누어 해야 할 일이 생겼습니다. 무엇보다도 집단 교육을 맡는 전문 교사를 많이 키워 냈습니다. 이것은 아이들을 날마다 있는 그대로 관찰하고, 맞벌이 부모가 바라는 대로 아이들을 성장 과정에 맞춰 개성 넘치고 사람다운 모습으로 키우려고 실천하는 교사가 많이 생겨났다는 뜻입니다.

부모들이 저마다 아이를 키우면서 쌓아올린 슬기를 바탕 삼아 집단에서 아이를 돌보고 키운 실천이 쌓이고, 이것은 '과학에 바탕을 두고 아이를 키우는' 밑바탕이 되었습니다. 더구나 맞벌이 부모들은 아이를 집단 전문 교사에게 맡겨 키우면 웬만큼 거리를 두고 자기 아이를 살펴볼 수 있다는 것을 깨달았습니다. 또한 교사에게 지도와 도움을 받으며 집단 속에서 자라는 아이들을 보면서, 아이들을 돌보고 키우는 일은 아이들이 생존하고 성장하는 권리를 보장하는 일이라는 것도 깨달았습니다. 그리하여 맞벌이 부모들이 오늘날 아이들에게 모자라는 것이 무엇인지, 아이를 왜 사회에서 돌보고 키워야 하는지를 주장하게 되었고, 스스로 짊어지던 책임도 개인으로나 공동으로 이루어 내려고 노력해 왔습니다.

부모들이 아이를 돌보고 키우는 것을 자신의 권리로 여기고, 부모와 교사가 위험한 현실에서 아이들을 지키려는 운동을 함께 펼쳐 나간 것도, 과학에 바탕을 두고 아이를 키우는 운동을 발전시키는 힘이 되었습니다. 또한 사회에서 아이를 돌보고 키우는 일은 보육 실천, 보육 시설, 보육 조건에 관계하는 보육학자, 심리학자, 교육학자뿐만 아니라 의사, 건축가, 법률가, 경제학자, 영양사, 조리사와 체육, 미술, 음악, 문화 분야의 전문가를 많이 낳았고, 과학에 바탕을 두고 아이를 키우는 일을 풍성하게 만들었습니다.

이러한 일들이 과학에 바탕을 두고 아이 키우는 일을 발전시켜 가는 바탕이며, 여러 분야의 전문가들은 아이를 한결 차원 높게 돌보고 키우려고 크게 움직이고 있습니다. 오사카 보육 운동이 국제 어린이의 해 (1979년)를 기념하여 오사카보육연구소를 세운 것도, 이와 같이 객관화한 관점과 실천 속에서 나온 요구와 주장에 발맞추려고 한 것입니다.

오사카 보육 운동

오사카에서는 1970년부터 보육 학교를 중심으로 학습 운동을 펼쳐 왔습니다. 보육 학교는 1984년 7월까지 강좌를 157회 열었는데, 여기에는 모두 2만 명 남짓한 교사와 부모들이 참가했습니다. 이 학습 운동은 나이에 꼭 맞는 보육을 중심 내용으로 삼고 있습니다. 교사와 부모들이 이제껏 저마다 절실하게 필요해서 실천해 온 경험을 나누고, 분석하고, 연구자가 정리해 가는 형태로 공부를 해 왔습니다. 이 학습 운동은 실천 사례를 아주 많이 모았습니다.

그 동안 재단법인 오사카보육운동센터(오사카보육운동연락회, 오사카 아동보육연락협의회, 오사카보육문제연구소)는 1983년에 10주년을 맞이했습니다. 오사카 보육 운동을 중심에서 끌고 가는 오사카보육운동연락회는 1984년에 20주년이 되었습니다. 이를 기념하여 오사카보육연구소에서 그 동안 공부하면서 모아 온 내용을 묶어 어린이 세계를 풍성하게 하기 위해 이 책을 펴냈습니다.

국제 어린이의 해를 기념하여 오사카 보육 운동 단체들이 세운 오사카보육연구소는 현재 일흔 명이나 되는 연구원들이 참가하고 있으며, 부회 활동과 연구위원회 활동을 하고 있습니다. 그러면서 오사카 여러 지역에서 쌓아 온 보육 실천 경험과 그에 따르는 과제를 검토, 분석하여 그 가운데 몇 가지를 책으로 펴냈습니다.

이 책의 짜임

우리가 이 책을 만들 때는 지금 이 책에서 바라는 것이 무엇인지 설명하는 것부터 했습니다. 오늘날 아이를 돌보고 키우는 활동에는 여러 경향들이 있습니다. 첫째, 아이의 발달을 강조하면서, 발달의 주체인 아이의 생활, 생각, 관심, 능력을 무시하고 무조건 '발달 과제'를 주장하는 관리주의와 훈련주의 경향입니다. 둘째, 위와 반대로 아이의 자주성을 중요하게 생각하는 경향입니다. 이는 아이가 발달하는 데 토대가 되는 것과 문화 현상에서 과제를 찾아 내려고 하지 않고 교사가 그저 환경과 조건을 준비하여 돕기만 하고, 지도도 계획도 하지 않는 자유주의 경향입니다. 셋째, 자유주의 경향에서 나온 생각인데, 아이에게 나타나는 문제를 나이별 집단을 없애야만 해결할 수 있다고 생각하는 경향입니다. 여기에서는 집단 보육을 할 때 나이에 따라 반을 나누지 않고, 아이에게 활동을 자유롭게 하면서 하루를 보내게 하는 문제도 나타나고 있습니다. 넷째, 아이의 발달 과정을 무시하고 젖먹이 시기부터 영어나 한자 같은 외국어를 가르쳐야 지적 능력이 발달한다고 생각하는 조기 교육 경향입니다.

이러한 경향들은 저마다 넘어서야 할 문제들을 안고 있습니다. 우리는 이런 문제들을 넘어서기 위해서 단순히 이론에 담긴 문제뿐만 아니라 실천에 담긴 문제를 밝혀 나가야 한다고 생각했습니다. 현장에 따라 아이를 돌보고 키우는 조건이 다릅니다. 교사 한 사람 한 사람은 저마다 다른 현장에서 여러 조건을 생각하면서 어린이를 돌보고 키워야 합니다. 그래서 우리는 교사들이 저마다 자기 자리에서 실천한 것을 되돌아보고 그것을 주인 정신으로 발전시켜 나갈 수 있도록 보육 원리와 원칙을 이 책에서 보여 주어야 한다고 생각했습니다. 또한 이 책은 부모, 더구나 맞벌이 부모가 아이를 키우는 데 필요한 기본 지식을 풍부하게 갖추어 가는 데 도움이 되어야 한다고 생각했습니다. 그래서 다음과 같은 관점을 세웠습니다. 이러한 것들은 이 책에 나타나는 특징입니다.

이 책의 특징

첫째, 이 책은 나이마다 한 권씩 편집하여 한 살부터 여섯 살까지를 다루었습니다. 그러나 다음 나이에 계속 실천을 이어 갈 수 있도록, 권마다 다음 나이를 내다보며 글을 썼습니다. 또한 내용이 겹치거나, 그 나이에 해야 할 과제가 흐려지지 않게 하려고 나이마다 해야 할 과제와, 그 나이에서 다음 나이로 이어지는 시기에 해야 할 과제도 또렷하게 보이도록 편집했습니다. 그리고 유아기의 보육과, 학교 교육으로 이어지는 활동도 중요하게 다루었습니다. 권마다 계속해서 다음 나이를 내다보며 글을 쓴 것도 이 때문입니다.

둘째, 이를 위해서 편집 회의에서는 나이에 따른 발달 과제와 보육 과제 표를 간결하게 정리하여 '어린이 세계를 풍성하게'라는 표를 만들었습니다. 권마다 1장 뒷부분에 붙은 이 표는 편집 회의를 몇 번이나 하고, 나이별, 항목별 모임에서 토론하고, 각 권 책임자로 이루어진 편집 회의에서 다시 토론하여 간결하게 정리한 것입니다. 한 살부터 여섯 살까지 표를 만들어 연구자와 교사가 보기 쉽게 하고, 가로세로 이쪽 저쪽을 관련시켜 긴 시간에 걸쳐 내용을 고쳐 가면서 만들었습니다. 물론 이 표는 이것으로 완결된 것은 아닙니다. 기계처럼 끼워 맞추어야 할 것도 아닙니다. 실천해 보고 검증하면서, 실제에 맞게 한결 다듬고 완성해 나가야 합니다. 그러나 실천으로 검토하고 연구한다고 할 때 이 표는 아이를 돌보고 키우는 활동을 발전시키는 데 분명 큰 도움이 될 것입니다. 표는 간결하게 만들었지만, 이것을 기본으로 하여 책 내용을 자세하게 썼습니다. 책 전체를 읽으면 이 표를 바탕으로 해서 실천해야 할 내용이 자세하게 나타나 있습니다. 이러한 관점에서 권마다 나이별 중점 과제를 기본으로 하면서 장을 구성했습니다.

셋째, 표에도 잘 나타나 있듯이 먼저 나이마다 핵심이 되는 발달 과제를 실천 사례로 밝혀 놓았습니다. 그러나 가장 중점을 둔 것은 아이마다 발달 과제를 이룰 수 있게 아이들이 주인이 되어 활동하는 내용을 담은 부분입니다. 그 밖에 단계마다 교사가 실천해야 할 과제, 말하자면 교사가 아이를 돌보고 키울 때 아이를 소중하게 여기는 활동이 무엇인지도 밝히고 있습니다. 아이의 발달 과제, 아이가 주인이 되는 활동, 교사의 보육 과제, 이 세 가지를 서로 연결시켜 실천해야 할 내용과 구조를 뚜렷하게 밝혔습니다.

이 책은 오사카 여러 지역에서 널리 실천하고 있는 보육 내용을 바탕으로 하고, 오사카보육연구소에서 연구한 성과를 덧붙여서 만들었습니다. 함께 토의하고 연구해서 나온 결과입니다. 쓴 사람은 교사, 부모, 연구자 들로 모두 예순 명이 넘으며, 토론에 참가한 사람들은 그 몇 배나 됩니다. 모자라는 곳이 있기도 하지만, 아직은 역사가 짧은 집단 보육에서 기본 목표로 삼아야 할 것을 뚜렷이 보여 주고 있습니다.

이 책에는 대부분 실천해 본 내용과 사례가 나오기 때문에 부모나 교사가 아이를 키울 때 실제로 도움이 되는 내용이 많이 들어 있습니다. 그러나 앞으로도 교사나 부모들이 이 책을 읽고 검토하고 비판하면서 점점 내용을 풍성하게 만들어 가야 합니다. 오사카보육연구소는 이 운동을 해야 한다는 것을 일러 주었는데, 그 곳에서 이 책을 책임지고 편집하여 정말 기쁩니다. 유아기는 한 사람의 인생에서 중요한 출발점입니다. 많은 사람들이 이 책을 지지해 주면 좋겠습니다.

1984년 8월
오사카보육연구소
다카하마 스케지, 아키바 히데노리, 요고다 마사코

차례

2장 | 다섯 살 어린이 보육 계획

3장 | 다섯 살 어린이를 돌볼 때

5장 | 궁금해요

일러두기

■ 이 책은 1984년에 일본에서 처음 나왔습니다. 그래서 지금 우리 현실과
조금 다른 부분이 있습니다.

■ 이 책에 나오는 다섯 살은 49개월부터 60개월까지이고, 어린이 반 1년
은 일본 새 학기가 시작하는 4월부터 다음 해 3월까지입니다.

1

다섯 살, 자아에 눈뜨는 시기

다섯 살 어린이의 발달 모습

이야기하는 힘이 완성되는 시기

이 시기는 어린이들이 태어나서 오 년째 되는 때입니다. 다섯 살 어린이는 사람으로 살아가는 데 점점 익숙해지면서, 더욱 더 자기를 주장하고 다른 사람들과 가까워지려고 노력합니다.

네 살은 유아독존의 시기로 이 시기에는 사람으로 살아가는 데 익숙해지려고 노력하면서도 자기를 잃어버려서는 안 된다고 생각하며 삽니다. 그러나 다섯 살 시기에는 이미 유아독존의 시기를 지나서 자기 주장을 하면서도 다른 사람을 생각하며 삽니다. 다른 사람을 생각하면서 자기를 주장하고, 자기를 주장하면서 다른 사람에게 자기 생각을 전합니다. 말하자면 자아에 확실하게 눈뜹니다.

지금까지 발달 연구 분야에서는 다섯 살 시기를 발달의 질적 전환기로 자리매김하고 있습니다. 이야기하는 힘이 어느 정도 완성되고, 말하는 힘이 살아가는 힘이 되는 시기로 들어가기 때문입니다. 이야기하는 힘이 어느 정도 완성된다고 하는 것은 다른 사람과 이야기를 나눌 때 곤란하지 않을 만큼 낱말을 익혔고, 문법 구조에 조금 문제는 있으나 나름대로 다른 사람에게 자기 생각을 전할 수 있는 힘이 생긴다는 뜻입니다.

지금까지 연구해 온 것을 보면 다섯 살 어린이는 거의 천5백에서 2천 개쯤 되는 낱말을 압니다. 네 살 어린이는 천 개 남짓 익히니까 일 년 사이에 거의 두 배나 많이 익히는 것입니다. 어린이에 따라 2천5백 개쯤 익힌 어린이도 있습니다.

흔히 외국어를 배우는 사람들은 기본 낱말이 3천 개쯤 실린 사전으로 공부합니다. 그것을 생각하면 다섯 살 어린이는 모국어를 어느 정도 익혔다고 할 수 있습니다.

말을 익히는 것은 자기가 겪은 것을 다른 사람에게 전하고, 다른 사람이 겪은 것을 자신이 겪은 것으로 받아들일 수 있는 능력을 갖추는 것입니다. 다시 말하면 서로 겪은 것을 함께할 수 있는 것입니다. 물론 아직도 완전하지는 않지만, 아직 어린이라고 생각하고 있는데 여러 장면에서 자기 생각을 확실히 이야기하려고 노력하는 것을 볼 수 있습니다. 자기 생각을 제대로 이야기할 수 없어서 토라지는 것도 그런 표현이라 할 수 있습니다.

이 시기에는 "그래, 그러니? 그런 것도 있었니?" 하고 받아 주면 받아 줄수록, 맥락도 없이 자기가 경험한 것을 다른 사람에게 자꾸 전하려고 합니다. 말하자면 어른을 대하면서 자기를 주장하고, 동무와 사귈 때도 자기를 주장합니다. 물론 주장하는 방법은 어린이마다 다릅니다. 이 시기에는 다른 시기에 견주어 동무들과 어울릴 때 자기를 가장 많이 주장하고, 자아를 넘치게 드러냅니다.

동무들 사이에서 자기를 조절하는 힘이 생기면 생길수록 이야기하는 힘은 체계를 갖춥니다. 어른을 대할 때 자기를 주장하는 경우에는 어리광을 부리기도 합니다. 이런 시기이기 때문에 담임을 맡은 교사는 다섯 살 전반기 어린이들을 네 살 어린이들처럼 쉽게 생각하기도 합니다. 하지만 웬만해서는 마음대로 되지 않는다는 것도 깨닫습니다.

다섯 살 전반기의 어린이들은 어른이 어르고 달래도 잘 넘어오지 않습니다. 이 시기 아이들은 자기를 이야기하고 싶어하고, 자기가 겪은 것을 다른 사람에게 전하고 싶어하지만 아직 제대로 전할 수 없기 때문에 수줍음을 많이 탑니다. 수줍어하면서도 자기를 전하려고 합니다.

말은 네 가지 기능을 가지고 있습니다. 이름 붙이는 기능, 전달하는 기능, 생각하는 기능, 조정하는 기능입니다. 이야기하는 힘이 어느 정도 완성되는 시기인 다섯 살 중반 무렵에는 이 기능 가운데 생각하는 기능이 눈에 띄게 발달합니다. 말하는 힘을 생각하는 힘으로 바꿔 가는 것입니다. 겪은 것을 있는 그대로 전하고 싶어하지만, 그 경험을 그냥 그대로 늘어놓지 않고 그 가운데서 가장 전하고 싶은 것을 상대방에게 전해야 한다고 생각합니다.

어린이는 이제 겪은 것을 있는 그대로 전하는 시기에서, 겪으면서 생각한 것을 이야기하는 시기로 들어갑니다. 그 힘이 강해지면 강해질수록 말로 조정하는 기능이 풍부하게 펼쳐집니다. 그러므로 다섯 살 어린이가 말할 때 나타나는 가장 큰 특징은 경험한 것을 그냥 늘어놓아 사실을 사실로 이야기하는 것이 아니라, 생각을 곁들여서 사실을 전하려고 하는 것입니다.

말하자면 자기가 겪은 것을 자기 감정에 얹어서 다른 사람에게 전하는 것입니다. 여기에서 다른 사람이란 처음에는 어른을 가리킵니다. 그러므로 어른이 어린이가 전하려고 하는 사실뿐만 아니라 그 사실에 담긴 감정을 이해한다면 어린이들이 말로 이야기하는 세계는 한결 넓어질 것입니다.

이러한 세계가 넓어지는 것을 우리는 '이미지의 세계'가 강화되어 가는 것이라고 합니다. 자기가 겪은 것을 기초로 해서 이미지를 넓혀 가고, 앞을 내다보면서 자기를 완성시켜 나갈 수 있는 것입니다.

어린이들에게 그림책을 읽어 준다면, 아이들은 자기가 겪은 것을 바탕으로 하고, 그림책을 소재로 해서 점점 자기가 겪은 세계를 넓혀 갑니다. 이런 일이 있었어요, 저런 일이 있었어요, 이래요, 저래요, 하면서 저마다 자기가 겪은 것을 그림책의 내용에 반영해서 자기를 이야기하려고 합니다.

어느 면에서는 네 살 어린이의 유아독존의 세계와 닮은 것 같은데, 다른 점은 단순히 겪은 것을 그냥 이야기하거나 자기가 겪은 것을 알아 달라고 하는 것이 아니라, 자기가 겪은 것을 재미있었다거나 재미없었다거나 하는 감정을 넣어서 전하고 싶어하는 것입니다. 이러한 시기가 바로 이야기하는 힘이 어느 정도 완성되는 다섯 살 중반 무렵입니다.

사람의 말은, 더구나 이야기는 사실을 그저 늘어놓는 것이 아닙니다. 말에 자기 생각을 담고, 감정을 넣어서 다른 사람에게 나를 전하고 싶어하는 것이 말과 이야기입니다. 그 때 다른 사람이 자기 생각을 이해해 주고 "그래, 그랬니? 나도 그런 적 있어." 하고 동의해 주면 단숨에 경험을 나눌 수 있는 동무가 됩니다. 다섯 살 어린이가 이야기를 하는 것은 어린이가 점점 어른의 세계로 들어가고 있다는 뜻입니다.

이렇게 이야기하는 힘을 진정으로 기르게 하기 위해서는 《한 살, 우리 아이 어떻게 키울까?》에서 말한 것처럼, 말은 단순히 입이 열려 나오는 것이 아니라, 손과 손가락이 발달해야 말하는 힘도 발달한다는 것을 어른이 알고 있어야 합니다. 그러므로 온몸을 움직이고 손과 손가락으로 섬세하게 사물을 다뤄 보아야 말을 잘 할 수 있습니다. 그래서 이야기하는 힘이 어느 정도 완성되는 다섯 살 중반 무렵은 손과 손가락으로 사물을 다루는 데 눈을 돌리고, 사물을 제대로 다룰 수 없으면 온몸 운동에 눈을 돌려야 합니다. 그러면 손과 손가락을 어떻게 움직여야 이야기하는 힘이 완성되는 것일까요?

손과 손가락 운동

다섯 살 어린이가 찰흙놀이나 종이접기놀이하는 것을 떠올려 보십시오. 언뜻 보기에 집중력이 없는 것처럼 보이는 어린이들이라도 종이를 끝과 끝을 맞추어서 잘 접으려고 합니다. 찰흙도 아무 생각 없이 그냥 주무르는 것이 아니라 무엇인가를 만들어 보려고 열심히 매만집니다. 생각보다 끈질기게 열중합니다. 교사가 "이렇게 하면 좋은데." 하고 끼어들면 "싫어." 하면서 자기 생각대로 종이를 접고, 찰흙으로 무엇인가를 만들려고 합니다. 이런 모습이야말로 다섯 살 어린이의 모습입니다.

그러나 망치와 못을 주면 다른 것은 못 하고 그저 못을 때려 박으려고만 합니다. 결국 자기 힘으로 할 수 있는 것에만 집중합니다.

그리고 자기가 생각한 것을 웬만큼 만들면 그 작품을 교사에게 가지고 와서 인정받으려고 합니다. 그 때 교사가 "그게 뭐지?" 하고 묻는다면 어린이들은 앞에서 말한 것처럼 말로 표현하지는 못합니다. 어떠한 모양인지 그리고 그 모양이 무엇을 뜻하는지 몰라도 교사가 "대단하구나, 나비 같네." "아빠가, 아니면 엄마를 만든 거야? 뱀이야?" 하고 물어 보면, 아이들은 자기가 무엇을 만들려고 했는지 생각해 내려는 듯이 이야기를 자꾸 합니다. 이렇게 교사가 아이들을 정성껏 대해 주면 아이들은 손과 손가락을 더욱 정교하고 치밀하게 움직일 수 있습니다. 그리고 그 정교하고 치밀한 움직임은 말로 이어집니다.

그러나 어린이들이 모두 이러한 상태로 다섯 살을 맞이하지는 않습니다. 한 살에서 네 살까지 어떻게 지냈느냐에 따라 이 시기에 나타나는 모습도 다릅니다. 어른이 말을 많이 해 주지 않았거나, 손과 손가락을 마음껏 움직여 보지 않고 자랐으면 이 시기에 자기 생각을 다른 사람에게 또렷하게 전하지 못하고 어물어물거릴 뿐입니다.

아직도 유아어를 쓰는 아이, 먹기는 잘 먹는데 잘 움직이지 않는 아이, 한쪽 발을 들고 한쪽 발로만 잘 뛰지 못하는 아이, 무엇이나 시켜야만 하는 아이, 집단에 익숙하지 않아 집 안에서만 노는 아이가 있는가 하면, 반대로 집단에 익숙해져 생기발랄하게 생활하는 아이들도 있습니다. 이처럼 다섯 살 시기에는 네 살까지 살아온 모습이 그대로 드러나고 개인차가 보입니다.

그렇기 때문에 이 시기에는 교사의 힘이 가장 중요합니다. 그러나 그렇게 힘들 것은 없습니다. 다섯 살 어린이는 온몸 운동을 할 때 개인차가 크게 나타납니다. 말하자면, 다섯 살 시기에 맞는 온몸 운동을 해야 손과 손가락도 더욱 정교하고 치밀하게 움직일 수 있고, 다섯 살 시기에 익혀야 하는 말을 익힐 수 있습니다.

온몸 운동

다섯 살 중반 무렵의 어린이들은 목적을 이루기 위해 달려 가려고 하고, 달리는 것에 저항을 느끼지 못합니다. 그러므로 뛰는 것도 달리는 것도 나름대로 할 수 있습니다. 더구나 한쪽 발은 들고 한쪽 발로만 뛸 수 있고, 한쪽 발로 두 번씩 껑충껑충 뛰면서 앞으로 나아갈 수 있고, 줄넘기를 할 수 있으면 다섯 살 중반에 익혀야 할 운동 능력을 잘 배울 수 있습니다. 물론 어른들은 어린이들이 달리면서 차고, 철봉에 매달려 앞으로 돌기를 바랍니다. 그러나 이것은 지나친 욕심입니다. 다섯 살 중반 무렵을 잘 넘어가려면 한쪽 발은 들고 한쪽 발로만 뛸 수 있고, 한쪽 발로 두 번씩 껑충껑충 뛰면서 앞으로 나아갈 수 있고, 줄넘기를 할 수 있으면 됩니다. 아무리 말이 늦다고 해도 이 세 가지를 할 수 있다면 종이접기, 가위질, 목공 도구 다루기, 찰흙놀이, 팽이돌리기처럼 손과 손가락을 움직이는 활동을 하면서 말하는 힘을 기를 수 있습니다.

대부분 말이 더디면 말을 가르치고, 손과 손가락으로 사물을 잘 다루지 못하면 손과 손가락을 많이 움직이는 놀이를 하게 하고, 온몸 운동을 잘 못 하면 온몸 운동을 많이 하게 해서 기계처럼 해결하려고 하는데, 이것은 한 가지만 보고 다른 것은 보지 못하는 것입니다. 지금까지 계속 말해 온 것처럼 한 기능은 언제나 다른 기능과 관련을 맺고 발달해 갑니다. 말이 더딘 것은 손과 손가락으로 사물을 다루는 능력이 더딘 것과 관련이 있고, 손과 손가락으로 사물을 다루는 능력이 더딘 것은 온몸 운동이 더딘 것과 관련이 있습니다. 그러므로 개인차가 크면 클수록, 그 발달 단계를 확실히 뛰어넘게 하려고 하면 할수록 온몸 운동에 온 힘을 기울이고, 온몸 운동을 제대로 할 수 있도록 해 주어야 합니다.

온몸 운동을 제대로 할 수 있게 하려면 교사가 어린이에게 "깡충깡충 건너뛰어, 두 박자로 뛰어, 이렇게 하는 거야, 저렇게 하는 거야." 하고 말로 해서는 안 됩니다. 이 시기에는 자기 주장을 강하게 합니다. 자아에 눈뜨기 때문에 다른 사람이 시켜서 하는 게 아니라 스스로 이해해서 하려고 합니다.

어린이가 이해하게 하려면 서둘러 가르쳐서는 안 됩니다. 어린이는 동무들을 보면서 자신에게 눈뜹니다. 교사는 단순히 더딘 아이를 가르치는 것이 아니라 조직과 집단의 동료로서 뒤처진 아이의 능력을 키워 주려고 해야 합니다. 교사의 역량은 조직과 집단을 만드는 것에서 드러납니다.

동무와 집단을 바탕으로

동무를 사귀면서 자기에게 눈뜬다

다섯 살 시기는 발달의 질적 전환기입니다. 두 살 때 맞이한 발달의 질적 전환기 다음으로 오는 중요한 시기입니다. 물론 요즈음에는 자아에 눈뜨는 시기를 네 살 무렵으로 보는 연구도 많이 하고 있습니다.

그러나 자기 생각을 다른 사람에게 이야기할 수 있는 것이 바로 자아에 싹트는 것이라고 한다면, 두 살 중반을 지나서 오는 가장 중요한 발달 시기는 다섯 살 중반이라고 할 수 있습니다.

어린이가 무엇인가를 이야기하려면 자기가 겪은 것이 있어야 하고, 겪은 것을 다른 사람에게 전하고 싶어하는 마음이 있어야 합니다. 물론 그 경험은 다른 사람에게 전하고 싶은 경험이기 때문에 즐거웠던 경험으로 모아집니다. 어린이는 아직 쓸쓸한 것을 사랑하지 못합니다. 싫은 것을 좀처럼 싫다고 말할 수 없습니다. 어린이의 본디 모습은 즐거운 것을 즐겁다고 말할 수 있는 것입니다. 이렇게 생각한다면 다섯 살 시기에 어린이들이 잘 발달하려면 활동하고 싶어하는 마음이 커야 합니다.

아키바 히데노리는 《어린이의 발달과 활동 의욕》에서 활동하고 싶어하는 마음이란 어린이들이 어떠한 대상을 보고 말하고 있는 것으로, 그 대상이 흥미롭고, 관심이 가고, 바라는 것에 맞으면 그 마음은 더욱 부푼다고 말했습니다. 또, 그 대상과 관계 맺는 것이 어린이들에게 뜻이 있어야 한다고 말했습니다.

큰 쇳덩어리가 있으면 어린이는 분명히 흥미로워할지도 모르지만, 그 쇳덩어리를 움직일 수 없기 때문에 그 쇳덩어리와 어린이의 관계는 좁아집니다. 쇳덩어리 같은 대상이 있어야 어린이는 하고 싶어하는 마음이 일어납니다.

이 대상이 되는 것은 어른이고 어린이면서 동시에 사물입니다. 이 사물은 어린이가 움직일 수 있거나 허물어트릴 수 있고, 소리가 난다거나 해서 변화가 있는 것이라야 합니다. 이 때 사람이나 사물은 어린이에게 뜻이 있어야만 합니다. 하루 종일 만나는 동무나 교사라면 어린이한테 뜻이 있는데, 사물은 일상 생활 속에 있지만 그것만으로는 어린이에게 아무런 뜻이 없습니다.

프랑스의 심리학자 왈롱은 사물이 어린이와 뜻있는 관계가 되기 위해서는 어린이와 사물을 이어 주는 중재자가 있어야 한다고 했습니다. 어린이는 중재하는 것이 있어야만 어떤 것과 관계를 맺는다는 것입니다. 어린이가 날마다 관계 맺는 어른이 그 물건을 갖고 있을 때, 어린이는 그 물건을 뜻있게 바라본다는 것입니다. 다시 말하면, 어른이나 동무가 물건을 갖고 있을 때 어린이는 그 동무와 어른에게 이끌려 사물에 관심을 나타내는 것입니다.

이처럼 본디 어린이는 사람에게 관심을 기울이고 있습니다. 네 살까지는 바로 상상하는 세계에 살기 때문에 대부분 어른이 행동하는 데 흥미나 관심을 나타내지만, 다섯 살 어린이는 어른이 행동하고 물건을 다루는 데 흥미나 관심을 나타낼 뿐만 아니라, 동무가 행동하고 물건을 다루는 데도 흥미나 관심을 나타내는 것이 큰 특징입니다.

그러나 어린이가 어떠한 물건을 다루고 있다는 것만으로 그 사물에 관심을 기울이는 단계에 이르렀다고 할 수 없습니다. 어른이 그 사물에 관심을 보이면서 어떤 어린이와 관계를 맺을 때 어린이는 다가갑니다. 어린이는 동무를 사귀면서 자기를 깨닫는다고 했는데, 이는 어린이가 동무를 사귀면서 바로 자신을 깨닫는다는 것이 아니라, 어른이 다루는 물건에 관심을 기울이는 동무가 있으면 그 동무에게 관심을 나타내면서 자신을 깨닫는다는 것입니다. 그렇기 때문에 이 관계를 굳이 그림으로 나타내면 다음과 같습니다.

그림 1 어린이의 활동 의욕

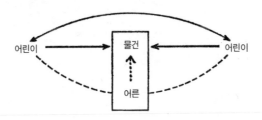

자료 : 《어린이의 발달과 활동 의욕》, 아키바 히데노리 글, 1981년

이렇게 어린이들이 동무를 사귀면서 자신을 깨달으면 그 사물을 가지려고도 할 것이고, 그 사물을 버리려고도 할 것입니다. 아무튼 아직도 자기 주장을 하는 나이라고는 해도, 그것을 어른이 어떻게 받아들이고 발전시켜 주느냐에 따라 아이들은 동무를 사귀면서 자신을 깨달을 수도 있고, 그렇지 못할 수도 있습니다.

이렇게 볼 때 다섯 살 시기에는 집단의 질이 중요합니다. 그러면 어떤 집단이라야 어린이가 진정으로 자기를 주장하고, 자아를 발견할 수 있을까요?

집단 활동

다섯 살이 되면 아이에 따라 또래 아이들과 가까워지거나, 좀처럼 가까워지지 못합니다. 한 살부터 집단에서 자랐는데도 다섯 살이 되어서도 또래와 친해지지 못하고 무엇인가 쓸쓸한 세계를 자기 세계인 양 생각하고 있는 어린이를 볼 때가 있습니다.

또래와 친해지지 못하는 어린이는 보통 자기 생각을 상대방에게 전하지 못하거나, 부끄럼쟁이로 살아온 아이입니다. 그런 만큼 바깥에 나가서 놀지 못하고 실내에서만 노는 것을 좋아합니다. 이런 아이는 밥도 맛있게 먹지 못합니다. 아직도 유아어로 말하고 있습니다.

한편, 또래와 친해져서 동무들 사이에서 자기를 주장하고, 동무들을 끌어갈 수 있는 어린이는 여러 가지를 알고 있습니다. 말을 잘 이해하는가, 아닌가 하는 것은 다른 문제이고, 어쨌든 살아가면서 겪은 것을 풍부하게 이야기하고 싶어하는 마음이 있습니다. 이런 아이는 밖에 나가서 노는 것을 좋아하고 다른 사람과 잘 어울립니다. 그리고 싸움도 잘하고 다른 아이들과 자주 부딪치기도 하지만 기운차게 지냅니다. 이런 아이들은 유아어로 말하지 않습니다.

이처럼 같은 다섯 살 어린이라도 아이에 따라 또래와 친하게 잘 지내기도 하고, 그렇지 못하기도 합니다. 한 살 시기에는 모두 또래와 친합니다. 두 살 시기에는 또래와 어울리지 못하는 아이가 조금 있지만, 늘 정해진 아이들만 그런 것은 아닙니다. 그러나 다섯 살 시기에 또래와 어울리지 못하는 것을 그대로 내버려 두면 그 버릇이 굳어 버리고, 오히려 유아독존의 세계를 자기 세계라고 완강하게 집착하는 어린이가 되어 버립니다.

그러므로 또래와 친해지지 못하는 어린이들을 그대로 내버려 두면 안됩니다. 이 시기에는 아이들이 또래 집단에서 잘 어울리게 해 줘야 합니다. 이렇기 때문에 집단을 만드는 것이 중요합니다.

집단을 풍성하게 만드는 것은 교사의 힘입니다. 내버려 둔다면 어린이는 바뀌지 않을 것입니다. 어린이를 새롭게 바꾸려면 그 반 어린이들이 모두 함께 할 수 있는 활동을 해야 합니다. 집단 놀이 속에서 동무를 사귀게 하고, 밥 먹을 때나 낮잠 잘 때나 그 밖에 어린이집에서 지낼 때 어린이들이 모두 하고 넘어가야 하는 활동을 동무들과 즐겁게 하도록 만들어 주어야 합니다. 그런 다음에 모두 함께 놀며 즐길 수 있는 일을 하도록 해 주어야 합니다.

어린이들이 모두 함께 할 수 있는 것으로 몇 가지를 들 수 있습니다. 그 가운데서도 가장 중요하게 해야 할 것은 여름에 하는 물놀이라고 생각합니다. 아무리 또래와 친해지지 못하는 아이라도 또래와 같이 수영장 물 속에 들어가면 어쩔 수 없이 다른 사람을 생각하고 관계를 맺습니다. 이런 아이들은 다른 아이들이 함께 즐겁게 놀고 있는 것을 부러운 눈으로 바라봅니다. 바로 그 때 교사는 아이들이 모두 함께 물놀이를 할 수 있는 곳을 만들어 주어야 합니다.

물론 이러한 물놀이를 모두 함께 할 수 있게 하려면 그 전에 모래나 흙, 진흙탕 놀이를 잘 할 수 있게 해 줘야 합니다. 하지만 동무를 사귀지 못하는 어린이는 흙이나 모래 놀이를 싫어합니다. 교사가 모래놀이에 끌어들이려고 해도 "싫어, 싫어." 하고 뺍니다. 하지만 여름에 물놀이를 하면 스스로 참여합니다.

이런 기회를 최대한 살리는 것이 다섯 살 어린이 반에서 가장 중요하게 해야 할 일이라고 할 수 있습니다. 다시 말하면, 일 년을 한 흐름으로 보면 여름을 경계로 해서 모든 어린이들이 반 아이들과 친해질 수 있도록 해 줘야 합니다.

놀이를 잘 하는 교사

다섯 살 어린이 반을 돌보는 것은 아주 어렵다고 합니다. 네 살 어린이는 얼러 주고 부추겨 주면 웬만큼 따라오지만, 다섯 살 어린이는 고집쟁이라 얼러 주고 부추겨 줘도 좀처럼 따라오지 않습니다. 언뜻 보기에 아직 어리기 때문에 마음먹은 대로 다룰 수 있다고 생각하지만 잘 되지 않는다고 합니다. 여섯 살 어린이는 어린이들이 그 나름대로 자기 힘을 드러내려고 합니다. 즉, 여섯 살 어린이는 어린이집을 이제 떠나야 한다고 생각하고 있기 때문에 그러한 힘을 드러내지만, 다섯 살 어린이는 이것도 저것도 아닌 어중간한 단계에 있습니다. 다섯 살 어린이는 집단의 질이 어떠한가에 따라서 여섯 살 시기에 제대로 발달할 수 있는 바탕을 만들 수도 있고, 그렇지 않을 수도 있는 것입니다.

많은 교사들과 의논해 보니, 다섯 살 어린이를 키울 때는 모든 일을 앞을 미리 내다보며 해야 정말로 즐겁게 할 수 있다고 합니다. 앞을 미리 내다본다는 것은 오늘 일을 내일로 이어 간다는 뜻입니다. 어린이가 내일을 기대하려면 오늘이 즐거워야 합니다. 지금이 즐겁고, 날마다 즐거워야 앞을 내다보는 힘이 생깁니다.

이러한 상황은 교사가 놀이를 잘 해야 만들 수 있습니다. 이런 교사야말로 다섯 살 어린이에게 어울리는 참다운 지도자라고 할 수 있습니다. 즐거운 것을 즐겁다고 말로만 하는 것이 아니라 몸으로 표현하고, 어린이보다 더 많이 행동하고 기뻐하며, 즐거운 것을 즐겁다고 모두에게 말하러 다닐 수 있어야 합니다.

또 다섯 살 어린이 반에서는 네 살 어린이 반, 여섯 살 어린이 반보다 교사의 능력이 운동회에서 더 많이 드러나고, 운동회에 반영된다고 해도 무리가 없을 것입니다. 물론 여섯 살 어린이가 잘 하면 다섯 살 어린이는 그것을 흉내내기 때문에 그 나름대로 이끌려 갑니다. 그러나 다섯 살 시기에는 어느 시기보다 자기 표현이 솔직하게 꽃핍니다. 즐거운 것을 즐겁다고 전하려고 하면 무슨 일이 있어도 전하고야 맙니다. 그러나 여섯 살 어린이라면 상대방의 마음을 알아차릴 수 있으므로, "……하면 좋겠다." 하고 말해 버립니다.

다섯 살 어린이는 모래놀이, 진흙탕놀이, 흙놀이를 확실하게 해내는 힘과, 물놀이를 확실하게 해내는 힘을 운동회에서 집중해서 드러냅니다. 그래서 열심히 손을 뻗어야 할 수 있는 조금 어려운 활동을 운동회에서 하도록 해야 합니다.

그러나 욕심을 부려 여섯 살 어린이가 하는 것을 다섯 살 어린이에게 시켜서는 안 됩니다. 다섯 살 어린이 반에서는 다섯 살 어린이의 발달 과제를 모두 할 수 있으면 됩니다. 온몸 운동을 운동회에서 해낼 수 있는 정도면 됩니다. 몇몇 아이가 줄넘기를 제대로 할 수 없으면 운동회를 계기로 해서 그것을 할 수 있게 하는 정도면 됩니다.

운동회의 가장 큰 목표는 새 학기가 시작하는 4월부터 운동회를 치를 때까지 어린이들이 해야 할 과제를 모두 할 수 있게 하는 것입니다. 그렇게 하면 모두의 힘이 뒷받침되어 어린이마다 자기 균형을 찾아갑니다. 그것을 증명하기라도 하듯 보통 운동회를 계기로 해서 어린이들은 확실히 새롭게 바뀌어 갑니다.

다섯 살 어린이 보육표

　그러면, 지금까지 살펴본 어린이의 발달과 보육의 관계를 알기 쉽게 나타내 보겠습니다.

　다음에 나오는 표 '다섯 살 어린이의 세계를 풍성하게'는 보육 방법을 쉽게 알아볼 수 있도록 정리한 것입니다. 우리는 이것을 정리하기 위해서 여러 가지 실천을 많이 하고 부모, 보육 기관, 어린이집과 유치원 교사, 연구자들이 모여 셀 수 없이 토의를 해 왔습니다. 그리고 다음과 같은 목표를 세울 수 있었습니다.

　첫째, 아이의 발달 절차를 확실하게 세우자.

　둘째, 아이를 발달시키기 위한 활동을 확실하게 정하자.

　셋째, 아이들의 일상 생활을 풍요롭게 하자.

　넷째, 아이도 부모도 교사도 모두 힘을 모아 조금씩 노력하면 풍요로워질 수 있고, 안심할 수 있도록 실천 지침을 마련하자.

　다섯째, 한 사람 한 사람이 실천해 온 경험을 소중히 하면서, 더 확실하게 보육 내용을 창조하는 것을 목표로 하여 보육 실천에 과학의 빛을 비추자.

　이러한 목표를 세우고 실천을 분석하면서 우리는 보육 구조를 더욱 깊이 이해해야 한다고 생각했습니다. 어린이 집단을 기본으로 하면서, 보육 내용을 어떻게 구성해야 아이 하나하나가 잘 발달할 수 있고, 계획과 전망을 갖춘 보육 구조를 만들어 낼 수 있을지를 고민해 왔습니다.

우리는 아이들이 진정으로 생명과 건강을 지킬 수 있는 사회 조건을 만들기 위하여 다음과 같은 보육 구조를 이끌어 냈습니다.

첫째, 적어도 한 살 때부터 학교에 들어갈 때까지 아이들 한 사람 한 사람에게 맞는 개인 발달 단계를 다루고, 온몸 운동, 손과 손가락의 조작, 표현과 말로 대표되는 이해 단계와 집단의 발달을 서로 비교, 연구하며 그 발달 절차를 다루는 것입니다. 발달 절차에 따른 내용에서는 '할 수 있더라도 시켜서 안 되는 것은 시키지 않지만, 할 수 없더라도 시켜야 하는 것은 시킨다.'는 점을 중요하게 생각했습니다.

둘째, 아이마다 발달 상황을 짚어 나가면서 아이들이 스스로 움직여야 하는 중심 활동을 분명히 하고, 그것을 일상 생활에서 나타낼 수 있도록 하는 것입니다.

셋째, 위 두 가지를 늘 생활의 관점에서 확실하게 이해하고, 아이들이 아주 당연한 일상 생활 속에서 소중하게 하고 싶은 일을 할 수 있게 하는 것입니다.

굳이 이러한 생각을 도표로 만들면 다음과 같이 될 것입니다. 화살표는 발달 연관에 근거를 두고 중요하게 생각해야 할 방향을 나타낸 것입니다.

그림 2 개인 발달 단계

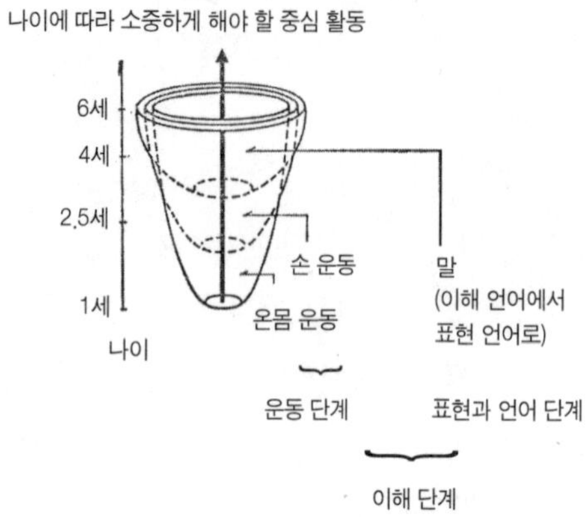

나이에 따라 소중하게 해야 할 중심 활동

6세
4세
2.5세

손 운동

말
(이해 언어에서
표현 언어로)

1세

온몸 운동

나이

운동 단계   표현과 언어 단계

이해 단계

그림 3 개인과 집단 발달 단계

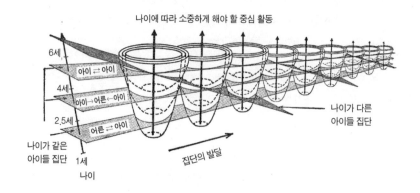

나이에 따라 소중하게 해야 할 중심 활동

6세

아이 ⇄ 아이

4세

아이→어른←아이

2.5세

어른 ⇄ 아이

나이가 다른
아이들 집단

나이가 같은
아이들 집단

1세

나이

집단의 발달

표 1 다섯 살 어린이 세계를 풍성하게

| 온몸 운동 | 〈걷기〉
• 비탈길이나 내리막길이 있어도 4km쯤 계속 걷는다.
〈달리기〉
• 목표를 세워 놓고 달릴 수 있다.
• 곡선을 따라서 달릴 수 있다.
• 달리면서 방향을 바꿀 수 있다.
〈높이뛰기〉
• 리듬에 맞춰서 한 발로 뛸 수 있다.
• 한쪽 발로 두 번씩 깡충깡충 뛰면서 앞으로 나아갈 수 있다.
• 4분의 2박자 리듬을 타며 한쪽 발은 들고 한쪽 발로만 뛸 수 있다.
• 어른이 돌려 주는 줄을 넘을 수 있다.
• 목표를 정해 놓고 그 자리에서 뛰어올라 두드릴 수 있다.
• 4단 뜀틀을 뛸 수 있다. | 〈차기〉
• 멈춰 있는 공을 달려가서 찰 수 있다.
• 방향을 정해 놓고 공을 찰 수 있다.
〈던지고 받기〉
• 왼팔이나 오른팔 가운데 잘 쓰는 팔로 공을 던지고 받을 수 있다.
• 던져 주는 공을 받아 안을 수 있다.
〈균형잡기〉
• 평균대 위를 천천히 걸어갈 수 있다.
• 돌아서 뛸 수 있다. 곧바로 서서 두 발을 모아 위로 뛰고, 오른쪽이나 왼쪽으로 돌고, 방향을 바꾸어서 뛰어내릴 수 있다.
〈헤엄치기〉
• 얼굴을 물에 대고 숨을 고르며 뜰 수 있다.
〈그 밖〉
• 뛰어올라 철봉을 잡고, 앞으로 돌아 넘을 수 있다. |
| 손 운동 | • 팔을 제대로 움직인다.
〈나무 토막 쌓기〉
• 크기가 다른 나무 토막 장난감을 쌓아올리고 줄을 세울 수 있다.
• 같은 소재를 짜 맞춰서 모양을 만들 수 있다.
〈묶기〉
• 두 점을 이을 수 있다.
• 끈을 묶을 수 있다.
〈가위질〉
• 동그라미를 자를 수 있다. | • 두꺼운 종이를 자를 수 있다.
〈종이접기〉
• 두 손가락을 서로 어우러지게 하여 종이를 바르게 접을 수 있다.
〈팽이〉
• 끈을 돌려 매서 팽이를 돌릴 수 있다.
〈연장〉
• 팔을 움직여 쇠망치로 못을 박을 수 있다.
〈그 밖〉
• 젓가락질을 바르고 정확하게 할 수 있다.
• 혼자 간단하게 실뜨기를 할 수 있다. |

| 말하기 | 이름
붙이기 | • 머리, 얼굴, 팔, 다리 같은 몸의 각 부위를 이름 붙여 말한다.
• 탈것과 동물을 말한다.
• 동무들 이름을 말한다.
• 글에 관심을 기울인다.
• '나' '너' 라는 말로 나와 남을 구별한다.
• 이름 붙일 때 "이것은 선생님이 좋아하는 것." 같은 말로 까닭을 들어 표현한다.
• "손 안에 손가락." "머리에 나는 머리카락." 같은 말로 전체와 부분의 다른 점을 말한다. |
| | 전달
하기 | • 보고 듣고, 생각한 것을 그대로 전하려고 한다.
• 한 사람 한 사람이 자기가 하고 싶은 것을 말한다.
• 어른이 도와 주어야 어린이들끼리 이야기를 더욱 잘 나눌 수 있다.
• 어른들이 이야기하는 것을 거의 이해할 수 있다.
• "어제 뭐 했니?" 하고 물으면 "아침에 일어나서요, 낮에 ……, 밤에 ……." 하며 일이 일어난 차례대로 이야기한다. |

말하기	전달 하기	• 경험한 것과 생각한 것을 "또." "그런데 말이야." "정말로." 같은 말을 써서 이야기해 간다. • 꾸미는 말을 써서 말을 전한다.
	생각 하기	〈수와 양 개념〉 • 크고 작고, 무겁고 가볍고, 길고 짧음을 구별한다. • 5에서 7까지 짝지을 수 있다. 〈시간 개념〉 • '어제, 오늘, 내일'과 '오늘, 내일'의 다른 점을 어느 정도 이해한다. 〈공간 개념〉 • 앞뒤, 오른쪽 왼쪽을 구별할 수 있다. • 어린이집에서 집으로 오가는 길을 차례에 맞춰 "죽 저 쪽으로 간다." "저기로 가서 이 쪽으로 온다." 하며 설명한다. 〈그 밖〉 • 흥미나 관심이 있는 일은 "어떻게 됐지?" "왜?" 하고 의문 형태로 묻는다. • 상대방의 처지와 마음을 이해한다. • 경험한 것뿐만 아니라, 이야기를 듣고도 자기가 바라는 것을 이미지로 만들 수 있다. (몸짓도 포함한다.) • 비교해서 다른 것과 비슷한 점을 찾아 낸다. • "…… 같은데." "…… 같지가 않다." 는 식으로 물건의 성질을 구별할 수 있다.
	조정 하기	• 좋은 것, 싫은 것이 뚜렷하다. • 어른이 한 마디하면 기분을 조절하기 때문에 하기 싫을 때나 하고 싶을 때 어른이 "……해라." "……해서는 안 돼." 하고 말해 주면 부드럽게 행동한다. • 어른이나 동무들이 격려하면 계속 활동한다. • "귀신 나온다." 하고 말만 해도 겁먹고 무서워한다. • 자기 주장을 해서 동무들끼리 부딪치지만 상대방이 주장하는 것을 조금씩 받아들일 줄 안다. • 모둠을 생각하고 자기를 조절한다. • 약속할 때는 "재미있었지? …… 다시 하자." 하며 끝낸다.
집단 생활	어른을 대할 때	• 수줍어한다. • 어른이 없으면 집단으로 계속 놀지 않는다. • 놀 것을 정하면 어른한테 함께 놀자고 한다. • 한 아이를 칭찬하면 "나도요." "나도." 하고 칭찬해 주기를 바란다. • "다음 날 다시 하자." "나중에도 하자."고 한 약속을 잘 기억하고 있다. • 어른이 방향을 알려 주면 솔직하게 따른다.
	어린이를 대할 때	• 네다섯이서 역할놀이를 계속 할 수 있다. • 동무들 속에서 자기 주장을 한다. • 싸우는 아이들을 말리려고 한다. • 충동에 따라 행동하는 일은 적어지지만, 교사에게 호소하는 일이 많아진다. • 규칙을 지키지 않은 아이를 엄하게 비판한다. • 동무들과 깊이 사귀고, 놀이에 끼어드는 동무들을 생각하며 논다. • 동무들과 함께 식물이나 작은 동물을 돌볼 수 있다.

중심 활동		• 역할놀이, 연극놀이를 교사가 이끌어 가면 즐긴다. • 똑같은 소재로 짜 맞추는 놀이를 한다. • 교사가 규칙 있는 놀이를 하자고 하면 모두 함께 규칙을 짠다. • 규칙 있는 놀이를 여러 가지 경험한다. • 교사에게 일하는 절차를 배우면서 당번 활동을 한다.
소중 하게 해야 할 활동	건강, 안전, 음식	〈건강〉 • 자기 몸에 관심을 가지게 한다. • 먹고, 똥오줌 누고, 잠자는 것을 건강과 연관해서 생각한다. • 추위와 더위에 맞춰 옷을 입을 수 있다. • 손, 발, 옷을 깨끗이 하게 한다. • 얇게 입기, 맨발로 다니기, 일광욕 같은 것을 연간 계획에 짜 넣고, 평소에 할 수 있게 한다. • 하루 생활 속에 '활동, 휴식' '움직이기, 정지하기' 활동을 잘 짜 넣어 피로가 쌓이지 않도록 한다. • 낮잠을 잘 재운다. 〈안전〉 • 모든 활동을 할 때마다 위험할 수 있으므로 늘 조심하게 한다. • 위험하지 않게 도구를 바르게 다루는 방법을 가르친다. 〈음식〉 • 먹기 싫어하는 것도 참고 잘 먹을 수 있도록 한다. • 흘리거나 떨어뜨리지 않게 조심해서 먹게 한다. • 그릇을 바로 놓는 것을 가르친다.
	생활 습관	• 생활 습관을 세울 수 있도록 한다. • 하루 생활 흐름을 생각하면서 행동할 수 있게 한다. • 바른 생활 리듬이 몸에 배도록 한다. • 생활 습관을 가르친다.
		〈밥 먹기〉 • 그릇을 바르게 들고, 젓가락질을 자연스럽게 할 수 있게 말해 준다. • 밥 먹을 때 되풀이해서 말하지 않아도 되도록 밥 먹는 예절을 잘 가르친다. • 모둠 안에서 상을 차릴 수 있도록 지도한다. 〈똥오줌 누기〉 • 교사가 시키지 않아도 화장실에 갈 수 있게 지도한다. • 놀이에 빠져들면 똥오줌을 쌀 때도 있으므로 때때로 말을 해서 싸지 않도록 한다. • 똥을 누고 나서 스스로 뒤처리를 할 수 있게 가르친다. 〈잠자기〉 • 낮잠 자기 쉬운 환경을 만든다. • 낮잠 자기 전에는 흥분시키지 않는다. • 혼자 낮잠 잘 준비를 하도록 하는데 교사가 도와 주고 확인해야 한다. • 교사는 어린이들과 함께 낮잠 잘 준비를 하면서 정리, 정돈하는 것을 가르친다. 〈옷 입고 벗기〉 • 교사가 시키지 않아도 옷을 갈아입을 수 있도록 한다. • 옷을 정리할 수 있도록 가르친다. 〈깨끗한 몸〉 • 방 정리나 놀고 난 뒤에 뒷정리하는 것을 다같이 할 수 있게 가르친다. 몇몇 아이들만 정리하게 하지 않는다.

소중 하게 해야 할 활동	놀이	〈나들이〉 • 꽃이나 나무에 관한 놀이를 많이 끼워 넣는다. • 곤충을 쫓아가면서 즐겁게 놀도록 한다. • 꽃이나 나무로 피리, 대롱 같은 것을 만들어서 보여 주고, 어린이들이 만들어 보게 한다. 〈바깥 놀이〉 • 교사는 물, 모래, 흙 같은 소재를 써서 놀이 장면을 일부러 만들어 낸다. • 어린이들이 놀이할 때 이미지를 공유할 수 있게 지도한다. • 어린이마다 자기 역을 맡아 놀 수 있게 지도한다. 〈물놀이〉 • 수영장에서는 얼굴을 물에 대고 숨을 쉬지 않고 떠오를 수 있게 지도한다. 〈역을 맡아 하는 놀이〉 • 한 어린이가 놀이에 생각을 덧붙여 놀면 교사가 발전시킨다. • 교사는 어린이들이 역을 나눠 맡게 하고, 서로 알 수 있게 해 준다. • 자기가 맡은 역을 즐기면서 놀 수 있게 도와 준다. • 놀이가 발전할 수 있도록 교사가 제때 생각을 말해 준다. • 맡은 역, 행동, 규칙, 절차를 둘러보고 갈등이 생기면 놀이가 발전할 수 있게 교사가 도와 준다. 〈규칙 있는 놀이〉 • 교사는 어린이와 함께 논다. • 교사는 규칙 있는 놀이를 어린이에게 알려 주고 규칙을 알 수 있게 해서 함께 논다. • 규칙 있는 놀이가 재미있다는 것을 가르친다. • 어린이들끼리 규칙을 지키면서 놀게 한다. • 집단 속에서 승부가 있는 놀이를 온몸으로 즐기게 한다. 〈만들면서 하는 놀이〉 • 둘레에 있는 소재로 간단한 놀잇감을 만들어서 놀게 한다.
	표현	〈그림과 조형〉 • 놀이할 때 쓸 것을 만들게 한다. • 가위로 동그라미를 잘라 낸다. 소꿉장난할 때 쓰는 음식이나 꽃, 작은 동물 같은 것들을 만들게 한다. • 본 것, 놀아 본 것을 이미지로 만들어 보게 한다. • 찰흙놀이를 하면서 찰흙을 쥐고, 동그라미로 만들고, 늘이고, 붙여서 마음껏 이미지로 만들어서 놀아 보게 한다. • 그림을 그리고 싶을 때나 무엇인가를 만들고 싶을 때 곧바로 할 수 있게 재료를 준비해 놓는다. • 여러 가지 그림 재료를 써 가면서 자유로운 이미지를 그림으로 표현한다. • 그림을 그리면 반드시 어린이에게 이야기를 듣고 생각을 받아들인다. • 모둠에서 이미지를 나누면서 표현하는 과정을 중요하게 한다. • 글자를 익히는 것보다 만드는 것을 즐기게 한다. 〈음악, 리듬, 몸짓 표현〉 • 리듬에 맞춰서 즐겁게 몸을 움직이게 한다. • 동작이나 리듬 놀이를 바꿔 가며 할 수 있게 한다. • 본 것, 생각한 것, 만지면서 논 것 따위를 특징을 살려 몸짓으로 표현한다. • 이야기를 듣고 몸짓으로 표현하게 한다. • 생활 속에서 이미지로 만들 수 있는 노래를 많이 부르게 한다. • 동무들과 소리를 맞춰 함께 노래를 부를 수 있게 한다.

	표현	〈문학〉 • 어린이집이나 집에서 경험한 것을 반 아이들 앞에서 이야기하게 한다. • 어린이가 겪은 것이나 흥미로워하는 내용이 담긴 그림책을 읽어 준다. • 그림이나 이야기로 경험하지 않은 세계를 알아 가고, 이미지를 넓혀 간다. • 그림책이나 이야기를 들려주고 연극놀이로 발전시킨다.
소중 하게 해야 할 활동	집단 만들기	• 놀이나 생활 속에서 동무들과 마음을 나눌 수 있는 기회를 많이 만든다. • 여러 활동을 하면서 모두 함께 하는 즐거움을 몸으로 느끼게 한다. • 싸우거나 부딪칠 때는 해결 방법을 말로 이야기해 준다. • 한 사람이 찾아 낸 것이나 겪은 일을 모두 함께 공유할 수 있게 교사가 도와 준다. • 동무가 가진 좋은 면을 인정하고 격려해 줄 수 있도록 한다. • 생활의 기초 단위로 모둠을 만들고 서로 도울 수 있도록 이끌어 간다. • 집단 생활에 필요한 규칙을 당번과 모둠 활동을 하면서 만들어 낸다. • 모둠에서 하는 당번 활동을 마음껏 해 보도록 한다. • 저마다 해야 할 일을 만들고 당번 활동과 점점 나눠 간다.
행사		• 행사를 하면서 앞을 내다보는 힘을 기를 수 있도록 한다. • 행사 계획은 교사와 어린이가 모두 함께 생각하면서 짠다. • 행사 계획을 짤 때 모두 함께 힘을 기울여야 한다는 생각을 하게 한다. • 행사를 치르고 나면 힘을 내어 해냈다는 자신감을 가지게 한다. 〈중요한 행사〉 • 소풍을 간다. • 운동회를 한다. • 생활 발표회, 작품 전시회를 연다.

다섯 살 어린이 보육 계획

소중하게 해야 할 활동

집단 놀이

다섯 살 시기에는 발달의 질적 전환기를 맞아서 이야기하는 힘이 어느 정도 완성됩니다. 그러므로 다섯 살 시기에는 이야기하는 힘을 기르게 하고, 말을 잘 할 수 있게 해 주어야 합니다.

이 책에서는 놀이가 중요하다는 것을 계속 이야기하고 있습니다. 다섯 살 시기에는 다른 나이보다 놀이가 훨씬 더 중요합니다. 어른들은 이 시기에 어린이들이 놀이에 푹 빠져들고 이야기를 잘 할 수 있게 해 주어야 합니다.

요즈음 어린이들은 텔레비전을 중심으로 한 정보 사회에 살고 있기 때문에 놀이에 빠져드는 것보다 재잘거리고 수다떠는 데 더 익숙합니다. 언뜻 보면 이야기를 하고 있는 것처럼 보이지만, 겪은 것을 바탕으로 스스로 이미지를 만들어 이야기하지 않습니다. 말하자면 말장난을 하고 있을 뿐입니다. 겪어 보지 않고 이야기하려면 표현할 내용이 제대로 없기 때문입니다. 다섯 살 어린이는 경험주의자가 되어야만 진정으로 말을 할 수 있습니다. 그러므로 다섯 살 중반 무렵에 제대로 발달하려면 놀이에 푹 빠져서 재잘거릴 수 있어야 합니다. 이것이 바로 이 시기의 중심 활동입니다. 다섯 살 어린이를 키울 때는 어린이들이 날마다 철저하게 놀이에 푹 빠져들 수 있도록 해 주어야 합니다.

놀이를 만드는 조건은 다음 세 가지입니다. 먼저 어린이가 흥미로워할 만한 것이 눈 앞에 있어야 합니다. 다음은 어린이가 그것을 다룰 수 있는 힘이 있어야 합니다. 마지막으로 어린이들은 무엇인가를 다루다가 자기가 생각한 것과 다른 것을 우연히 할 때 거기에 흥미를 보이고, 그 흥미를 이어 가기 위해 다른 사람을 끌어들입니다. 다시 말하면, 어린이들은 혼자서 놀지 않고 집단 놀이를 찾아 냅니다.

다섯 살 어린이는 놀이에 푹 빠져 재잘거리고 놀다가 집단 놀이를 만들어 냅니다. 집단이나 동무들 속에서 놀 수 있으면, 놀면서 생각과 이미지와 결과를 서로 주고받으면서 이야기를 나누기 때문입니다. 다섯 살 어린이의 세계는 동무를 사귀면서 자기를 깨닫는 세계라고 말했는데, 그 동무는 함께 경험할 수 있는 동무이고, 함께 경험한 아이들은 저마다 자신들에 대해서 깨달아 간다고 할 수 있습니다. 이른바 다섯 살 시기는 경험주의의 시기라고 말할 수 있습니다.

그러면 진정으로 집단 놀이를 하게 해 주는 놀이는 어떤 놀이일까요? 놀이는 어린이와 어린이를 이어 주는 매개물이 있어야 결정됩니다. 물은 어린이의 놀이 세계를 넓히는 재료입니다. 이것은 세 살, 네 살 어린이에게도 마찬 가지입니다. 흙, 모래, 찰흙도 마찬가지입니다.

다섯 살 어린이는 네 살 어린이와는 달리 어린이와 어린이를 이어 주는 소재를 자기 이미지로 만든 다음, 그 이미지를 반영하여 사물을 다룹니다. 그 이미지는 대부분 어른처럼 해 보고 싶다는 생각을 이미지로 만드는 것입니다. 지금까지 많은 실천가나 연구자가 지적해 온 것처럼 역할놀이를 하면서 집단 놀이가 만들어진다고 할 수 있습니다.

그렇기 때문에 물에서 또는 물을 가지고 노는 어린이들, 흙이나 모래를 가지고 노는 어린이들은 그것들을 가지고 어른의 세계를 표현하려고 노력하고 있는 것입니다. 역할놀이는 전차놀이, 어린이집놀이, 병원놀이처럼 어른의 일을 흉내내면서 만들어집니다. 그러나 다섯 살 어린이는 역할놀이를 하면서 어른을 흉내내는 것은 사실이지만 물과 흙, 모래를 가지고 어른처럼 하고 싶다는 생각, 다시 말하면 어른의 활동을 자기의 세계로 받아들이려고 하는 마음으로 역할놀이를 합니다. 말하자면 전차놀이는 운전사를 흉내내는 것이 본질이 아니라, 끈을 전차로 가정하고 거기에 어른의 세계를 실현시키려고 하는 것이 본질입니다. 아이들은 대부분 나들이를 가면 물과 흙과 모래로 냇가나 길, 자동차 같은 것을 표현하는데, 그 냇가나 자동차에 어린이가 관계하는 것이 아니라, 어른하고 관계 있는 냇가와 자동차로 물, 흙, 모래를 대치한다고 해도 지나친 말은 아닐 것입니다.

하지만 이러한 상황은 어린이들이 미리 의논해서 만드는 것이 아닙니다. 한 아이가 자기가 경험한 것을 바탕으로 만든 이미지에 빠져들어 모래를 파내거나 쌓으면서 새로운 상황이 만들어지는 것입니다. 서로 비판하면서 어떤 아이는 물을 길어 오고, 어떤 아이는 모래를 계속 파헤치면서 지혜를 서로 짜냅니다. 그러면서 서로 일을 나눠 맡고, 파헤친 모래를 냇가로 가정하여 냇가에 물을 흘려 보냅니다. 그 물이 생각하지 않은 곳으로 흘러가서 넘치고 아이들은 그것을 다시 메우면서 지금까지 경험하지 못한 세계가 펼쳐지는 것입니다.

이처럼 어린이마다 자기가 경험한 것에서 나온 이미지를 자연에 반영하여 표현하는 데 집중할 때 어린이들은 놀이에 빠져들 수 있습니다. 그때 다른 어린이가 다가와서 그 이미지를 무너뜨리면 싸움이 일어납니다. 그 때 교사가 더 넓은 이미지를 제시해 주면 어린이들은 일을 나누고 규칙을 정해서 놉니다.

다섯 살 어린이의 중심 활동은 놀이이고 그 놀이는 집단 놀이입니다.

그 집단 놀이는 어린이가 역할놀이를 할 때 교사가 함께 하면서 풍성한 이미지를 전할 수 있어야만 잘 할 수 있습니다.

이야기하는 힘과 온몸 운동

어린이가 집단 놀이를 제대로 많이 하면 다섯 살 어린이의 발달 과제인 이야기하는 힘을 풍성하게 익힐 수 있습니다. 여기에서는 어른이 끼어들지 않아도 어린이들이 집단 놀이에 빠져들 수 있는지 다시 한 번 생각해 보도록 하겠습니다.

다섯 살 어린이가 놀이에 빠져들 때는 어린이 자신, 어린이만으로 집단을 만들어서 하지 않습니다. 다섯 살 시기에 제대로 자라려면 집단 놀이를 제대로 해야 한다는 것은 두말 할 필요가 없지만, 아이들이 스스로 이것을 생각하고 있는 것도 아니고, 신나게 놀 수 있는 놀이가 무엇인지 알고 있는 것도 아닙니다.

그렇기 때문에 어른이 계획을 세워 어린이들이 놀이에 빠져들게 해야 합니다. 앞에서도 말한 것처럼 어린이들은 어른과 함께 어울려 본 경험을 자기 세계 속에서 흉내냅니다. 어른과 함께 경험한 것이 시원치 않으면 그만큼 어린이는 풍성한 이미지를 갖지 못하고 그저 늘려 있는 것을 산만하게 흉내낼 뿐입니다. 어린이가 모래밭에서 놀이에 빠져들 수 있으려면 어른과 함께 경험한 세계가 풍부해야만 합니다. 그러므로 어린이 한 사람 한 사람이 어른과 함께 풍부하게 경험을 하면 할수록 그 어린이는 자기 속에 있는 이미지를 모래나 흙으로 가정하고, 역할놀이의 세계를 더욱 풍성하게 창조해 나갑니다. 그런데 역할놀이를 만들어 가는 이미지는 처음부터 개인한테서 나오기 때문에 어린이들은 놀이를 하면서 이미지가 서로 부딪칩니다. 이미지가 서로 부딪치면서 나름대로 문제를 해결해 갈 때, 거기에서 더욱 새로운 세계를 풍부하게 경험하고, 그 경험 속에서 누군가에게 이야기할 수 있는 힘이 자랍니다.

이렇게 어린이는 경험을 이미지로 만들어서 서로 말을 걸어 보면서 이야기하는 힘이 자라는데, 이 때는 손과 손가락을 움직이면서 온몸 운동을 함께 해야 합니다. 모래밭에서 놀이에 푹 빠져 있는 아이, 물놀이를 열심히 하는 아이, 온몸을 움직이면서 에너지를 뿜어 내며 놀고 있는 아이가 이야기를 잘 한다고 할 수 있습니다.

어른과 풍부하게 경험한 세계를 바탕으로 만든 이미지로 대상물을 다루며 자기 세계를 창조하는 것은 새삼 말할 필요도 없이 중요한 일입니다. 하지만 말참견을 하는 동무와 다툴 때는 교사가 그것을 해결해 주려고 하지 않고 새로운 이미지를 어린이들에게 보여 주어야 합니다. "대단하구나. 큰 냇가 같구나." "굉장한데, 큰 빌딩 같네." 같은 말을 하면서 새로운 이미지를 던져 주어야 합니다. 반대로 "뭐 하니?" 같은 말은 어린이의 이미지를 무너뜨릴 뿐만 아니라, 어린이의 세계를 넓혀 주지도 못합니다. 어린이들은 어른을 생각하고 어른처럼 되어 보려고 하는데, 어른들이 쓸데없는 짓을 하고 있다는 투로 말을 하면 어린이들은 거기에서 도망칩니다. 바로 어른이 어린이보다 경험을 더 많이 해서 어린이의 움직임을 이미지로 싸안아야 합니다.

표현 활동과 감정

다섯 살 어린이는 마치 어른이 된 것처럼 자신을 표현하려고 노력하는 것 같습니다. 어린이 연구의 역사를 생각해 보면 어린이를 작은 어른이라고 말하던 시대가 있었습니다. 더구나 오늘날에도 다섯 살쯤 되면 뭐든지 혼자 할 수 있다고 생각해서 어린이에게 서둘러 기본 생활 습관을 익히게 하려고도 합니다. 다섯 살 어린이는 어른처럼 해 보고 싶다고 생각하기 때문에, 어떻게 생각하면 작은 어른처럼 행동하거나, 누군가에게 도움을 받기 싫어서 그 나름대로 생활 습관을 지켜 가려고 할 수도 있습니다. 그러나 다섯 살 어린이는 아직 태어나서 오 년밖에 되지 않았기 때문에 어른처럼 확실하게 행동하지 못합니다.

그러므로 다섯 살 어린이가 이야기를 잘 하려고 하는 것은 어른이 되려고 발돋움하는 표현 활동이라고 할 수 있습니다. 그 내용이 너무나도 어른 같다면 부모나 교사의 능력을 묻게 될지도 모릅니다. 부모의 생활이나 어린이의 모습을 보고 있으면 쉽게 이해할 수 있습니다. 예를 들면, 부모가 어린이를 야단칠 때를 봐도 알 수 있습니다. 어린이는 부모한테서 배운 대로 어린이집에서 동무를 야단칩니다. 한편으로 어린이들은 어른을 생각하고 있기 때문에 교사가 어머니, 아버지 이야기를 들어 주면 듣지 않아도 될 이야기까지 쫑알쫑알 재잘거리기도 합니다.

이 시기에는 어느 정도 규칙을 이해할 수 있지만 가위바위보놀이 같은 규칙은 이해할 수 있어도, 사람과 사람이 만날 때 지켜야 할 규칙은 아직 잘 이해하지 못합니다. 어른이 표현하는 데 빠져들어 똑같이 해내려고 하지만 아직 그렇게 하지는 못합니다.

루소는 《에밀》에서 "자연은 어린이가 어른이 되지 않은 어린이로 남아 있기를 바라고 있다."고 말했습니다. 언뜻 보기에 어른처럼 보이는 어린이들을 어른처럼 다룰 게 아니라, 철저하게 어린이로 살도록 해야 합니다. 다섯 살 어린이는 철저하게 다섯 살 어린이답게 표현할 수 있어야 이 시기의 발달 과제인 이야기하는 힘을 익힐 수 있습니다. 어린이가 표현하면 어른이 놀라워하면서, 어린이의 세계를 더욱 넓힐 수 있도록 이미지를 덧붙여 주어야 합니다. 그 때 까닭을 따져서는 안 됩니다. "대단하구나, 정말 대단해." "멋지다." "잘 했어." "재미있는데." 하면서 어른이 감정을 과장해서 표현하면 표현할수록 어린이는 감정을 억누르고 자기를 더욱 풍부하게 표현하려고 애씁니다. 다섯 살 시기에는 이런 놀이를 풍부하게 하는 것이 가장 중요합니다.

몇 번이나 말했지만, 다섯 살 어린이를 결코 어른처럼 키우면 안 됩니다. 어린이답게 표현하도록 해야 합니다. 귀엽고 얄미운 모습이 함께 있는 다섯 살 어린이에게서 귀여움을 점점 이끌어 내야 합니다.

활동을 잘 하기 위하여

몸을 움직이면 마음이 열린다

놀이에 푹 빠진다고 하는 것은 온몸을 움직여 대상을 다루고, 대상을 새롭게 바꾸고, 그것을 동무에게 전하고, 동무와 활동하면서 감정을 서로 나누는 것입니다. 온몸을 움직이면 말이 생기고, 자기 이미지를 다른 사람에게 전할 수 있습니다. 마음이 열리는 것입니다. 물론 다섯 살 어린이는 동무를 사귀면서 자기를 깨닫는 세계에 살기 때문에 생각대로 쉽게 마음을 열지 않습니다. 다른 사람을 생각하면서 자기가 생각한 것을 다른 사람에게 전합니다. 다섯 살 어린이는 차례를 기다리거나 참을 줄도 알고, 또 언뜻 보기에 길들여지지 않고 본능대로 움직이며 돌아다니는 것처럼 보이지만 부끄럼도 많이 탑니다.

놀이를 어떻게 지도하느냐에 따라서 아이들은 부끄러움도 느끼지 못하고, 자신의 행동과 표현을 스스로 조절하지 못하기도 합니다. 동무와 깊게 사귀지 못했고, 동무에게 비판받거나 제지를 받아 본 일이 없기 때문입니다. 몸집이 크고 힘이 세 언뜻 보기에 골목대장처럼 보이는 어린이는 잘못하면 제멋대로 행동하며 방황합니다. 자기 마음대로 이리저리 돌아다닙니다. 물건을 부수거나 짓궂게 장난을 치고, 남자 아이는 여자 아이를 울려 놓거나 머리카락을 잡아끌면서 좋아하기도 합니다. 이런 어린이들도 나름대로 이야기를 하지만 작은 어른, 미운 어린이가 되어 있습니다. 그러므로 다섯 살 어린이는 놀이를 스스로 만들어 낼 수 없고, 교사와 부모가 도와 주어야 합니다.

늘 어린이들이 많이 모여 같이 어울리게 하고, 놀이를 새롭게 바꿔 가며 놀 수 있도록 해 줍시다. 그리고 4월부터 다음 해 3월까지 단계마다 다른 활동을 할 수 있도록 해 주어야 합니다. 계절마다 자연의 영향을 받으면서 어린이는 그 나름대로 집단이 꾸려지고 발전하는 속에서 생활해 나갑니다.

우리는 보육 계획을 4기로 나누어서 생각하고 있습니다. 보통 봄, 여름, 가을, 겨울로 나누는데, 운동회를 경계로 해서 어린이가 앞으로 나아간다고 생각한다면 크게 2기로 나눠도 좋겠습니다. 몸을 움직이면 마음이 열리므로, 어린이가 물을 두려워하지 않고 물 속에서 마음껏 놀아 본 뒤에 그 다음 세계를 열어 가면, 봄과 초여름에 걸쳐서 흙이나 모래에서 마음껏 자기를 표현하며 놉니다. 처음에는 그저 여럿이 모여 있던 어린이들이 점점 소재를 매개로 해서 집단으로 발전해 갑니다. 아이 한 사람 한 사람의 시기에 맞게, 서두르지 말고, 모두 함께 했다고 생각할 수 있도록 이끌어 가야겠습니다. 무엇보다 집단의 질이 중요합니다.

다섯 살 어린이 집단

집단은 단순한 무리가 아닙니다. 누군가 정리를 하고 뜻을 하나로 모읍니다. 교사는 다섯 살 어린이 집단에서 나오는 의견을 하나로 모아 갑니다. 그러나 교사가 힘을 들여 모으려고 하면 교사가 생각하든 생각하지 않든 어린이를 관리해 버릴 수 있습니다. 이렇게 하면 몸을 움직여서 마음이 열리는 어린이들이 움직이지도 못하고 마음을 닫아 버릴지도 모릅니다.

교사가 아이들을 관리하지 않고, 어린이 자신이 생각한 대로 움직이고 서로 즐거움을 나눌 수 있으려면, 아무래도 어린이들이 집단을 꾸려 가야 할 것 같습니다. 보통 다섯 살 어린이 집단에서는 아직 집단을 이끌어 가는 어린이가 나오지 않습니다. 굳이 말하자면, 골목대장 같은 어린이가 나올지 모르겠습니다. 그런 어린이는 장난꾸러기이자, 폭력을 휘두를 수도 있습니다. 다섯 살 어린이 집단에서는 집단을 다섯 살 어린이답게 만들고 의견을 하나로 모으려고 생각하지 않더라도 보통 그 몫을 하는 어린이가 있습니다.

많은 교사들이 관찰해서 드러난 것인데, 이런 아이는 처음에는 눈에 잘 띄지 않습니다. 이런 어린이는 딱히 이렇다 할 무엇인가를 내세워서 해내는 것도 없이 차분하고, 동무들에게 상냥합니다. 말하자면 의견을 하나로 모으는 일은 자기를 조절할 수 있는 어린이, 동무를 사귀면서 자신을 깨닫고 자기 말로 자신을 조절할 수 있는 어린이가 합니다. 이런 어린이는 한 반에 반드시 몇몇이 있습니다.

이런 아이는 모래밭에서도 대장이 되지 않고, 놀이 기구를 가지고 놀면서도 대장이 되지 않습니다. 이런 아이는 조심스러워하고 수줍어하고 다른 아이의 뒤를 따라가기도 하는데, 뜻밖에 착실하고 일을 분명하게 합니다. 동무를 잘 관찰하고, 동무가 움직이는 것을 잘 보고, 교사가 하는 말에 귀를 잘 기울이기 때문입니다. 이름을 부르면 웃으면서 "네." 하고 대답하는 어린이일지도 모릅니다. 부모들 처지에서, 더 나아가 어른들 처지에서 보면 '하나를 더 생각할 수 있는' 어린이가 진정으로 집단을 하나로 모아 갑니다. 다섯 살 어린이를 키울 때는 이런 어린이를 많이 키워 낼 수 있도록 집단을 꾸려야 합니다.

그렇게 하기 위해서는 아이들이 떠들도록 내버려 두거나, 무턱대고 관리만 하면 안 됩니다. 때로는 활발하게, 때로는 조용하게 지내도록 해야 합니다. 놀이 속에 푹 빠져드는 것을 언제나 강조해 왔지만, 진정한 집단을 만들어 내려면 나들이할 때 관찰하게 하고, 그림책을 읽어 주고, 노래를 불러 주고, 리듬 있는 생활을 할 수 있게 해 주어야 합니다.

더 자세하게 말한다면 교사는 놀이에 푹 빠져들어야 하지만, 그렇다고 무턱대고 진흙투성이가 되어 놀이에 빠져 있기만 하면 안 됩니다. 조용하고 편안한 목소리로 그림책을 읽어 주고, 감정을 실어 리듬을 타면서 피아노를 쳐 주고, 이야기를 들려줄 수 있어야 합니다.

하루 생활은 늘 새롭게 바뀌지만, 그저 이리저리 돌아다니면서 바꾸지 않고 때로는 활발하게 움직이고, 때로는 조용하게 있으면서 바꾸어 가야 합니다. 한 살짜리 갓난아이가 깨어 있고, 쉬고, 울고 하는 것처럼 다섯 살 어린이도 다섯 살 어린이답게 생활을 새롭게 바꿔 나갈 수 있도록 키워야 합니다.

다섯 살 어린이 집단을 지도할 때

유아기에 집단을 만들려면 어린이들이 서로 사귀는 것을 소중하게 생각하고, 더 깊이 사귈 수 있도록 해 줘야 합니다. 유아기에 집단을 만드는 목적은 어린이들이 서로 더 깊이 사귈 수 있도록 하는 것입니다.

이 점을 생각해서 다섯 살 어린이 집단을 만들 때 중요하게 실천해야 할 것을 생각해 봅시다. 다섯 살 어린이는 다섯 살 중반 무렵에 앞 시기보다 눈에 띄게 발달한다고 했습니다. 이 때는 이야기하는 힘이 어느 정도 완성됩니다. 물론 이것은 손과 손가락이 정교하고 치밀하게 발달하고, 온몸 운동이 발달하는 것과 관련해서 생각해야 합니다. 이 시기에는 자기가 경험한 것과 그 경험에서 나온 감정과 생각을 동무에게 전하고, 다른 사람이 경험한 것이나 생각한 것을 자기 것처럼 받아들이는 힘이 자랍니다. 이 힘은 그냥 내버려 두면 저절로 자라지 않습니다. 가르쳐야 배울 수 있습니다. 그 가운데서도 집단을 무엇보다도 먼저 만들어야 합니다. 자기가 생각하는 것과 다른 사람이 생각하는 것을 서로 이어 가고, 경험을 서로 나누기 위해서는 그렇게 할 수 있는 동무를 만들어야 하기 때문입니다.

그렇기 때문에 다섯 살 어린이의 동무 관계는 네 살 어린이의 동무 관계와 조금 다릅니다. 네 살 시기에는 아이들끼리 서로 주장하는 게 부딪칠 때 교사가 해결할 수 있는 방법을 말해 주고 지도하면서 서로 바라는 것을 이어 줍니다. 그러면서 동무를 알게 하고, 동무와 함께 지내는 것, 동무를 사귀는 것이 즐겁다는 것을 알게 해 주어야 합니다.

그와 달리, 다섯 살 어린이가 동무를 사귈 때는 네 살보다 더욱 폭넓고 깊게 동무를 사귈 수 있도록 해 주어야 합니다. 예를 들면, 여러 가지 활동을 하면서 서로 즐겁게 어울리고, 서로 부딪칠 때는 이야기로 해결할 수 있도록 가르쳐 주어야 합니다. 그리고 한 사람이 발견한 것이나 경험한 것을 집단 구성원 모두가 함께 나누고, 동무한테 좋은 점이 있으면 인정하고 서로 격려해 줄 수 있도록 해 주어야 합니다.

말할 것도 없이 아이들은 배우면서 이런 관계를 만들어 갑니다. 다섯 살 어린이 집단을 지도할 때는 네 살 시기와 달리 골목대장 노릇을 하는 어린이에게 동무와 함께 놀이를 하도록 가르쳐야 합니다. 다섯 살 시기에는 동무를 사귀면서 자신을 깨닫는데, 이것은 교사와 같이 놀거나 일을 할 때 동무가 그것에 관심을 기울이면 동무를 생각하면서 자신을 깨닫는다는 뜻입니다. 그리고 이것을 가르치기 위해서는 스스로 나서서 이런 관계를 만들 수 있는 골목대장 같은 아이를 키워야 합니다. 이런 동무가 있어야만 다섯 살 어린이들은 자신을 깨달을 수 있습니다.

물론 골목대장 같은 어린이를 키운다고만 해서 다 되는 것은 아닙니다. 이와 함께 모둠을 지도해야 합니다. 네 살 어린이가 모둠 활동을 할 때는 동무를 부르러 가거나 동무를 끌어들이고, 동무와 함께 즐겁게 무엇인가를 하고, 서로 생각하는 것을 간단하게나마 말로 주고받으면서 모두 함께 어울려 하면 즐겁다는 생각을 키워 줘야 합니다. 그러나 다섯 살 시기에는 이렇게 동무를 생각하면서도 자기 생각과 자아가 싹틀 수 있도록 관계를 풍부하게 이끌어 내야 합니다. 이렇게 골목대장 같은 어린이를 키우면서 모둠을 지도해야만 아이들은 동무를 사귀면서 자기를 깨달아 갑니다.

그래서 모둠 안에서 당번 활동을 할 때는 더욱 착실하게 할 수 있도록 지도해야 합니다. 착실하게 한다는 것은 조금 싫은 것이 있더라도 마지막까지 자기가 맡은 일을 해낸다는 것입니다. 이렇게 하려면 어린이가 게으름을 좀 피우고 싶어도 마지막까지 일을 해낼 수 있도록 모두가 격려해 주고, 해냈다는 기쁨을 모두가 함께 나눌 수 있도록 지도해야 합니다. 물론 그렇게 하기 위해서는 네 살 시기에 당번은 즐겁다고 생각하도록 키워야 합니다. 다섯 살 어린이가 당번 활동을 착실히 하면 심부름을 하고 시중을 들면서 즐거움을 누릴 뿐 아니라, 모둠 동무들과 함께 행동하고 생각할 수 있기 때문에 아이들은 당번은 모두가 해야 하는 일이라는 생각을 하게 됩니다.

다섯 살 어린이 집단을 만들 때는 이러한 목표를 세우고 반을 운영하면서 아이들이 놀이와 표현을 하고, 행사를 치르면서 동무를 더욱 깊이 사귈 수 있도록 해야 합니다.

여섯 살 어린이 세계를 내다보며

여섯 살은 곧 초등 학교에 들어가야 하므로 어린이집에서 마지막 해를 보냅니다. 아이들은 한 살이나 네 살 때 어린이집에 들어왔거나, 아니면 집에서만 지냈을 것입니다. 그러나 어떤 경우에도 여섯 살 어린이 반의 최대 목표는 초등학교 육 년, 중학교 삼 년, 고등학교 삼 년, 모두 십이 년 동안 어린이들이 공부를 잘 할 수 있도록 키우는 것입니다. 이렇게 아이들이 여섯 살 어린이 반에서 제대로 자랄 수 있도록 다섯 살 어린이 반에서 그 토대를 만들어야 합니다.

다섯 살 시기에 놀이에 푹 빠져들고, 재잘거리면서 이것저것 말할 수 있으면, 여섯 살 어린이 반에서 해야 할 일을 제대로 하면서 잘 자랄 수 있습니다. 다섯 살 시기에는 이야기하는 힘이 어느 정도 완성되기 때문에 교사가 아주 신중하게 어린이들을 관찰해야 어린이가 자라는 모습을 볼 수 있습니다. 그저 재잘거리며 말하는 것만 보아서는 안 됩니다. 교사는 어린이가 무엇을 말하고 있는지, 그 말에는 경험이 뒷받침되어 있는지 아닌지를 판단할 수 있어야 합니다. 여섯 살 어린이 반에서는 여섯 살 어린이답게 자기를 다스리고 갈고 닦아 스스로 공부를 해 나갈 수 있는 자아를 만들어야 합니다. 다섯 살 시기에 이야기하는 힘이 어느 정도 완성되어야 여섯 살 시기에 이렇게 자랄 수 있습니다.

우리는 여섯 살 어린이의 세계를 문화를 계승하고 창조하는 세계라고 정의했습니다. 여섯 살 어린이를 키울 때 가장 큰 목표는 보고 싶어하고, 알고 싶어하고, 하고 싶어하고, 결코 혼자 쓸쓸해하지 않고, 배우는 것을 좋아하고, 새로운 경험을 받아들이고, 진정으로 마음을 내어 어른이 이어 내려온 풍부한 문화 유산을 온몸으로 받아들일 수 있도록 키우는 것입니다.

글을 알게 하거나, 숫자를 외우게 한다고 이렇게 자라지는 않습니다. 그보다 어린이들이 뜻을 이해할 수 있도록 키워야 합니다. 수와 양, 그리고 관계의 뜻을 알게 하고, 실제로 겪은 일을 이미지로 만들어 사물에 이름을 붙일 수 있는 어린이로 키워야 합니다.

사람이 처음으로 새로운 뜻과 관계를 알아 갈 때는 자기가 경험한 것에 비추어 이해해 갑니다. 이렇게 자기가 겪은 일과 견주어 새로운 뜻과 관계를 이해해야 그 다음에 추상화되고 일반화된 생각을 할 수 있습니다. 여섯 살 시기에는 이렇게 이것과 저것을 견줄 수 있는 바탕을 만들어 내야 하는데, 다섯 살 시기에 경험을 많이 쌓아 놓아야 여섯 살 시기에 자기 이미지 속에서 이것과 저것을 견줄 수 있습니다. "나 알고 있어요. 본 적 있어요. 그럴 때는 이렇게 해요." 하고 경험을 쏟아 내면서 서로 이야기할 수 있는 어린이들로 키워야 합니다.

여섯 살 어린이 반으로 나아가고 있는 다섯 살 어린이는 지금까지 말한 것처럼 놀이에 푹 빠져들고, 쉴 새 없이 재잘거리고, 풍부하게 경험을 해서 자기가 만든 이미지를 놀이에 반영합니다. 교사는 어린이들이 그런 이미지를 더욱 풍부하게 만들어 낼 수 있도록 이끌어 주어야 합니다. 또한 이렇게 해서 만든 풍부한 이미지를 마치 유아독존의 세계에 살고 있는 것처럼 자랑삼아 이야기하지 않고, 조금은 수줍어하고 섬세하고 눈에 띄지 않게 자랄 수 있도록 키워야 합니다.

현재 일본에는 조기 재능 개발 바람이 불어 초등 학교에 들어가기 전에 공부를 시켜야 한다고 떠들어 대고 있습니다. 그러나 다섯 살 어린이는 글이나 숫자, 더구나 영어를 배우는 것보다 경험을 풍부하게 쌓아야만 여섯 살의 세계로 나아갈 수 있습니다. 동무를 만들고 동무들 사이에서 즐겁게 놀 수 있고, 자기가 경험한 것을 다른 사람에게 전할 수 있고, 자기가 바라는 것을 확실하게 말할 수 있도록 키워야 합니다.

3

다섯 살 어린이를 돌볼 때

건강, 안전, 음식

건강

다섯 살이 되면 병치레 때문에 고민하는 일도 드물어집니다. 오사카의 '사' 시에 있는 공립 어린이집 전체에서 낸 통계를 봐도 다섯 살 어린이 반에서 일 년 동안 병으로 결석하는 비율이 전체의 50퍼센트를 넘는 경우는 겨울 감기가 유행할 때를 빼고는 없습니다.

다섯 살이 되면 앞 시기에 견주어 점점 더 활발하게 행동하고 운동 기능도 더 발달합니다. 어떠한 사물이나 일에 대해 좋아하고 싫어하는 것도 확실해지지만, 네 살 어린이하고는 달리 규칙이나 까닭들을 조금씩 이해해 나가므로 생활 습관의 기초를 확실히 몸에 익혀 나갑니다.

동무를 생각하고 무슨 일이 있으면 교사에게 알려 주러 옵니다. "○○가 넘어졌어요."라든가, "○○가 아파요. 열이 있나 봐요." 하며 알려 주고, 고자질도 자주 합니다. 그 대신에 동무가 일을 잘 하면 자신도 열심히 하려고 마음을 냅니다. 이런 특징을 살려서 자기 몸에 조금씩 관심을 기울이게 하고, 연간 계획 속에 건강 교육을 짜 넣어서 실천해 나가도록 합니다.

다섯 살 어린이의 마음을 북돋아 가면서 소풍이나 나들이를 열심히 가고, 옷을 얇게 입고, 족욕과 여름의 수영장 물놀이를 제대로 하게 해 주어 몸을 단련하게 합니다. 단계를 밟아 나가면 어렵지만 물에 얼굴을 댈 수도 있습니다.

주의할 점

편식, 야윔, 비만 | 이런 현상은 다른 나이에서도 문제지만, 다섯 살 시기에는 생활 습관이 어느 정도 몸에 배므로 다시 한 번 점검해야 합니다. 비만은 초등 학교에 들어가면 고치기 어렵기 때문에 다섯, 여섯 살 시기에 부모와 이야기하면서 대책을 찾아야 합니다.

비만도 판단 기준이 되는 지수는 여러 가지가 있지만, 어린이에게는 엄밀한 기준을 들이대기 어려우므로 신체 발육 퍼센타일 곡선에 키와 몸무게를 기록하고, 거기에서 크게 벗어나지 않는지 살펴봅시다.

요충 | 요충은 모든 나이에 다 생깁니다. 어린이집과 유치원에서 조사한 것을 보면 요충은 네 살부터 여섯 살 어린이 몸에 가장 알을 많이 낳습니다. 네 살에서 여섯 살이 되면 똥을 누고 뒤처리를 혼자 할 수 있지만, 아직 제대로 하지 못해서 손을 씻고 난 뒤에도 손을 닦은 수건이 새까맣게 될 정도입니다. 수건을 한 사람씩 따로 쓰거나, 셔츠나 팬티를 깨끗하게 입게만 해도 요충은 줄어듭니다. 몸을 깨끗하게 해야 한다는 것을 가르치는 뜻에서도 다섯 살 무렵은 중요한 시기입니다.

사카이 시에 있는 '사' 어린이집에서 1983년 5월에 요충 검사를 세 번 이어서 한 결과를 보면 요충 알에 양성 반응(병을 진단하기 위하여 검사를 했을 때 특정한 반응이 나타나는 것)이 나타나는 비율이 28.3퍼센트로 나왔습니다. 그래서 어린이집에서 한꺼번에 구충 약을 구해서 식구들과 함께 먹게 하고, 가을과 겨울, 이듬해 봄에 검사를 하였습니다. 그랬더니 일 년 사이에 양성 반응을 보이는 어린이가 120명 가운데 6명으로 전

표 2 신체별 몸무게

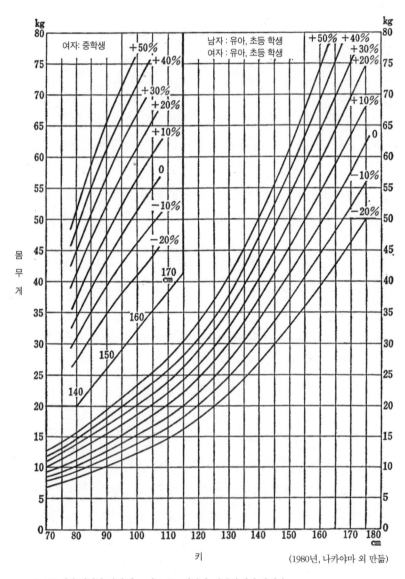

(1980년, 나카야마 외 만듦)

*표준 몸무게란 성별과 키에 따른 평균 몸무게이며, 시대에 따라 바뀐다.

체 어린이의 5퍼센트로 줄어들었다고 보고하고 있습니다. 이 요충 없애기 작전에서 건강 교육을 어떻게 해야 할지 배울 수 있습니다.

표 3-① 요충 알 양성률 비교

반		병아리	집오리	다람쥐	기린	사자	코끼리	계
나이		한 살	두 살	세 살	네 살	다섯 살	여섯 살	(사람)
양성 횟수	세 번	–	–	–	2	–	6	8
	두 번	–	–	–	–	6	2	8
	한 번	–	1	1	6	3	7	18
	없음	14	18	19	12	13	10	86
양성률 %		0	5.3	5.0	40.0	40.9	60.0	28.3

(1983년 5월 조사)

표 3-② 나이별 양성자 수와 시간에 따른 변화

반	병아리	집오리	다람쥐	기린	사자	코끼리	계
1982년 5월	0	0	2	4	1	4	11
11월	1	0	2	1	3	7	14
1983년 5월	0	1	1	8	9	15	34
9월	0	0	0	1	3	2	6
1984년 1월	0	0	0	1	3	1	5
4월	0	1	0	1	4	0	6

사카이 시 '사' 어린이집, 요충 검사 기록

이ㅣ 요즈음 들어 이가 유행한다고 합니다. 이를 없애는 것은 요충을 없애는 일과 함께 위생 교육에서 중요한 활동입니다. 다 자란 이는 길이가 약 3밀리미터, 알은 0.5~0.3밀리미터입니다. 알은 긴 동그라미 모양으로 한쪽 끝에 털이 붙어 있습니다. 이는 이레쯤 되면 알에서 깨어난다고 합니다. 이가 몸에 붙어서 피를 빨면 그 곳이 가렵습니다. 이를 없앨 때도 집단에서 한꺼번에 없애야 합니다.

치료할 때는 먼저 머리카락을 짧게 깎고, 약을 바르고 머리를 감습니다. 속옷, 잠옷, 시트 같은 것은 다리미로 다리거나 삶아야 합니다.

행동, 정서 장애ㅣ이 나이에는 자폐 경향이 눈에 띄는데, 이런 아이는 마음을 안정시키지 못하고, 감정을 말로 표현하지 못하고, 집단 속에서 놀지 못합니다. 교사와 부모, 때에 따라서는 의사와 상담하고 평소에 특별히 잘 보살펴야 합니다. 자폐 경향은 개인차가 있기 때문에 빨리 단정해 버리지 않아야 합니다.

그 밖 만성 질환ㅣ다섯 살 무렵부터 아동기에 걸쳐서 신장염, 천식, 자가 중독처럼 오래 치료해야 하는 병에 걸리면 부모는 물론이고 의사하고도 상담하고, 어린이집에서도 치료 방침을 알아 두어야 합니다. 병에 걸렸을 때는 특별하게 배려해야 하지만, 정신이 잘못 발달하지 않도록 조심해야 합니다. 무리하게 운동하면 안 되는 경우라도 기본 생활 습관만은 무너지지 않도록 합시다.

예방 접종

아직 삼종 혼합 백신(DPT) 추가 접종을 하지 않은 어린이는 맞아 두어야 합니다.

홍역, 유행성 이하선염(볼거리), 풍진 혼합 백신(MMR)도 접종을 끝내야 합니다.

안전

이 시기에는 집단 놀이나 규칙 있는 놀이를 할 수 있는데, 어린이들끼리 자주 다툽니다. 또 그런 놀이를 할 수 있다고 생각하고 했는데 잘 하지 못하고 나뒹굴어 가끔 뼈가 부러지기도 합니다. 이 시기에는 긴 대를 잡고 마음껏 휘두를 수 있는데, 아직 손대중은 되지 않습니다. 모험심이나 행동하고 싶어하는 마음도 크지만, 만약 사고가 일어난 뒤에 동무들이 그것을 이야깃거리로 삼으면 "그런 짓하면 안 돼." 하고 자기네들끼리 서로 조심합니다.

건강 지도

다섯 살이 되면 어린이한테 손 가는 일이 적어져서 부모는 한시름 놓기 때문에 평소에 아이들은 건강을 돌보거나 몸을 깨끗이 하지 못하고 생활 습관이 흐트러지는 경우가 있습니다. 예를 들면, 밤 10시에 자는 경우도 있는데, 이러한 것들은 생활 습관의 문제입니다.

사철을 생각하고 '보육 소식'을 만들어 부모와 더욱 힘을 모읍시다. 건강 기록지를 수첩처럼 만들어 쓰고 있는 곳도 있습니다. 또 부모뿐만

표 4 **계절을 생각해서 만든 보육 소식**

```
4월─새 학기의 피로, 전염병
5월─예방 접종
6월─수영장 가기 전에 건강 점검
      (요충, 수두, 눈, 귀 따위)
7월─여름 건강 관리
8월─여름 병(여름 감기, 농가진 따위)
9월─몸 단련, 예방 접종
10월
11월─감기, 설사 예방, 일광욕
12월─유행성 독감
1월
2월
3월─일 년 마무리
```

* 눈, 귀, 이는 전문의가 검진하도록 한다. 그 밖에 음식, 낮잠 따위를 넣는다.

아니라 어린이도 자기 몸에 관심을 가질 수 있도록 그림 연극이나 슬라이드 같은 것을 이용해 알기 쉽게 건강 교육을 합니다.

표 5 건강 기록지

건강 기록	목록	
	1. 어린이집의 일 년 건강 계획	8. 유아기에 잘 걸리는 전염병
	2. 어린이집에 들어오기 전까지 건강 상태 기록	9. 전염병, 병 기록
	3. 어린이집에 들어오기 전에 걸린 큰 병	10. 기타 병과 다친 것 기록
	4. 건강 진단 기록	11. 어린이집과 집의 연락난
	5. 요충 검사 기록	12.
	6. 예방 접종	13.
(반 · 이름)	7. 신체 측정 기록	14.

오사카 '하' 시 어린이집

음식

모두 모여서 즐겁게 먹는 음식 문화

아이들이 음식을 올바로 먹도록 지도하는 까닭은 사람이 사람답게 생활하기 위한 기초 행동 가운데 '먹는' 일을 문화로 끌어올리기 위한 바탕을 만들어 주기 위해서입니다. 따라서 내용이 아주 폭넓습니다. 지도 방법에는 여러 가지가 있습니다. 첫 번째는 예법을 중심으로 한 올바른 예의 범절 요소를 가르쳐야 하고, 두 번째는 맛을 느끼는 감각을 풍부하게 키워 주어야 하고, 세 번째는 식품이나 영양에 대한 지식을 알게 하여 음식 문화를 풍부하게 맛볼 수 있는 힘을 길러 주어야 합니다. 그리고 마지막으로 이것들을 바탕으로 하여 그릇을 고르고, 음식을 담고, 식단을 짜는 것까지 포함해서 음식 문화를 창조할 수 있도록 해 주어야 합니다.

사람만이 식품을 가공하면서 밥 먹는 행동을 문화로 끌어올려 왔습니다. 하지만 요즈음에는 기업체에서 만든 맛이 일반화되고, 모두 모여서 즐겁게 먹는 음식 문화가 점점 빛을 잃어 가고 있습니다.

다섯 살 시기에는 동무들과 함께 밥 먹는 즐거움을 몸에 익힐 수 있습니다. 그러므로 동무를 사귀면서 자신을 깨닫는 다섯 살 어린이가 어떻게 하면 음식 문화를 발전시킬 수 있을지를 연구해야 합니다.

먹는 것을 지도하는 뜻

음식 먹는 것을 바르게 지도할 때는 조금이라도 소홀히 하면 어려워집니다. 그러나 어린이에게 살아가는 힘을 몸에 익히게 한다고 생각하면서 다가가면, 어른처럼 밥 먹는 것을 강요하는 게 아니라, 스스로 밥을 먹을 수 있고 더 올바로 먹을 수 있도록 키울 수 있습니다.

다섯 살이 되면 어른이 말하는 대로 뭐든지 하는 것처럼 보입니다. 그러나 한다는 것과 해낸다는 것이 다른 것처럼, 목표가 있을 때는 그 목표를 이루기 위해서 자세하고 뚜렷한 방법을 찾아야 합니다. 음식 먹는 것을 바르게 지도할 때도 마찬가지입니다. 가장 큰 목표는 어린이를 진정으로 자립하게 하는 것이고, 모두 모여서 즐겁게 먹는 음식 문화를 계승하여 새롭게 창조해 나가는 데 어울리는 생각을 할 수 있게 하는 것입니다.

밥을 먹을 때

여러 가지 맛을 알게 한다 | 네 살이 지나면 단맛, 짠맛, 매운맛뿐만 아니라, 시고 쌉쓰레한 맛도 압니다. 다섯 살을 지나면서부터는 음식을 먹고 난 뒤에 그 맛을 실제로 말로 표현할 수 있습니다.

어른들이 함께 밥을 먹으면서 "이 반찬은 깨소금을 넣어서 맛있구나. 선생님은 이런 맛이 좋아요." "된장국이 좀 짜지? 평소에 먹던 것이 더 맛있지?" 하며 의견을 말하면 어린이들은 그 음식 맛을 보려고 합니다.

이처럼 어른은 어린이들이 생리적으로 느끼는 단맛, 짠맛, 매운맛을 정서로 느끼게 해 줍니다. 무뚝뚝하게 말없이 먹거나, 큰 소리로 떠들면서 먹지 않고 간단한 이야기를 나누면서 먹게 하는 것이 좋습니다.

밥 먹는 데 시간이 많이 걸리는 어린이 | 어느 어린이집에서나 적어도 이만큼은 먹어야 한다고 생각해서 담아 준 음식을 한 시간이 지나도록 다 먹지 못하는 어린이들이 있습니다. 개인차가 있는 것은 인정하면서도 너무 시간이 많이 걸릴 때는 어린이 자신도 힘들기 때문에, 그 아이가 어떨 때 가장 활발하게 생활하는지 생각해 보고 거기에서 해결 방법을 찾아가도록 합니다.

가장 좋은 것은 놀이에서 먹고 싶어하는 마음을 이끌어 내는 것입니다. 잘 놀면 금세 배가 고파집니다. 속이 비면 잘 먹는다고 하는 당연한 사실에 눈을 돌려야 합니다.

다섯 살 어린이는 동무가 하는 것처럼 하고 싶다고 생각하기 때문에 자기 혼자서만 오랫동안 밥상 앞에 앉아 있는 것을 아주 힘들어합니다. 알맞은 때 그만 먹게 하고, 잘 놀고 푹 쉬게 하는 것이 좋습니다. 밥도 동무들이 뒷받침하여 잘 먹을 수 있는 집단을 만들어 가야 합니다.

그릇, 젓가락, 숟가락을 바르게 잡지 못하는 어린이 | 다섯 살이 되어도 어떤 아이들은 숟가락자루 끝을 잡거나, 그릇을 올바로 잡지 못하고, 또 그릇에 얼굴을 대고 개가 밥을 먹듯이 음식을 먹습니다. 엥겔스는 《원숭이가

사람이 되기 위해 하는 일》에서 "우리 조상들이 두 발로 꼿꼿하게 서서 바로 걸으면서 손으로 점점 다른 일을 하고, 손이 자유로와져서 부드럽게 되었다. 그러나 이것은 손으로 일을 했기 때문이고, 손이 자유로와졌다는 것은 몸이 자유로와졌다는 뜻도 된다."고 말했습니다.

우리는 어린이가 태어난 그 날부터 손이 움직인다고 보고 있습니다. 그렇기 때문에 갓난아기 손에 흔들면 소리 나는 장난감을 쥐어 주거나, 잡고 빨 수 있는 것을 주고, 젖병을 혼자서 잡고 빨 수 있도록 가르치고 있습니다.

그리고 물건을 쥐다가 잡을 수 있도록 운동을 시킵니다. 블록을 쌓게 하고, 종이를 찢게 하고, 찰흙이나 흙을 반죽하게 합니다. 이렇게 손 운동을 하면 그 밖에 여러 가지 활동을 할 수 있습니다. 따라서 숟가락자루 끝을 잡거나 젓가락을 손바닥으로 쥐고 먹는 것과, 그릇에 얼굴을 대고 개가 밥을 먹듯이 먹는 것은 다른 문제입니다.

앞의 예는 손을 잘 놀리지 못하는 것이고, 뒤의 예는 예법이 올바르지 못한 것입니다. 따라서 숟가락자루 끝을 잡거나 젓가락을 손바닥으로 쥐고 먹으면 놀이를 해서 바로잡아 가도록 해 줘야 합니다. 그러나 다섯

그림 4

개가 밥을 먹듯이 그릇에 얼굴을 대고 먹는 모습

손바닥으로 쥐는 젓가락질

올바른 젓가락질
아래 젓가락은 엄지손가락과 집게손가락 사이에 대어 놓고 위 젓가락만 움직인다.

살 어린이는 동무들이 "젓가락은 이렇게 쥐는 거야." 하고 일러 주면 동무가 가르쳐 준 대로 해 보려고 합니다. 그러므로 동무들끼리 서로 가르쳐 줄 수 있는 집단이 되어야 합니다.

그릇에 얼굴을 대고 개가 밥을 먹듯이 먹는 것은 교사가 그릇을 바로 잡고 바른 자세로 밥 먹는 것을 바라느냐, 아니면 그저 먹기만 하면 된다고 생각하느냐에 따라서 고쳐질 수도 안 고쳐질 수도 있습니다. 그러므로 어린이를 올바르게 문화를 계승하는 사람으로 키우기 위해서는 가르쳐야 할 것은 제대로 가르쳐 줘야 합니다.

싫어하는 음식 | 싫어하는 음식을 먹으려고 하지 않을 때는 무리하게 먹이려고 하면 오히려 좋지 않습니다. 어린이는 자기 스스로 애써 먹어 보려고 생각할 때 진정으로 음식을 가리지 않습니다.

그렇게 하기 위해서는 동무들이 북돋워 주고, 자기가 스스로 해 보려고 하는 마음을 키워 주어야 합니다. 운동회 때 어린이가 뜀틀이나 줄넘기에 도전하는 까닭은 어른처럼 해 보고 싶다는 마음과, 움직이면서 몸이 달라지는 것을 미리 생각하기 때문입니다. 이렇게 해서 무엇인가를 이루어 내면 마음은 가장 많이 부풀어오릅니다.

이 때 어른이 "싫어하는 것이라도 참고 힘내서 한 입만 먹어 보자." 하고 말을 건네면, 어린이는 어른이 바라는 대로 합니다. 그 때는 격려해 주고, 한 입이라도 먹었다는 기쁨을 표현할 수 있도록 해 줍니다. 어린이가 해 보고 싶어하는 마음을 결코 꺾지 말고, 그 싹이 어디 있는가를 찾아 내어 키워 주어야 합니다. 이것이 다섯 살 어린이가 밥 먹는 것을 지도하는 바탕입니다.

먹는 법 | 서양 정식은 음식이 하나하나 차례대로 나오지만, 일본 정식은 처음부터 밥상에 음식이 모두 나옵니다. 따라서 차례대로 한 가지씩 먹지 않고 밥을 먹은 다음 반찬과 국을 먹고, 이렇게 되풀이하면서 먹습니다.

흔히 두 살 무렵에는 밥은 밥대로, 국은 국대로 따로 먹습니다. 그리고 이 버릇은 초등 학교에 들어가서도 계속 이어집니다. 밥과 반찬을 번갈아 먹으라고 하면, 어린이는 그 말을 들을 때는 그렇게 할 수 있지만 금세 다시 반찬만 먹거나 밥만 먹습니다.

다섯 살이 지나 문화를 이어 가는 힘을 기르고 나면 밥과 반찬을 번갈아 먹으면서 좋아하는 것과 먹기 쉬운 것을 나중에 먹으려고 남겨 놓을 수 있습니다. 계속 옆에 붙어서 지도를 해도 네 살 어린이는 먹기 쉬운 것을 먼저 먹어 버립니다. 번갈아 가면서 먹는 것도 너무 무리해서 강요하지 말고, 마지막에 밥이 남으면 "먹기 힘들지? 다음부터는 반찬과 번갈아서 먹어." 하고 말을 해 줍시다.

음식 만들기

다섯 살 어린이는 어른과 같이 해 보고 싶어하는 마음이 큽니다. 자기가 스스로 만들어 보면서 엄마나 조리사처럼 한 사람 몫을 해낸다고 느낍니다. 그리고 모양이 바뀌는 소재가 앞에 있으면 자기 속에 있는 이미지를 그 소재로 나타내 보려고 하는 것처럼, 만들어서 먹는 것도 모양이 바뀌는 소재를 가지고 노는 놀이와 공통점이 있습니다.

어린이는 음식을 만들어 보면서 날마다 먹고 있는 음식이나 상차림에 관심을 기울입니다. 그리고 음식 재료를 자르고, 불을 다루고, 반죽하고, 둥글게 빚는 기술 같은 것을 익히고, 먹는 문화를 풍성하게 해 나가기 위한 바탕을 터득해 나갑니다.

어린이의 마음을 이끄는 것

밀가루에 버터를 바르기만 해도 밀가루가 점토처럼 바뀌어 갑니다.

채소도 써는 방법에 따라 본디 모습과 완전히 달라집니다. 밥도 손으로 쥐면 주먹밥, 말면 김밥이 됩니다.

더구나 불을 가하면 모양이 바뀝니다. 밀가루 반죽을 납작하게 펴서 구우면 색이 바뀌면서 맛있는 냄새가 나고, 고구마는 물 속에서 익습니다. 핫케이크는 팬 위에서 부풀어서 송송 구멍이 뚫립니다.

이처럼 음식 모양이 점점 바뀌어 가고, 더구나 자신이 주인공이 되어 그 일을 하기 때문에 마음을 빼앗깁니다.

만드는 기쁨

언제나 어른이 만든 것을 먹기만 하다가 이번에는 스스로 주인공이 되어 먹을 것을 만듭니다. 게다가 옆에서 어른이 "맛있네." 하고 한 마디라도 해 주면 더 바랄 것이 없습니다. 아무리 핫케이크가 타고, 카레라이스에서 매운맛이 나지 않더라도 세상에서 가장 맛있습니다.

그릇에 담아 다른 반에 들고 가서 "우리가 만들었어요. 먹어 보세요." 합니다. 진지하게 말하고 있지만, 속으로는 기뻐서 어쩔 줄 몰라 합니다.

일을 하고 난 뒤 성과가 보이고 게다가 어른들이 먹어 보고 칭찬하면 "다음에 또 만들어 줄게요." 하고 자신만만해합니다.

집에 돌아와서도 음식을 만들어 보려고 합니다. 어머니 한 분이 이런 이야기를 했습니다. "지금까지는 도와 준다고 해도 카레라이스 정도였지만, 유치원에서 감잣국을 만든 다음부터는 '오늘은 감잣국 해요. 도와 줄게요.' 해요. 조금 귀찮지만 말이에요." 이처럼 금세 성과가 눈에 보입니다.

음식을 만들 때

무엇을 만들 것인가 | 어린이가 지금까지 어떤 놀이를 해 왔고, 지금 어

떤 놀이에 흥미를 보이고 있는가 하는 것과, 모두 함께 만든 것을 어떻게 할 것인가에 따라 어린이가 만들어 볼 음식은 달라집니다.

찰흙놀이에 빠져 있을 때는 쿠키나 핫케이크가 가장 먼저 떠오르고, 흙 새알 만드는 데 열중하고 있을 때는 주먹밥이나 경단도 괜찮습니다. 채소를 길러서 거둬들여 만들 때는 거둬들인 것을 모두 갖고 만들 수 있도록 연구합니다.

교사가 만드는 법을 알아 둔다 | 음식을 만들 때는 교사가 재료부터 만드는 법까지 잘 알고 있어야 합니다. 교사가 잘 만드는 음식이 있으면 해마다 같은 것을 만들어도 좋습니다. 만드는 법을 잘 알고 있으면 어떤 재료나 도구가 있어야 하고, 그것을 어떻게 해야 하는지 어린이들에게 자신 있게 설명할 수 있고, 만들 때도 차례대로 잘 할 수 있습니다. 어린이들은 "선생님, 잘 알고 있네요." 하며 설명을 잘 듣습니다.

급식실에서 조리 기구를 가져올 때는 될 수 있는 대로 미리 이야기해 놓습니다. 그 날 음식을 만들 때 있어야 하는 도구가 다 갖춰져 있는지 확인해 두어야 교사와 조리사가 모두 일을 잘 해 나갈 수 있습니다. 이 것은 교직원 집단을 만드는 데도 영향을 미칩니다.

언제 만들어서 언제 먹을 것인가? | 보통 오전에 어린이에게 음식을 만들게 하는데, 카레라이스나 감잣국 같은 음식을 만들 때는 유치원 식단에 맞춰서 만드는 것이 좋습니다. 간식은 먹는 시간을 생각해 봐야 합니다.

핫케이크나 경단은 만들어서 곧장 먹는 것이 좋지만, 이 때문에 밥을 먹을 수 없으면 곤란합니다. 주식 대신에 간식을 만들어 먹을 때는 당분을 줄이고, 될 수 있는 대로 그 날 먹을 채소를 곁들일 수 있게 급식실에서 배려해 주면 좋겠습니다.

위생과 그릇 다루기 | 어린이들에게 음식을 만들게 할 때는 전날 확실하게 이야기해 둡니다. 그리고 손톱을 깎고, 머릿수건과 앞치마를 가져오게 합니다. 준비물을 가지고 오지 않으면 수건으로 바로 앞치마와 머릿

수건을 만들어 줍니다. 그리고 손톱이 길면 음식을 깨끗하게 만들 수 없다는 것도 가르쳐 줍니다.

식칼이나 프라이팬을 쓸 때는 아주 조심해야 합니다. 식칼이나 프라이팬은 어른이 쓰기 쉽도록 무겁게 만들었기 때문에 어린이들에게는 너무 무겁고 또 길이도 깁니다. 될 수 있는 대로 어린이가 들기 쉬운 것으로 준비하는 것이 좋겠습니다. 식칼을 쓸 때 손을 베지 않게 하려면 식칼 중심이 흔들리지 않게 중심에 손가락을 대고 자루를 단단히 쥐게 해야 합니다.

도구는 쓰고 나면 반드시 어린들과 함께 씻습니다. 이 시기에는 이렇게 조리 기구를 씻는 것까지 조리 과정에 들어간다는 것을 이해할 수 있도 있고, 씻는 법도 가르쳐야 하기 때문입니다. 이렇게 씻어 놓으면 다음에 기분 좋게 쓸 수 있다는 것도 가르칩니다.

생활 습관

생활 습관을 익혀야 하는 까닭

어린이에게 생활 습관을 익히도록 하는 까닭은 사람다운 자질과 문화를 몸에 익혀 자립을 위한 습관을 키우고, 사회를 보는 눈을 키워 주기 위해서입니다.

바람직한 생활 습관을 익히도록 하려면 먼저 어른이 어린이에게 날마다 되풀이하여 끈기 있게 가르쳐야 하는데, 그 때 조건을 붙이거나 강요하면 어린이는 그것을 받아들이지 않습니다.

첫째, 자립 습관을 키운다는 면에서 생각해 봅시다.

이 때는 왜 생활 습관을 익혀야 하는지 어린이들이 이해할 수 있도록 까닭을 제시하면서 자립할 수 있는 마음을 키워 줘야 합니다. 네 살 어린이가 집단 속에서 서로 부딪치고 자기 주장을 할 때는 교사가 뒷받침해 주어야 홀로 설 수 있는데, 다섯 살이 되면 둘레에서 일어나는 일들은 어느 정도 스스로 할 수 있습니다. "선생님이 말하지 않아도 혼자서 했어요.", "혼자서 생각해서 했어요." 하고 자랑스럽게 말합니다.

어린이는 내가 하고, 혼자서 할 수 있을 때 자신감이 많이 생깁니다.

그리고 더 하고 싶은 마음이 생겨 다른 활동을 이어 갑니다. 머지않아 "……하고 싶었지만, 참고 ……했더니 이렇게 됐어요." 하면서 하고 싶어하는 마음과 자제하려는 마음을 하나로 모으면서 자립에서 자율로 나아갑니다.

이처럼 교사는 어린이의 마음 속에 자립에서 자율로 나아가려는 새로운 마음이 자리잡을 수 있도록 해 주어야 합니다. 다섯 살 어린이에게 생활 습관을 지도할 때는 어린이가 혼자서 할 수 있도록 힘을 키워 주고, 언제 어디에서나 모두 함께 할 수 있는 힘을 기를 수 있도록 시야를 넓혀 주고, 오늘을 확실히 받아들이면서 내일로 나아가는 힘을 키워 주는 것이 가장 중요합니다.

다섯 살 시기에는 "……이지만 ……한다."는, 하루 생활의 흐름을 미리 내다보고 행동할 수 있는 힘을 이어나갈 수 있도록 해 줍시다.

둘째, 사회를 보는 눈을 키운다는 면에서 살펴봅시다.

어린이가 자기 일은 스스로 할 수 있을 만큼 자립해서 다른 사람들에게 폐를 끼치지 않고 즐겁게 생활할 수 있으려면 모두 함께 생각하고 판단하고 행동할 수 있으면서 사회를 보는 눈도 키워야 합니다. 집단에서 생활할 때는 규칙을 모두 지켜야 한다는 것을 알려 주도록 합시다.

어린이는 저마다 개인과 집단의 관계 속에서 바라는 것이 생기고, 서로 부딪치고, 바라는 것과 할 수 있는 것이 다를 수 있다는 것을 경험합니다. 그러므로 한 사람 한사람이 바라는 것을 모두가 바라는 것이 되도록 발전시키면서 규칙이나 약속, 맡은 일, 책임에 담긴 뜻을 이해하고 배울 수 있도록 지도합시다.

자립에서 자율로 나아갈 때 올바른 생활 리듬을 몸에 익히게 하고, 집단 속에서 서로 도우면서 즐거운 반을 만들어 나가게 하고, 자기 물건이나 집단에서 함께 쓰는 도구와 놀이 기구를 다루고 관리하는 방법을 함께 이야기하고, 규칙을 확인해 두도록 합시다.

그렇게 하면서 자기 물건을 생각하는 마음도 자라고, 제대로 관리하는 법도 익힙니다. 맨 처음에 확실하게 그렇게 할 수 있도록 배워 놓으면 어린이는 생각하면서 즐겁게 정리, 정돈할 수 있습니다. 어린이가 집단 속에서 행동하면서 사회를 보는 눈을 키울 수 있도록 도와 줍시다.

다섯 살 어린이가 몸과 마음이 눈에 띄게 자라는 것과 생활 습관이 자립에서 자율로 발전하는 것은 뗄 수 없는 관계에 있습니다.

여러 가지 생활 습관

생활 리듬

어린이들이 오늘을 확실히 받아들이면서 내일로 나아가기 위해서는 생활 리듬이 알맞고, 올바른 규칙이 있어야 합니다. 아침부터 멍하니 하품만 하고 있다면 낮에 활발하게 놀 수 없습니다. 낮에 마음껏 놀 수 있으려면 일찍 자고 일찍 일어나야 합니다.

하지만 이 문제는 부모와 집안 생활을 빼놓고서는 해결이 안 됩니다. 집에서 생활하는 것을 포함해서 어린이들이 하루를 어떻게 보내는지 돌이켜 보도록 합시다. 낮에 뭉그적거리며 기분도 좋지 않고 활발하게 활동하지 않는다면 까닭이 어디에 있는지 찾아보도록 합니다. 부모하고도 잘 의논해서 문제를 해결하고, 낮에 생기 있고 활발하게 생활할 수 있도록 지도합시다.

하루 생활

오전에는 어린이의 대뇌가 깨어나 활발하게 활동할 수 있는 생리 조건이 갖추어지므로, 이 때 주의력과 집중력을 발휘할 수 있는 활동을 하게 합니다. 어린이집에서는 하루 생활을 강약이 있게 짭니다. 다섯 살 어린이는 자기를 둘러싼 세계에 "왜?" 하고 끊임없이 관심을 쏟아부으며 생활하고 있습니다. 자신이 마음을 다해 한 활동이 흥미롭게 펼쳐지면 활동을 더욱 활발하게 하고 만족스러워하면서 마무리합니다. 만족감은 한 가지 활동을 마무리하고 다음 활동으로 이어 가려는 마음을 불러일으킵니다.

어린이집에서 어린이가 활동을 마무리할 때는 리듬을 타고 하는지, 그 때 어린이는 어떻게 대처하고 있는지, 알맞게 행동하고 있는지 살피도록 합시다.

다섯 살 전반기에는 상황 하나하나에 맞게 행동하고 있지만, 다음 활동을 어떻게 해야 할지 잘 내다보지 못해서 좀처럼 발을 내딛지 못하는 아이가 있습니다. 빨리 하라고 재촉을 받으면서 자란 어린이, "너무 둔하고 더뎌, 확실히 해." 하고 꾸중을 들으면서 자란 어린이, 생활 속에서 절차를 배우지 못하고 자란 어린이, 어른이 다 해 주어서 혼자서 하는 습관을 들이지 못한 어린이가 많습니다.

이런 어린이들은 자기 몸으로 해 보지 않고 확인해 보지 못했기 때문에 다른 동무들처럼 재빠르게 행동할 수 없습니다. 못 한다는 것에 주눅이 들어 마음은 점점 뒷걸음질칩니다.

이런 어린이들에게는 방법을 하나하나 친절하게 가르쳐 주고 격려해 주어야 합니다. 동무들이 하는 것을 보면서 자기가 할 때와 다른 점을 찾아 내어 절차를 생각하게 하면 다음에 같은 일을 할 때는 몰라보게 잘합니다. 반 어린이가 모두 스스로 자기 일을 하고 나서 기분이 좋아질 수 있도록 합시다.

스스로 할 수 있다는 것이 밑바탕이 되어 다음 활동으로 시야를 넓혀 나가고, 반 집단 속에서 동무를 배려하고 동무를 위해서 당번 활동을 하는 기쁨을 맛보게 합니다. 그렇게 하면서 어린이는 사회성이 점점 발전합니다.

활동 하나하나를 잘 해내고 자립할 수 있도록 친절하고 상냥하게 북돋우면서, 앞을 내다보면서 행동하고 자기 생활을 스스로 헤쳐 나가는 생활의 주인공으로 어린이들을 키워 나갑시다.

아침에는 "안녕!" 하고 힘차고 밝은 목소리로 어린이집으로 뛰어들어오고, 저녁에는 "내일 또 보자." 하고 내일을 기다리면서 만족스러워하며 집으로 돌아가는 다섯 살 어린이 집단으로 만들어 갑시다.

먹을 때

다섯 살 어린이는 젓가락질도 제법 할 수 있어서 무엇이든 먹을 수 있습니다. 건강을 유지하기 위해서 꼭 먹어야 하지만, 무엇을 어떻게 먹느냐에 따라 몸뿐만 아니라 마음까지 영향을 받습니다.

어린이는 싫어하는 것도 교사가 어떻게 하느냐에 따라서 노력해서 먹기도 하고, 안 먹기도 합니다. 어린이집에서 생활할 때는 배가 고파서 밥 먹는 시간이 기다려질 정도로 움직일 수 있게 하는 것이 좋습니다. 싫어서 억지로 먹을 때와 즐겁게 기다리다 먹을 때는 소화액도 달리 나옵니다.

다섯 살 어린이에게 먹는 것을 지도할 때는 다음처럼 목적을 세웁니다.

첫째, 음식을 가리지 않고 무엇이든 먹고, 싫은 것도 참고 애써 먹으려고 할 때 어린이에게 도움을 줄 수 있는 활동을 합니다.

둘째, 그림 연극이나 그림책을 보여 주면서 먹는 것에 관심을 가지도록 합니다.

셋째, 음식이 몸 속에서 어떤 일을 하는지 가르칩니다.

넷째, 음식이 만들어지기까지는 여러 사람이 일을 해야 한다는 것을 알려 줍니다.

다섯째, 스스로 밭을 일구게 하거나 음식을 만들어 보게 해서 생활에 가까이 있는 음식물에 흥미와 관심을 보이게 합니다.

여섯째, 사람답게 먹고 살 수 있도록 즐겁게 먹는 법을 가르칩니다.

일곱째, 밥상을 꾸미고, 냅킨을 만들고, 밥상 놓아 두는 곳을 만들고, 상 위에 꽃을 놓아 두기도 하면서 즐거운 분위기를 만듭니다.

이렇게 해서 편식하지 않고, 잘 씹어서 먹을 수 있도록 생활을 만들어 갑니다.

또 한 가지, 밥 먹는 예절을 가르칩니다. 밥 먹는 예절은 그냥 내버려 두면 저절로 익힐 수 없으므로 어른들이 가르쳐 주어야 합니다. 자세는 어른이 본을 보여 주거나 알려 주어야 올바르게 할 수 있습니다. 두 손을 다 쓰고, 등을 펴고 바르게 앉아 밥과 반찬을 번갈아 가면서 먹도록 가르쳐 줍니다. 또 일정한 시간 안에 흘리지 않고 먹을 수 있게 하고, 밥 먹기 전과 먹고 난 뒤 인사하는 것과 양치질도 습관이 되게 가르칩니다.

집에서도 균형 있게 먹고, 먹는 법도 포함해서 어린이들이 건강하게 자랄 수 있도록 세밀하게 배려해 나가도록 합시다.

다섯 살이 되면 생선 가시를 젓가락으로 발라 낼 수 있고, 자기가 먹을 양을 생각해서 알맞게 그릇에 담을 수 있습니다. 편식하는 어린이가 기꺼이 밥상 앞에 앉을 수 있도록 여러 방법으로 지도해 나갑시다. 냅킨이나 자신이 쓴 젓가락도 깨끗하게 해 놓는 습관을 가르칩시다.

똥오줌 누기

다섯 살 시기에는 똥오줌을 싸지도 않고, 뒤처리도 스스로 할 수 있습니다. 그러나 팬티가 더러워졌는데도 태연하게 있는 아이도 있습니다. 뒤처리하는 방법을 제대로 배우지 못했기 때문입니다. 이런 아이에게는 휴지를 쓰는 방법이나, 똥오줌을 눈 뒤에 물 내리는 방법을 가르쳐 주어야만 합니다.

아이들이 생활을 생각하면 생활 리듬에 맞게 똥오줌 누는 리듬이 만들어지기 때문에, 맨 처음 단계에서는 교사가 어린이 한 사람 한 사람이 똥오줌 누는 간격을 확실히 알아 놓아서 참지 않아도 되도록 알맞은 생활 리듬을 만들어 줍시다.

잠자기

잠을 잘 때는 스스로 이부자리를 펴고, 잠옷으로 갈아입고, 잠옷 끈을 맬 수 있게 하고, 마음의 준비를 하면서 잘 수 있게 합니다. 자고 난 뒤에는 이부자리를 다시 정리해 놓게 합니다.

무엇보다도 몸과 마음을 쉬게 하기 위해서는 잠을 자야 한다는 것을 알려 주고, 편안하게 잘 수 있게 합니다. 낮 시간에 활동하는 양을 조절하고, 조용한 분위기를 만들고, 밥 먹고 난 뒤에는 바로 자지 않게 하면서 푹 잘 수 있는 조건을 만들어 줍니다.

건강하고 잘 노는 어린이라면 다섯 살에도 아직 낮잠을 자야 합니다. 움직이고 쉬는 리듬을 확실히 세워 푹 자고 스스로 깰 수 있도록 합시다.

옷 입고 벗기

다섯 살 어린이는 스스로 옷을 갖춰 입을 수 있고, 옷도 골라서 입을 수 있습니다. 옷에 관심이 있는 여자 아이는 예쁜 치마를 좋아하고 입으려고 합니다. 남녀의 성별을 생각하는 것일수도 있습니다. 하지만 어린이집에서는 활동하기 좋은 반바지를 입는 것이 바람직합니다.

벗은 옷은 겉과 안을 뒤집지 않고 잘 개어 다음에 입을 때 쉽게 입을 수 있도록 합니다. 이 시기에는 단추나 후크 같은 것도 혼자서 채울 수 있고, 옷도 앞뒤를 맞춰서 잘 입을 수 있습니다. 그리고 옷을 얇게 입는 습관을 들여놓지 못하면 좀처럼 바꾸기 어렵기 때문에 어른이 옷을 얇게 입도록 가르쳐서 습관을 들여 줍니다. 더위나 추위에 대한 감각도 눈을 뜨게 합니다.

다섯 살 어린이는 옷이 더러워지는 것에 마음쓰지 않기 때문에 옷을 잘 더럽히지만, 옷을 빠는 것도 아주 좋아합니다. 손수건이나 양말처럼 쉽게 빨 수 있는 것부터 깨끗이 빠는 법을 가르쳐 주면 스스로 열심히 합니다. 빨래하는 것이 아주 좋아하는 일 가운데 하나가 됩니다.

옷은 활동하기에 좋고 바람이 잘 통하는 것을 골라 줍니다. 어깨를 채우는 옷은 동무들끼리 서로 채워 주지만, 옷깃을 빼내서 바르게 입는 것은 아직 잘 못 하므로 눈여겨보도록 합시다.

깨끗한 몸

다섯 살 어린이한테서는 깨끗하게 손을 씻나 싶었는데 아무렇지도 않게 더러운 수건에 손을 닦거나, 바닥에 떨어진 젓가락을 깨끗이 씻나 싶었는데 씻는 데만 마음이 뺏겨 더러운 걸레에 닦는 모습이 보입니다.

진흙탕놀이도 정말 좋아하는데, 놀이가 끝나고 깨끗이 샤워를 하면 온몸이 깨끗해지고 기분도 좋아진다는 것을 되풀이해서 느끼게 하면서 사람답게 깨끗하게 지내는 습관을 몸에 배게 해야 합니다. 몸을 깨끗하게 해야 할 때가 생길 때마다 이럴 때는 이렇게 한다 하고 실제로 예를 들어서 상냥하게 가르쳐 주어야 합니다.

다섯 살 어린이가 깨끗한 생활 습관을 들여야 할 것은 다음과 같은 것들입니다.

첫째, 스스로 손, 발, 얼굴을 씻어서 몸을 깨끗하게 하도록 합니다.

둘째, 땀이나 콧물이 나오면 스스로 닦게 합니다.

셋째, 집에서는 아침에 몸차림을 깨끗하게 하고 양치질하고, 세수하고, 머리를 빗을 수 있는 습관을 들입니다. 목욕할 때는 샴푸 모자 없이 머리를 감거나 몸을 닦을 수 있게 합니다.

넷째, 귀지를 파내고 손톱을 깎게 합니다.

다섯 살 어린이는 노는 데 정신이 없기 때문에 더러워지는 것에 마음 쓸 여유가 없지만, 놀다가 옷이 더러워지면 스스로 알아차리고 갈아입을 수 있도록 말해 주어야 합니다. 몸이 깨끗하면 좋아하고, 그렇지 않을 때는 찝찝해하는 민감한 어린이로 키워야 하겠습니다.

집단 생활 속에서

어른 심부름을 하는 것부터 모든 일을 즐겁게 할 수 있도록 집단 속에서 북돋아 줘야 하겠습니다. 정해진 곳에 물건을 넣을 수 있도록 조건을 만들어 주어 어린이들이 자기 물건이나 집단에서 함께 쓰는 물건을 소중하게 여기는 습관을 몸에 배게 합시다.

다섯 살 어린이는 상황에 알맞은 행동을 되풀이하면서 시야를 넓히고 앞을 미리 내다보며 씩씩하게 생활해 갑니다.

집단 생활 속에서 동무들을 배려할 수 있으면 바람직한 활동을 키워 갈 수도 있습니다. 밥을 다 먹었어도 동무들이 밥을 다 먹지 않았으면 떠들지 않거나, 물건을 잃어버린 아이가 있으면 잃어버린 물건을 함께 찾아 주거나 하면서 바람직한 활동을 하고 사람다운 습관을 몸에 익혀 갑니다.

어린이가 좋은 습관을 갖거나 바람직하게 행동하면 모두 함께 인정하고 칭찬해 주면서, 어린이 스스로 적극 나서서 좋은 습관을 들이고, 동무들과 함께 생활 규칙을 만들어 갈 수 있도록 키워 나가야겠습니다.

이 시기에는 모두 함께 생활하는 곳을 자기가 생활하는 곳으로 받아들여 깨끗하게 걸레질을 할 수 있고, 아파 본 아이는 다른 사람이 힘들어하는 것을 알아차립니다. 다섯 살 시기에는 이런 특징이 나타나기 때문에 바람직한 다섯 살 어린이 반을 만들어 갈 수 있습니다.

이러한 생활 습관을 몸에 익히면서 다섯 살 어린이는 자립에서 자율로 나아갑니다.

놀이

놀이에 나타나는 특징

어린이들은 다섯 살에서 여섯 살 사이에 몸이 한결 튼튼해집니다. 비탈길이나 오르막길이 있어도 쉬지 않고 걸을 수 있고, 달려 올라가거나 내려가기도 합니다. 달리기도 목표를 정해 놓고 그 목표에 이르기 위해 달리고, 달리다가 신호가 있으면 방향을 바꿔 달릴 수도 있습니다. 한쪽 발을 들고 한쪽 발로만 뛸 수 있고, 리듬에 맞춰 한쪽 발로 두 번씩 껑충 껑충 뛰면서 앞으로 나아갈 수도 있습니다. 그리고 균형을 맞추는 감각도 생기고, 평균대 위를 천천히 걸어갈 수도 있습니다. 다리와 허리가 확실하게 발달하고, 스스로 자기 몸을 조절할 수 있습니다.

다섯 살 시기에는 이렇게 온몸이 튼튼하게 발달하면서, 이야기하는 힘이 어느 정도 완성됩니다. 이야기하는 힘이 어느 정도 완성되면 네 살 시기에 힘으로 싸우는 데서 벗어나 말싸움을 하기 시작합니다. 자기가 바라는 것을 말로 할 수 있는 힘이 생기는 것입니다. 이 힘이 생기면 어린이들 나름대로 논리를 만들거나 자기 감정을 조절할 수 있습니다. 말하자면 동무를 사귀면서 자신을 깨닫는다는 특징이 나타납니다.

다섯 살 시기에는 몸이 튼튼하게 발달하면서 말을 자유롭게 하고, 동무를 사귀면서 자기 세계를 펼쳐 갑니다. 돌진하는 행동가이면서 호기심쟁이인 다섯 살의 세계를 집단 놀이 속에서 펼치도록 해 줍시다.

위와 같은 것들에 근거를 두고 다섯 살 어린이가 놀이를 할 때 나타나는 특징을 몇 가지 말해 보겠습니다.

첫째, 네 살 시기에는 한 사람 한 사람이 자기 이미지 속에 빠져서 노는 것이 특징입니다. 다섯 살 시기에는 대여섯 아이가 함께 한 집단 속에서 이미지를 공유하면서 놀이에 빠져들지만, 여러 집단이 어울려 한 가지 놀이를 하지는 못합니다. 이미지 하나로 집단 놀이를 하려면 교사가 도와 주어야 합니다.

둘째, 다섯 살 시기에는 규칙을 따르고 지키면서 재미있게 놉니다. 네 살 시기에는 아직 규칙을 이해하지 못합니다. 그리고 다섯 살 시기에는 여섯 살 시기처럼 규칙을 바꾸거나 새로운 놀이를 만들어 내지는 못합니다. 다섯 살 시기에는 규칙에 따라 노는 재미를 알기 때문에 규칙에 집착합니다. 그래서 동무가 규칙을 지키지 않으면 아주 엄하게 비판하고, 말싸움을 하거나, 자기가 바라는 것을 관철시키려고 합니다.

셋째, 첫 번째에서 말한 것처럼 네 살 시기에는 자기 이미지 속에만 빠져 놉니다. 다섯 살 시기가 되면 이미지 하나를 공유해서 놀이를 발전시킵니다. 네 살 시기에 만든 이미지는 자기 경험에 따라 흔들리지만, 다섯 살 시기가 되면 자기가 겪은 것뿐 아니라 그림책의 줄거리를 함께 생각하면서 상상해 낸 이미지를 바탕으로 역할놀이를 할 수 있습니다.

넷째, 역할놀이라도 다섯 살 시기에는 마음에 드는 역이나, 하고 싶은 역을 맡고 싶어합니다. 여섯 살 시기에는 전체를 생각하고 자기 특기를 살릴 수 있는 역을 찾아 내어 놀이를 합니다.

다섯째, 네 살 시기에 사물을 다루는 힘을 익혔기 때문에 그것을 바탕으로 삽, 물통 같은 도구를 도구로서 다루고, 놀이할 때 갖고 놉니다. 다섯 살 시기에는 도구를 쓰면서 놀이를 발전시키는 특징도 나타납니다.

여섯째, 다섯 살 시기에는 이미지를 공유해서 대여섯 아이가 함께 집단 놀이를 할 수 있다고 했지만, 아직 어린이들 스스로 이미지를 잘 발전시키지는 못합니다. 그렇기 때문에 놀이가 발전하지 못하고 금세 지지부진하게 흘러갑니다. 그 때 교사가 도와 주어야 합니다. 그러나 교사가 도와 주어도 자신들이 생각한 것과 들어맞을 때만 받아들입니다. 교사는 놀이를 발전시킬 수 있고, 어린이들이 받아들일 수 있는 이미지를 내놓을 수 있어야 합니다.

일곱째, 다섯 살 시기에는 놀이를 할 때 서로 끊임없이 다툽니다. 또 어린이들끼리는 해결할 수 없기 때문에 교사가 정리를 해 주어야 합니다. 여기에서도 교사의 능력이 드러납니다. 어린이 하나하나가 내세우는 까닭을 차분하게 인정하면서 들어주어야 정리를 할 수 있습니다.

이렇게 다섯 살 시기에 놀이를 할 때 나타나는 특징에 바탕을 두고 어린이들이 놀이를 풍성하게 펼쳐 나갈 수 있도록 해 줍시다. 그렇게 하기 위해서는 봄 여름 가을 겨울 사철에 맞는 놀이를 만들어 지도해야 합니다. 봄에는 다리와 허리를 단련시키는 바깥 놀이, 여름에는 온몸을 단련시키는 물놀이, 가을에는 손과 손가락을 정교하고 치밀하게 움직이는 놀이, 겨울에는 표현력을 기르는 놀이를 할 수 있도록 해 줍시다.

바깥 놀이를 풍부하게

나들이

나들이는 일 년 내내 가면 좋습니다. 더구나 봄에는 추운 겨울이 지나 날씨도 따뜻해지고, 꽃과 나무에 새싹이 트고, 마음도 열립니다. 겨울 동안 실내 놀이를 하다 봄이 오면 바깥 놀이를 합니다. 또 일 년 보육이 시작합니다. 일 년 보육은 다리와 허리와 온몸을 단련시키는 것부터 시작합니다. 어린이는 발달할 때 '온몸 1→ 손과 손가락 1→ 말 1 ⇒ 온몸 2→ 손과 손가락 2→말 2' 차례로 한 단계 높아지며 발달하는 법칙이 있기 때문입니다.

나들이는 다리와 허리와 온몸을 단련시키는 데 다섯 살 시기에 나들이를 할 때는 다음과 같은 목적을 세우고 합니다.

첫째, 다섯 살 시기에는 네 살 시기에 견주어 훨씬 오래 걸을 수 있습니다. 4킬로미터쯤은 걸을 수 있다고 말하는 사람도 있습니다. 나들이를 나가면 그저 일정한 거리를 걷게만 하지 말고 울퉁불퉁한 길이나 언덕길, 뛰어넘을 수 있는 곳이 있는 데로 걸어가게 해서 다리와 허리를 단련시키고, 균형 감각을 키워 줍시다.

둘째, 다섯 살 시기에는 어제와 오늘, 오늘과 내일이 어떻게 다르고 관련이 있는지 어느 정도 이해할 수 있기 때문에 "내일 ……에 가서 …… 하고 놀자." 하고 어린이에게 목적을 가지게 합니다. 그렇게 하기 위해서는 교사가 미리 나들이 나갈 곳을 둘러보고 어떤 놀이를 할 수 있는지 생각해 두어야 합니다.

셋째, 다섯 살 시기에는 길고 짧은 것을 구별하고, 사물을 견주어 비슷한 점과 차이점을 발견합니다. 더욱이 "…… 같지만 ……가 아니다." 하고 사물의 성질을 구별해 내려고 노력합니다. 나들이는 자연을 이용해서 그 구별하는 힘을 몸에 익히게 하는 좋은 기회입니다. 이러한 점을 생각해서 나들이 갈 곳을 찾아봅시다.

넷째, 나들이는 늘 정해진 곳에만 가지 않고 다른 데로 가야 합니다. 그렇게 하면 아이들은 목적지로 가는 길도 깊이 이해합니다. 이것은 다섯 살 시기에 공간을 깨닫는 힘으로 이어집니다.

다섯째, 나들이 갈 때는 단순히 목적지에 갔다가 되돌아오는 것이 아니라, 가다가 풀과 꽃을 보고 놀거나 곤충을 쫓아다니면서 놀 수 있게 합니다. 교사는 풀잎으로 피리를 만들거나 풀과 꽃으로 머리에 쓰는 관을 만들거나 해서 어린이들에게 보여 줍니다. 이렇게 하여 어린이에게 만들고 싶어하는 마음을 불러일으킵니다. 그리고 교사도 어린이와 함께 무엇인가를 만들고 놉니다. 그렇게 하면 돌진하는 행동가이면서 호기심쟁이인 다섯 살 어린이의 세계가 더욱더 넓어질 것입니다.

여섯째, 다섯 살 시기는 개구쟁이 시기라고도 합니다. 나들이 갈 때 그 장난기를 마음껏 드러내게 합시다.

다음으로 나들이 갈 때 주의할 점을 몇 가지 들어 보겠습니다.

첫째, 어떠한 형태로 나들이를 나가든 먼저 나들이를 가서 무엇을 할 것인지 목적을 확실하게 세웁니다.

둘째, 교통량이 많은 도시에서는 사고가 나지 않도록 조심해야 합니다. 담임과 복수 담임이 어린이들을 가장 잘 살펴볼 수 있는 자리에 서서 목적지까지 데리고 갑니다. 또 이 시기에는 동무들과 폭넓게 사귀기 때문에 어린이집에서 집으로 돌아가면 혼자서 동무 집에 찾아가기도 합니다. 그러므로 동무들이나 교사가 말하지 않아도 신호등을 잘 보고 건널 수 있도록 지도합니다. 이렇게 교통 규칙을 지키게 하고 그것을 몸에 배게 하는 것도 중요합니다.

셋째, 어린이가 걸으면서 이야기하는 데 귀를 기울이면 "저기가 ○○네 집이야." "저기 가게에서 날마다 빵을 사." 하는 말들을 들을 수 있습니다. 이런 말을 들으면 어린이의 생활을 알 수 있는 실마리를 찾을 수 있습니다. 작은 기회라도 놓치지 말고 어린이를 확실히 관찰하도록 합시다.

넷째, 어린이집에서 밖으로 나갈 때는 교사 배낭 속에 갈아입힐 옷, 구급용품, 연락용 백 원짜리 동전, 수건, 휴지, 비닐 봉지 같은 것을 준비합니다.

물, 모래, 진흙탕 놀이

봄에서 여름 사이에 나들이와 함께 중요하게 해야 하는 놀이는 물, 모래, 흙 놀이입니다. 특히 그 가운데서도 진흙탕놀이를 마음껏 즐기게 합시다. 진흙탕 놀이를 해야 하는 까닭을 몇 가지 들어 보겠습니다.

첫째, 다섯 살 시기에는 언뜻 보기에 다리와 허리, 손과 손가락이 어른처럼 발달해 있습니다. 이 시기에는 어린이가 어른처럼 발달한 다리와 허리, 손과 손가락을 움직여 이리저리 활동합니다. 네 살 시기에는 아직 모래밭에 주저앉아 자기 이미지만으로 물과 모래와 흙 놀이를 합니다. 다섯 살 시기에는 튼튼하게 자란 몸과 이야기하는 힘을 바탕으로 하여 대여섯 아이가 모여 함께 놀고 싶어합니다. 물과 모래와 흙은 동무를 끌어들이기에 좋은 소재입니다. 다섯 살 시기에 집단 놀이를 할 때 좋은 소재입니다.

둘째, 다섯 살 시기에는 저마다 생각을 바탕으로 놀이를 시작하고, 서로 일을 나누어 맡으면서 놀이를 펼쳐 갑니다. 예를 들면, 비가 갠 뒤에 어린이 하나가 모래밭에서 구멍을 파고 있는데 우연히 물이 구멍으로 흘러들어옵니다. 그것을 보고 아이는 그림책에서 읽은 댐 이야기를 생각해 내고 "댐 놀이 하자." 하고 동무들을 불러 모읍니다. 그리고 "나는 구멍을 파는 사람, 너는 물을 떠 오는 사람." 하면서 일을 나누어 맡아 댐 놀이를 합니다.

말하자면 물과 모래와 흙은 놀이를 펼칠 수 있는 생각을 불러일으키고, 발전시키는 가장 훌륭한 소재입니다. 늘 모래밭에서만 놀지 않고 때로는 유치원 마당 전체를 이용해서 활발하게 진흙탕놀이를 하게 해 주는 것도 좋습니다. 그렇게 하기 위해서는 교사도 웃으면서 함께 진흙을 뒤집어쓰고 놀아야 합니다.

셋째, 물과 모래와 흙은 산에 올라간 것이나 냇가에서 논 것 따위 평소에 겪은 일이나, 그림책을 보고 생긴 이미지를 쉽게 표현할 수 있는 성질이 있습니다. 거기에다가 물과 모래와 흙은 실패하더라도 몇 번이고 다시 고쳐서 표현할 수 있고, 오히려 실패한 데서 놀이를 발전시킬 수 있습니다. 다섯 살 시기에 나타나는 특징인 경험을 재현하거나, 상상한 것을 놀이로 펼치는 데 안성맞춤입니다.

넷째, 다섯 살 시기에는 어른이 쓰는 도구를 쓸 수 있습니다. 물과 모래와 흙에 삽이나 물통 같은 도구를 준비해서 진흙탕놀이를 하게 해 봅시다. 네 살 시기와는 달리 다섯 살 시기에는 진흙탕놀이를 활발하게 합니다. 이렇게 진흙탕놀이를 하면서 다섯 살 시기의 장난기를 마음껏 드러낼 수 있습니다.

여러 가지 놀이 방법

맨발로 놀자 | 모래나 진흙탕 놀이를 할 때는 손과 발을 자유롭게 놀려 소재의 느낌이나 바뀌는 모습을 마음껏 맛보고, 옷이나 몸이 더러워지는 데 마음쓰지 않고 온몸으로 놀아야 합니다. 그러므로 먼저 맨발로 놀게 해 줍니다. 맨발을 싫어하는 아이가 있어도 무리하게 강요하지 말고 날마다 맨발로 놀면 좋다는 것을 느끼게 하면서 스스로 신발을 벗고 놀 수 있을 때까지 기다립니다. 모래뿐만 아니라 비 오고 난 뒤에 질퍽질퍽해진 마당이나 물웅덩이, 흙이 떠 내려와 쌓인 곳에서 다른 느낌을 받으며 놀게 하면서 조금씩 맨발로 즐겁게 놀 수 있도록 해 줍니다.

산, 터널, 도랑을 연결해서 | 모래밭에서는 모둠원들끼리 사이가 좋은 모둠에서 어린이 하나가 "오늘은 높은 산을 만들어 보자." 하면 신이 나서 커다란 삽으로 산을 만들어 갑니다. 그리고 모래밭 한가운데 어린이 키 만큼 높은 산을 만들고, "우리 산을 만들었다." 하고 자신만만하게 모래밭 가까이에서 놀고 있는 동무들에게 알립니다.

교사도 끼어들어 터널을 뚫으면 "여기야." 하고 터널 너머에 있는 동무들과 손을 잡고 기뻐합니다. 그리고 어린이들끼리 서로 부르면서 동무가 판 도랑과 자기가 판 도랑을 잇습니다. 도랑이 이어지면 도랑에 물을 흘려 보내려고 교사, 어린이 할 것 없이 앞다투어 물을 뜨러 가고, 떠온 물을 도랑에 흘려 보내며 즐깁니다. 이렇게 교사 스스로 활발하게 움직여 어린이를 자극하고, 하고 싶어하는 마음을 불러일으킵시다.

도랑에 물이 흘러들어가는 것을 보고 지금까지 이 놀이에 끼어들지 못하고 조금 떨어진 곳에서 같이 했으면 하는 표정으로 보고 있던 어린이들이 "좋아." "물 떠 올까." 하고 놀이에 참여합니다. 물을 나르다가 동무들과 의논하여 커다란 물통에 물을 담아 둘이서 나르기도 하고, "혼자서 해 볼게." 하고 무거운 물통을 몇 발짝 옮기다가 내려놓고 다시 옮기다가 내려놓기도 하면서 모래밭까지 가지고 가려고 애를 쓰기도 합니다.

도랑에 배나 나뭇잎을 띄우거나 다리를 만들어 놀고 있는데 모래가 많이 떠내려 와서 도랑이 막혀 연못처럼 됩니다. 그것을 보고 있던 어린이 하나가 "수영장이다. 수영장이야. 들어가자." 하고 말하면서 두 발을 모아 풍덩하고 들어갑니다. 물이 튀어오르고 옆에서 놀고 있던 어린이들은 순간 어안이 벙벙해지다가 금세 즐거워하며 "나도 들어간다." "나도." 하고 한 사람 두 사람 연못 속으로 들어갑니다. 그러면 눈 깜짝 할 사이에 도랑놀이를 하고 있던 어린이들이 모두 연못 속에 들어가 흙탕물을 튕기면서 놉니다.

그 뒤에도 며칠이고 도랑을 계속 만들지만, 그날 그날 기분에 따라 한 사람 두 사람 끼어들고, 어떻게 놀 것인지 모두 같이 생각하면서 더욱 즐겁게 놉니다. 그러면서 활발한 어린이가 중심이 되어 "나는 여기 팔게, 너는 거기 파." 하고 일을 나누거나, 저마다 따로 파고 있던 곳을 서로 의논해서 잇기도 합니다.

미끈미끈해서 좋아요 | 맨발로 진흙탕에 들어가는 데 익숙하지 않은 어린이에게는 마음을 바꿔서 비 갠 뒤 마당에서 놀게 하면서 다른 감각을 느끼게 해 주면 몸과 마음을 자유롭게 열 수 있습니다. 발바닥으로 바닥

을 문지르면 간질간질해서 어린이들은 "미끈미끈해서 좋아요." 하고 말합니다. 비 갠 뒤 진흙탕에서 핫케이크나 빈대떡을 만들면 모래로 만든 것처럼 딱딱하지 않고 탄력 있고 부드러워서 아주 좋아합니다.

어린이 하나가 그 진흙을 옆에 있는 동무들 다리에 철썩하고 던지면 그것을 기회로 진흙 던지기 놀이를 합니다. 쪼그리고 앉아 핫케이크를 만들고 있던 어린이들도, 물웅덩이에 들어가서 놀고 있던 어린이들도 진흙덩이에 맞을 것 같아서 도망을 칩니다. 맨발로 진흙탕을 문지르며 놀고 있던 어린이들도 어느 새 열심히 도망치고 있습니다. 진흙탕이 미끌미끌하기 때문에 그렇게 빨리 도망가지는 못하고 교사나 동무들이 던지는 진흙덩이에 맞기도 합니다. 진흙덩이는 다리에만 던진다고 약속하고 놀게 합니다.

이렇게 진흙을 던지면서 놀다가 어린이들 사이에서 공통된 이미지가 떠올라 진흙 바르는 놀이를 합니다. 하고 싶어하는 아이들에게 다른 아이들이 몸에 진흙을 발라 줍니다. 동무들이 점점 새까맣게 변해 가는 것을 보고 하고 싶어하는 아이들이 늘어납니다. 그러다가 아이들이 모두 몸에 진흙을 바릅니다. 다 놀고 나면 한 사람씩 머리부터 물을 뿌려 몸을 씻고 팬티도 빨게 합니다. 어린이들은 팬티에 비누를 문질러 진짜로 빠는 것이 너무 즐거워서 새하얗게 될 때까지 싹싹 비비고 있습니다. 이렇게 옷을 비벼 빨고, 손에 힘을 주어 짜면 손을 정교하게 움직이는 데 아주 도움이 됩니다. 그 뒤에도 일 년 내내 방을 걸레질하거나 걸레를 빨게 하면 좋습니다.

주의할 점

놀이를 발전시키기 위해서 | 모래와 흙 놀이는 소재가 모양이 바뀌기 때문에 재미가 있습니다. 모래를 체에 치면 바슬바슬하고 오톨도톨해지고, 물을 뿌리면 질척질척하고 눅진눅진해지는데, 이처럼 소재가 가진

성질을 나눠서 놀 수 있습니다. 이렇게 하기 위해서는 놀이를 발전시키는 도구도 여러 가지 준비해야 합니다. 다섯 살 시기에는 제법 활발하게 놀 수 있으므로 무게가 나가는 큰 삽이나, 두 사람이 마주 보며 치는 체, 큰 물통이나 물뿌리개 같은 것은 갖추어 놓아야 합니다.

어린이들 둘레에서 해마다 모래와 흙이 사라지고, 길은 포장되어 아스팔트로 바뀌고 있습니다. 많은 어린이들이 일부러 공원에 가서 모래나 흙을 만지지 않으면, 집에서는 전혀 만질 수 없습니다. 그렇기 때문에 적어도 어린이집에서는 어린이들이 모래나 진흙탕 놀이를 마음껏 할 수 있게 해 주어야 합니다.

함께 어울려 놀지 못하는 어린이 | 동무들이 놀 때 언제나 먼발치에서 바라보기만 하고 함께 어울려 놀지 못하거나, 자기가 생각한 대로 놀지 못하고 늘 동무들에게 끌려다니면서 노는 어린이가 있습니다. 교사는 이런 어린이들이 동무들과 어울려 놀 수 있도록 끌어 주고, 그 계기를 만들어 나가면서 어린이마다 자신이 좋아하는 놀이를 찾을 수 있도록 해 줍니다. 또, 모둠을 나누어 아이들이 적은 데서 안정감 있게 동무들과 어울리게 하고, 자기 생각을 표현할 수 있도록 해 줍시다.

물놀이

목적

요즈음 물놀이는 수영장에서 물놀이하는 앞 단계로 생각합니다. 따라서 다섯 살 시기에는 물에 익숙해지고 물 속에서 숨을 조절하면서 놀 수 있는 힘을 준비하기 위해 물놀이를 한다고 생각하고 거기에 맞추어 어린이가 놀 수 있도록 합시다.

먼저, 숨을 조절해서 쉴 수 있도록 합니다. 숨을 고르게 하고, 두 다리로 단단히 서서 물을 위에서 끼얹어도 숨을 쉴 수 있게 합니다. 다음에는 물이 양이 많을 때를 생각하고, 그에 대한 감각을 기르게 합니다.

여러 가지 물놀이

어린이집 마당에서 도랑이나 연못을 만들 때 쓰는 물통이나 여러 가지 통으로 물을 뒤집어쓰거나 끼얹거나 하면 아주 재미있습니다. 호스로 물을 뿌리면 반드시 아이들이 몰려들고, 호스로 만든 물 터널을 지나가거나 일부러 물을 맞으면서 즐거워합니다. 그러나 물을 맞으면 무서워하고 겁에 질려 도망치는 아이들도 꼭 있습니다. 아이들마다 젖거나 더러워지는 것을 싫어하는 데 차이가 나기 때문입니다. 그러나 진정한 차이는 어린이가 숨을 고를 수 있느냐 없느냐 하는 데서 나옵니다.

따라서 옷 젖는 것을 무서워하는 아이가 있는데도 다른 아이들이 좋아한다고 호스나 물통으로 물을 끼얹으면 안 됩니다. 물을 무서워하는 아이에게는 어깨 밑으로만 물을 끼얹겠다고 약속하고 물놀이를 합니다.

물, 모래, 흙이나 진흙탕 놀이를 한 뒤에 샤워하는 것을 무서워하지 않고 머리 위에서 물이 쏟아지는데도 숨을 고를 수 있다면 가장 좋습니다.

어떠한 경우라도 숨을 멈추면 코나 입에 물이 들어오지 않는다는 것을 알려 주거나, 연습을 하여 깨달을 수 있도록 해야 '알고 하는 힘' 이 됩니다. 이 때는 숨을 멈추면서 할 수 있는 놀이를 생각해 내야 합니다. 예를 들면 "오뚝이야, 오뚝이야. 노려보기 합시다. 아푸푸푸." 하고 숨을 죽입니다. 또 숨을 참고 말할 수 있는 낱말을 찾는 놀이도 있습니다.

그러나 물을 뒤집어쓰고 있을 때는 말하면서 놀던 때와 달리 불안해하므로 천천히 해야 합니다. 머리에서 먼 쪽부터 천천히 가까운 쪽으로, 미지근한 물부터 천천히 찬물로, 물을 적게 뿌리다가 천천히 많이 뿌리면서 익숙해지게 합니다. 그리고 호스를 그림 5처럼 다뤄 물을 몇 갈래로 나가게 뿌릴 수 있습니다.

그림 5 **호스에서 물을 뿜는 방법**

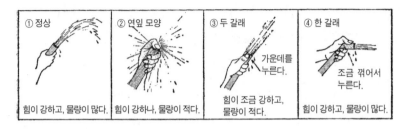

숨을 고를 수 있는 아이는 ③과 ④처럼 물을 뿌려 주면 좋아합니다. 그렇지 않은 아이는 ①에서 ②까지 단계를 밟아 나가야 합니다. 더구나 ②처럼 연잎 모양으로 물을 뿌리면 얇은 물줄기가 커튼처럼 보이고, 해를 등지면 작은 무지개도 보여 즐겁습니다. ②는 물 힘이 강한 것 같지만 양이 적기 때문에 머리에 맞는다고 해도 가까운 데서 맞지 않으면 숨을 그다지 잘 못 고르는 아이나, 물을 맞으면 얼굴을 계속 닦아 내는 아이도 안심하고 놀 수 있습니다. 그래도 무서워하는 아이에게는 ①처럼 물을 뿌려 주고, 얼굴부터 씻게 합니다.

호스나 샤워기로 물을 뒤집어쓰면서 숨을 멈추거나 쉴 수 있으면 잘하는 것입니다. 그리고 물 깊이가 20~30센티미터쯤 되는 수영장이나 물웅덩이에서 물놀이를 합니다. 그 때 배 같은 것을 만들어서 띄우고 놀면 더욱 재미있습니다.

주의할 점

첫째, 물 속에서 숨을 제대로 조절하지 못하는 어린이에게는 물을 갑자기 뿌리지 맙시다.

둘째, 숨을 고를 수 있으려면 연습을 어느 정도 해야 합니다. 연습이라고 해도 놀이로 하는 것이 좋습니다.

셋째, 계속 해도 잘 되지 않을 때는 주저하지 말고 앞 단계로 돌아갑니다. 그리고 앞 단계에서 해야 할 놀이를 마음껏 할 수 있게 해 줍니다.

넷째, 물에서 놀 때는 자주 어린이의 얼굴이나 입술 색을 살펴봅니다.

수영장 물놀이

목적

수영장 문을 여는 날도 다가오고, 어린이들은 손꼽아 가면서 그 날을 기다립니다. 그 때 교사는 목적을 잘 챙겨서 어린이들이 목표를 세우게 합니다. 수영장 물놀이는 다른 놀이와 달라서 확실하게 할 수 있거나, 할 수 없습니다. 더구나 물에 얼굴을 대고 숨을 고를 수 있느냐 없느냐에 따라 할 수 있는 것이 크게 달라집니다.

따라서 개인 목표를 확실히 세우고 전체 목표를 뚜렷하게 해야 여섯 살 시기에 헤엄을 칠 수 있습니다. 한편, 수영장 물놀이는 두 달쯤 계속할 수 있기 때문에 몇 가지 단계를 정하고, 그 단계를 하나하나 거치면서 마지막 목표한 데까지 간다고 생각하게 해야 합니다. 또 단계마다 목표에 다다랐을 때는 반 집단은 물론이고 교사 집단이나 부모들에게 알려 주어 모두 기뻐하고, 칭찬해 줍니다. 그렇게 하면 어린이는 새로운 목표로 나아가려고 더욱 노력합니다. 활동 자취가 보이면 하고 싶어하는 마음이 더 높아지기 때문입니다.

수영장에서 물놀이를 할 때는 첫째, 물 속에 몸을 담그고 목만 움직여서 입을 물 밖으로 내어 토해 내듯이 짧게 숨 쉬는 것을 스무 번쯤 이어서 할 수 있고, 둘째, 눈을 뜨고 물 속에 들어가거나, 힘을 빼고 엎드려서 물에 뜨는 감각을 몸에 익히는 것이 목표입니다.

여러 가지 수영장 물놀이

물 속에 들어가기 전에 반드시 샤워를 하게 합니다. 샤워를 할 때는 얼굴이나 엉덩이를 씻는 것뿐만 아니라 다시 한 번 숨 쉬는 법을 일러 줍니다. 예를 들면, 샤워기 밑에 서거나 앉거나 엎드려서 물을 머리부터 뒤집어쓰고 숨을 몰아쉬다가 '파' 하고 토해 낸 다음, 크게 입을 벌리고 일 초쯤 다시 공기를 들이마시게 합니다.

그 밖에 앞 머리카락을 타고 흘러내리는 물을 뿜어 내거나 손바닥이나 손바닥으로 받은 물에 '파' 하고 숨을 토해 내 보면 숨을 몰아쉬다가 내뱉는 느낌을 잘 알 수 있습니다. 이것을 날마다 수영장에 들어가기 전과 수영장에서 나온 뒤에 되풀이하게 합니다. 일 분 동안 열두 번쯤 할 수 있으면 표준에 이른 것입니다.

수영장에 들어가서 | 드디어 수영장에 들어갑니다. 물에 얼굴을 대지 못하는 아이도 함께 즐기기 위해서는 물 높이를 어린이가 바닥에 손을 대고 입 언저리가 물의 겉면에 나올 정도로 하는 것이 좋습니다. 물 속에서 오리가 되거나 기차처럼 줄지어서 걷거나 달리면서 놉니다. 이 때 물에 얼굴을 대거나 엎드려서 뜰 수 있는 아이들은 이렇게 하는 것이 너무 쉽다고 생각할 수 있는데, 이 시기에는 잔잔한 물이나 이리저리 출렁거리는 물에 익숙해져야 합니다.

그림 6 **샤워기로 물을 맞으면서 숨 쉬는 법을 확인한다**

날이 지날수록 물에 익숙해지면 물 속에서 악어걸음도 할 수 있습니다. 이 단계에서 악어걸음을 할 때는 얼굴을 물 밖으로 내놓고 걷기 때문에 숨 쉬는 데는 지장이 없습니다. 이 단계에서는 물 속에서 엎드리는 감각이나, 손으로 몸을 떠받치고 발을 뜨게 하는 것을 즐기는 것이 중요합니다.

악어걸음을 마음껏 해 보고 나서 물에 얼굴을 대고 놀 수 있도록 합니다. 얼굴을 물에 댈 때는 숨을 내쉬면서 대는 방법과 숨을 참으면서 대는 방법이 있습니다.

숨을 내쉬면서 얼굴을 댄다 | 수영장 바닥에 앉거나 물 높이에 따라서는 악어걸음을 해서 조금씩 얼굴을 물에 대 나갑니다. 물 밖에서는 숨을 고를 수 있다고 생각하지만, 물 속에서는 이렇게 되지 않습니다. 이 때는 입이나 코로 조금씩 숨을 내쉽니다. 그렇게 하면 숨이 공기 방울이 되어 어린이가 눈으로 확인하기 쉬워서 좋습니다. 어린이들은 숨을 멈추었다고 생각하더라도 정작 물이 들어오면 당황할 수 있는데, 이렇게 하면 어린이들이 무서워하지 않아서 좋습니다.

특히 콧물 방울을 할 때는 입과 코가 모두 물 속에 들어가기 때문에 숨을 멈추었다고 생각해서 물을 마셔 버리기 쉬우므로, 앞에서 말한 대로 해야 합니다. 때로는 입을 물 속에 넣어 말을 해 보는 것도 좋습니다. 익숙해지면서 점점 숨을 멈추고 머리까지 잠기게 할 수 있습니다.

그림 7 **콧물 방울**

완전히 숨을 멈추고 얼굴 대기 | 숨을 참고 머리를 물에 잠글 수 있으면 물속에서 더욱 재미있게 놀 수 있습니다. 조금 깊은 곳에서 작은 공을 줍거나, 두 사람이 물 속에서 가위바위보놀이나 손바닥을 치는 놀이를 하면서, 점점 물 속에서 눈을 뜰 수 있습니다. 악어걸음을 하면서 이런 놀이를 하면 온몸이 물에 뜨거나 얼굴을 물 밖으로 내자마자 발이 바닥으로 가라앉는다는 것을 알아 갑니다.

악어걸음을 하고 머리를 물 속에 넣었다 뺐다 하면서 숨 쉬는 법을 다시 한 번 연습해 보도록 합니다. 샤워를 할 때는 그런 대로 할 수 있다가도 정작 물 속에서는 잘 못 하는 경우가 있습니다. 땅 위에서 몸무게로 버티고 숨을 쉬는 것과 물 속에서 둥둥 뜨는 몸을 두 손으로 떠받치면서 숨을 쉬는 것은 감각에서 차이가 많이 나기 때문입니다.

그림 8처럼 '악어 파!'를 이어서 할 수 있으면 목적을 거의 이룬 것이나 같습니다. 그러나 뜻밖에 힘을 빼고 물에 뜨는 것이 어렵습니다. 다섯 살 시기에 힘을 빼고 물에 뜰 수 있어야 여섯 살 시기에 물에 떠서 숨을 쉬고 앞으로 나가는 동작을 배울 수 있으므로, 다섯 살 시기에 모두 할 수 있으면 좋습니다. 그러나 다섯 살 시기에는 완전히 힘을 빼는 것이 아주 어렵고, 더구나 목 힘을 빼는 것이 잘 안 됩니다. 손과 발, 목에 너무 힘을 주지 않을 만큼 힘을 빼게 합니다.

그림 8 **악어 파 목욕**

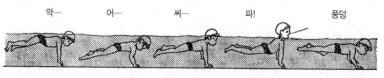

악—	어—	씨—	파!	풍덩
조용히 힘을 빼고 물에 뜬다.	발끝까지 떠오르게 한다.	천천히 얼굴을 든다.	입이 나오면 파! 하고 토해 낸다.	다시 얼굴을 물 속에 넣는다.

* 이것을 한 번으로 해서 빠른 속도로 1분에 12번쯤 20번 되풀이한다.

힘을 빼고 뜬다 | 물 속에서 힘을 빼는 것은 힘을 주는 것보다 어렵습니다. 힘 빼는 것을 몸에 익히기 위해서는 평소에 놀이를 할 때 힘을 주거나 빼는 경험을 많이 하게 해야 합니다. 또 몸에서 눈에 보이는 부위로 연습하거나 어린이가 이미지로 만들기 쉽게 말을 하면서 지도해야 합니다.

보통 아이들이 "저요, 저요." 하면서 손을 들거나, 손을 들었는데 교사가 다른 아이를 가리키면 손을 내리기도 하는데, 이처럼 평소에는 생각하지 않은 상태에서 자주 몸에 힘을 주거나 뺍니다. 그 기회를 이용하거나 흉내내면서 힘을 빼는 것을 연습할 수 있도록 말해 줍니다.

실제로 물 속에 들어가서 뜨기 전에는 "귀신이 돼." "죽은 척해." "공기 풍선에 탔다고 생각하자." 하는 말들을 하면서 어린이가 쉽게 이미지를 만들 수 있도록 해 줍니다. 더구나 힘을 너무 많이 준 부위에 교사가 손을 대거나 물을 끼얹으면서 말을 해 주어야 합니다.

주의할 점

첫째, 미리 어린이의 건강 상태를 물어 보거나 눈으로 봐서 살피고, 아이의 집과 빈틈없이 연락해 두어야 합니다.

둘째, 손톱이 길지 않은지, 귀지는 없는지, 요충은 없는지, 머리에 이는 없는지 살펴서 깨끗하게 해 주고, 전염성 질환을 예방해야 합니다.

셋째, 어린이들이 물을 무서워하거나 깔보지 않도록 합니다. 그렇게 하기 위해서는 수영장에서 물놀이할 때 약속을 왜 하는지 확실히 알게 하고, 반드시 지키게 합니다. 공영 수영장이나 초등 학교 수영장을 빌려 쓸 때는 물이 깊어질수록 자기 마음대로 자유롭게 할 수 없다는 것을 가르쳐 줍니다. 그리고 반대로 헤엄을 칠 수 있으면 바다 같은 깊은 곳도 괜찮다는 것을 설명해 줍니다.

넷째, 출렁거리는 물과 잔잔한 물에서 모두 놀 수 있어야 합니다. 출렁거리는 물에서 어린이 한 사람 한 사람이 마음껏 힘을 쓰게 하고, 잔잔

한 물에서는 얌전하게 놀도록 합니다.

다섯째, 물놀이를 할 때는 된다, 안 된다 하는데 눈을 빼앗기기 쉽습니다. 그 때 할 수 있는 아이에게는 자유롭게 놀게 하고 못 하는 아이에게는 연습을 시키거나, 할 수 있는 아이만 계속 앞으로 나아가게 하고 못 하는 아이는 따돌리기 쉽습니다. 이렇게 되지 않도록 교사는 반 집단을 생각하고, 어린이들끼리 서로 가르치고 배우게 합니다. 그리고 잘 하는 아이와 못 하는 아이가 함께 놀 수 있게 해 줍니다.

온몸 운동을 풍부하게

목적

여름에 수영장에서 물놀이만 하면서 마음껏 놀아 보면 온몸을 마음껏 움직이면서 마음도 자유롭게 열리고, 활발하게 활동할 수 있습니다. 물 속에서 힘들었지만 열심히 해서 벽 하나를 뛰어넘은 자신감과 기쁨으로 가을부터 눈에 띄게 놀이를 발전시켜 갑니다. 다섯 살 후반기에는 한쪽 발로 두 번씩 껑충껑충 뛰면서 앞으로 나아갈 수 있는 것처럼 두 가지 동작을 하나로 모아 움직일 수 있습니다. 그리고 몸을 조절하거나 힘을 조절하는 능력이 발달합니다. 공이나 철봉, 줄넘기 같은 운동 놀이 기구를 써서 몸을 크게 움직이면서 근육을 단련시키고, 신경을 집중시켜 온몸으로 힘을 모아 움직일 수 있도록 해야 합니다. 어린이마다 힘을 제대로 기를 수 있고, 집단 속에서 동무를 생각할 수 있도록 합시다.

여러 가지 온몸 운동

달리기 | 두 살 때부터 운동 기능으로서 달리는 것을 할 수 있는데, 다섯 살이 되어야 온몸을 달리는 데 집중시킬 수 있습니다. 이 때는 조금

거리가 있더라도 목표로 정해 놓은 곳까지 달릴 수 있습니다.

나들이를 나갔다 돌아올 때 어린이집까지 누가 빨리 가는지 경주를 시키면 서로 앞다투어 달립니다. 발이 빠른 아이는 앞에 달리는 동무들을 제치고 일등으로 가려고 합니다. 경쟁 의식이 싹터 가장 먼저 달려간 아이는 뒤에 오는 아이들에게 이등, 삼등 하고 등수를 매겨 줍니다.

아이들은 "선생님, 또 해요. 오늘은 이등했지만 내일은 일등할 거예요." 하고 자꾸 하고 싶어합니다. 공원을 한 바퀴 도는 경주를 할 때는 처음에는 있는 힘을 다해 달리지만 중간에 조금씩 속도가 떨어지거나, 거의 걷다시피 하기도 합니다. 그러다 결승점이 눈에 보이면 다시 온 힘을 다해 달리려고 합니다.

달리는 거리는 어린이들이 볼 수 있는 거리가 좋습니다. 목표가 보여야 달리고 싶은 마음이 생깁니다. 먼 거리를 달리게 할 때는 어린이집 둘레를 빙 돌아 출발점으로 되돌아오게 하면 목표를 가질 수 있습니다.

운동회가 가까워 오면 어린이들은 빨리달리기를 열심히 합니다. 몇몇 아이들은 급한 마음에 출발 신호가 울리기도 전에 달려 나가려고 합니다. 온 힘을 다해 달리다가도 함께 뛰는 동무를 생각해서 출발을 늦게 하는 아이가 있으면 기다려 주거나, 빨리 달리지 못하는 아이가 있으면 속도를 줄이기도 합니다.

힘내라고 옆에서 격려하고 응원해 주면 보통 때 잘 까불던 아이도 힘을 냅니다. 마지막으로 들어온 아이에게도 "잘 달렸어." 하거나, "넘어져도 울지 않고 잘 달렸네." 하고 한 마디만 건네주면 그 아이는 다음에는 더 잘 하겠다고 마음을 먹습니다. 다섯 살 어린이는 체력차가 크므로 빨리달리기를 할 때는 힘이 비슷한 어린이끼리 모둠을 짜서 달리게 해 주는 것이 좋습니다.

줄넘기 | 다섯 살 시기에는 큰 줄넘기를 해 봅시다. 줄이 도는 데 맞춰 움직이면서 눈과 다리가 어우러지고, 집중해서 재빠르게 할 수 있는 힘

을 키워 나갑니다. 양 옆이나 위아래로 부드럽게 넘을 수 있으면 뛰어넘을 때 크게 줄을 돌려도 처음에는 줄에 걸리더라도 웬만큼 간단하게 넘을 수 있습니다. 처음에는 줄을 내려놓고 줄 옆에 어린이들을 세운 다음 줄을 오른쪽 왼쪽으로 흔들어 주면 좋습니다.

다섯 살 시기에는 리듬에 맞춰 뛰게 하기 위해서 교사가 줄을 돌려 주는 것이 좋습니다. 자기보다 나이 많은 아이가 "괜찮지?" 하고 들어오면 '아침 바람 찬 바람에' 나 '꼬마야, 꼬마야' 처럼 자기가 하고 싶은 놀이를 해 달라고 합니다. 여섯 살 어린이들이 크게 돌리는 줄을 잘 뛰어넘는 것을 보고 다섯 살 어린이들도 저렇게 한번 뛰어넘어 봤으면 하고 마음을 냅니다. 크게 돌리는 줄이나 작게 돌리는 줄을 모두 뛰어넘을 수 있는 아이는 크게 돌리는 쪽에서 뛰어넘게 합니다.

우리 어린이집에서 '아' 어린이는 좀처럼 뛰어야 할 때를 맞추지 못해 아무리 해도 줄에 걸리기만 했습니다. 한 번 해서 안 되면 다음에 할 차례를 기다리지도 않고 다른 놀이를 하는 데로 가 버립니다. 그래도 줄넘기를 하면 반드시 한 번은 하러 오기 때문에 뛰어넘고 싶어하는 마음이 있다는 것은 알 수 있습니다. 그 마음을 소중하게 여기면서 단념해 버리기 전에 어떻게든 뛰어넘게 해 주기 위해서 뛰는 모습을 살펴보았습니다.

자세히 보니 처음에 줄을 뛰어넘을 때 너무 높이 뛰어서 줄이 다시 돌아올 때 넘는 시간을 맞추지 못하고 다리가 걸렸습니다. 움직이는 줄에서는 아무리 해도 몸짓을 크게 해서 뛰어 버리기 때문에 줄을 땅에 놓고 교사가 함께 두 발을 맞춰서 옆으로 뛰어넘는 것을 해 보였습니다. "크게, 작게." 하고 리듬을 타면서 뛰어넘었습니다. 이것이 끝나면 또 어디론가 가 버리겠지 하고 걱정하고 있는데, 이 정도라면 할 수 있다는 마음이 생겼는지 아이는 맨 끝에 서서 차례를 기다리고 있었습니다. 계속해서 해 보겠다는 마음만 있으면 금세 뛰어넘을 수 있을 것입니다. "이번에는 줄을 조금 돌려 볼까?" 하자 "응." 하고 진지하게 대답합니다. 이 것을 잘 하면 성공하는 것입니다. 줄에 걸리면 다시 줄을 돌려 주었습니다. 이렇게 되풀이하는 동안에 마침내 뛰어넘을 수 있었습니다. 아이들은 "해냈구나!" 하며 '아' 어린이와 함께 기뻐했습니다.

열심히 애쓰고 있는 '아' 어린이 옆에서 다른 어린이들도 자극을 받아 줄넘기를 하러 많이 들어오고, 마침내 반 전체 아이들이 다같이 놀았습니다. '아' 어린이가 크게 돌리는 줄을 다섯 번이나 이어서 뛰어넘자, 아이들은 돌고 있는 줄에 들어가서 보려고 했고, 계속해서 반 아이들 모두 열심히 하려고 했습니다.

'아' 어린이는 안 된다고 금세 단념해 버리다가 열심히 노력하면 할 수 있다는 것을 깨달았습니다. 그리고 다른 놀이에서도 이 경험을 되살려 열심히 놀았습니다.

리듬 놀이

목적 | 다섯 살 어린이는 힘을 밖으로 드러내면서 움직이는 것을 좋아하기 때문에 달리거나 뛰면서도 온몸의 힘을 부딪치는 것처럼 움직입니다. 그래서 온 힘을 다해 달리다가 갑자기 멈추는 것처럼 움직이고 멈추는 운동을 섞어서 하게 하면 열심히 합니다. 온몸 또는 몸 한 부분의 근육을 긴장시키거나 풀 수도 있습니다. 다른 사람이 말하는 데 맞춰 움직일 수 있고, 자기 몸도 조절할 수 있습니다. 온몸 운동과 함께 섬세한 운동도 할 수 있습니다. 팔과 다리, 등 근육이 튼튼해지면서 탄력이 생기고, 부드러워집니다. 가슴 펴기 운동을 할 때 윗몸이 일어서는 것처럼 보이는 아이도 있습니다. 그리고 리듬에 맞춰서 한쪽 발로 두 번씩 껑충 껑충 뛰면서 앞으로 나아가거나, 두 발을 모두 땅에서 떼고 뛸 수 있도록 발끝으로 가볍게 걷게 합니다.

여러 가지 놀이 방법 | 한쪽 발로 두 번씩 껑충껑충 뛰면서 앞으로 나아가

는 것은 나이가 어려도 할 수 있지만, 옆으로 가는 것은 다섯 살 후반기가 되어야 제대로 할 수 있습니다. 자신 있게 움직일 수 있는 아이는 "한 사람씩 해요." 하고 앞에 나가서 하고 싶어합니다.

자기는 껑충껑충 뛴다고 생각하지만 다리를 벌리고 뛰는 아이도 있기 때문에 교사가 시범을 보여 주어야 합니다. 리듬을 잘 타지 못하면 너무 몸이 굳어 버리고, 못 한다는 생각이 앞서서 여럿이 있는 데서 하지 않으려고 합니다. 발을 잘 내딛지 못하는 아이 앞에 교사가 마주 서서 두 손을 잡고 함께 해 주면 껑충껑충 뛸 때 리듬을 몸으로 느낍니다. 여러 번 해 보게 하는데 이 때 동무가 살짝 다가와서 교사가 하는 것처럼 도와 줍니다. 둘이서 얼굴을 마주 보면서 움직이는 동안 몸이 굳은 아이도 부드럽게 몸을 움직일 수 있습니다.

가벼운 리듬에 맞춰서 한 발로 건너뛰거나 두 발을 땅에서 떼고 뛸 수 있으면, 두 사람이 한 조가 되어 건너뛰는 놀이나 집단에서 리듬 놀이를 해 봅니다. 여덟에서 열 사람이 한 모둠이 되어 동그라미를 만들어 양 옆으로 건너뛰기를 하면 어린이들은 기뻐서 숨을 몰아쉬며 자꾸만 더 하자고 할 것입니다.

여러 아이들과 함께 몸을 움직이는 것을 부끄러워하지 않거나, 온몸을 활발하게 움직일 수 있으면 표현 놀이를 합시다. 다양한 동작을 연구하거나 표현할 수 있으면 리듬 놀이를 즐겁게 할 수 있고, 자신을 더욱 적극 표현합니다.

주의할 점 | 어린이 한 사람 한 사람이 몸을 움직이는 것을 보면서 힘이 붙었으면 많이 칭찬해 주고, 서로 인정해 주어야 합니다. 그렇게 해야 자신감에 차서 몸을 움직입니다. 그리고 아직 잘 못 하는 어린이에게는 어떤 부분이 모자라는지 교사가 확실히 관찰해서 일상 놀이나 생활 속에서 온몸을 움직일 수 있게 해 줘야겠습니다.

손과 손가락 놀이

온몸을 마음껏 쓰고 움직일 수 있으면 손과 손가락은 훨씬 정교해집니다. 다섯 살 시기에는 오른손이나 왼손잡이처럼 잘 드는 팔이 분명해지고, 몸의 부분부분이 세밀하게 어우러지는 운동을 할 수 있습니다. 눈과 손이 제대로 어우러지는 시기라고도 할 수 있습니다. 이 시기에는 도구나 사물을 목적에 맞춰 다뤄 보려고 합니다. 온몸 운동이 바탕이 되어 손과 손가락으로 사물을 정교하게 다룰 수 있게 하려면 평소에 손과 손가락을 마음껏 움직여서 활동할 수 있게 해야 합니다.

팽이돌리기

목적 | 도토리 팽이나 팽이 돌리는 재미를 아는 어린이들에게는 끈을 감아서 돌리는 팽이를 돌려 보도록 합니다. 팽이가 도는 과정을 이해시키면서 합니다. 그리고 팽이돌리기 대회를 연다고 미리 말해 주어 아이들이 마음을 내어 열심히 팽이를 돌리게 합니다.

놀이 방법 | 어린이마다 하얀 나무 팽이에 생각한 모양을 그려서 자기 팽이를 만듭니다. 팽이를 돌리기 전에 끈 한쪽은 그대로 두고, 다른 한쪽을 그 끈에 감아서 돌려 매듭을 만들어야 합니다. 끈 한쪽을 둥그렇게 만들고 다른 한쪽을 통과시키는데, 잡아당기면 끈 중간쯤에 매듭이 생겨 몇 번이고 다시 묶어야 합니다. 매듭을 만들면 그 매듭을 팽이의 중심 축에 걸고 감는 것이 가장 중요합니다. 중심 축에 건 끈은 힘을 늦추면 빠져 버리기도 하고, 감을 때 힘이 너무 들어가서 끈이 중심 축에서 엉클어져 버리기도 해서 팽이를 돌리기까지는 시간이 많이 들고, 노력도 많이 해야 합니다.

점점 흥미를 잃어버리는 아이도 나옵니다. 이런 어린이에게는 "이 팽이 도니까 멋있구나. 누구 팽이지?" 하고 교사가 그 어린이의 팽이를 돌려 보고 칭찬해 주거나 손바닥에 올려놓고 관심 있게 보면서 흥미를 갖도록 해 줍니다. 팽이 돌리는 것이 재미있다는 것을 느끼게 하면서 끈을 감는 것을 연습시킵니다. 끈을 감을 때는 처음에는 단단하게 매다가 점점 손에 힘을 빼고 감아야 합니다. 어린이가 그 손어림을 익히려면 끈기가 있어야 하고, 연습을 많이 해야 합니다.

우리 어린이집에서는 팽이돌리기를 하자고 해도 어느 틈엔가 팽이를 갖고 있는 어린이들이 하나 둘씩 다른 놀이 하는 데로 가 버렸습니다. 그런데 '아' 어린이가 집에서 연습을 해 와서 아이들 앞에서 늠름하게 팽이를 돌렸습니다. 그것을 보고 다른 어린이들이 크게 자극을 받아 팽이에 관심을 기울이게 되었습니다. 아이들은 '아' 어린이처럼 돌려 보려고 팽이와 끈을 쥐고 도전했습니다. 바로 눈 앞에서 동무들이 팽이 돌리는 것을 보고 포기하지 않고 열심히 하면 나도 할 수 있다고 기대하면서 계속 연습합니다. 어린이들은 '아' 어린이에게 배우거나, 스스로 열심히 끈을 감는 방법을 터득해 나갑니다. 끈만 확실히 감을 수 있으면 팽이를 던지는 것은 간단하게 배울 수 있습니다.

날마다 팽이를 돌릴 수 있는 어린이가 늘어나자 무심하게 보고 있던 어린이들도 팽이를 돌리는 동무들을 주의 깊게 바라보다가 어느 틈엔가 스스로 팽이를 가지고 와서 "어떻게 해?" 하고 교사나 동무들에게 적극 물어 보았습니다. 잠깐 해 보고 돌지 않으면 싫증이 나서 "이제 안 할 거야." 하고 팽이를 치워 버리다가도 오 분만 지나면 다시 돌아와서 팽이를 돌렸습니다.

어린이집에서뿐만 아니라 집으로 돌아가서도 연습을 하고, 어린이가 연습하는 모습을 보고 마음이 당겨서 식구들이 모두 열심히 팽이를 돌리는 집도 생겨 났습니다. 아버지가 돌아가는 팽이를 어깨에 올렸다거나, 어머니도 열심히 연습해서 돌릴 수 있다거나 하는 이야기들을 알려 왔습니다. 팽이돌리기바람이 분 것입니다. 아이들이 모두 돌릴 수 있을 때까지 조금 더 노력해서 몇 월 몇 일에 팽이돌리기 대회를 하자고 정했습니다. 팽이를 돌릴 수 있는 아이들은 누구 팽이가 더 오래 돌아가는지 겨루기도 하고, 돌고 있는 팽이를 손바닥이나 접시 위에 올리거나 책상 위에서 돌리기도 합니다.

대회날이 되었습니다. '라' 어린이는 전날까지 팽이를 던지면 그냥 팽이가 자빠졌습니다. 그런데 시합하는 날에는 팽이가 자빠지지 않고 서서 돌았습니다. 동무들도 '라' 어린이도 모두 깜짝 놀랐습니다. 뒤에서 손뼉 소리와 기뻐 외치는 소리가 나고, '라' 어린이도 기뻐서 어쩔 줄 몰라 했습니다.

주의할 점 | 팽이 돌리는 데 마음이 없는 아이, 놀이에 끼지 못하는 아이가 있을 때는 그 까닭을 하나하나 살펴보아야 합니다. 아무리 해도 되지 않아서 체념하는 어린이에게는 어린이의 손을 잡고 끈을 감는 법과 던지는 법을 가르쳐 주고 같이 돌려 봅니다. 이렇게 해서 힘을 빼고 넣는 것을 교사의 손에서 느끼게 해야 합니다. 또 옆에서 가만히 바라보고만 있다가도 동무들이 하는 것을 보고 그 방법을 배워서 돌려 보는 아이도 많습니다. 이런 어린이들은 꽤 어렵겠는걸, 내가 정말 할 수 있을까 하고 자신감을 갖지 못하는 것이기 때문에 먼저 해 보자 하고 놀이에 끌어들여야 합니다.

여러 가지 놀이

가위와 망치 | 다섯 살 어린이는 오른손으로 젓가락을 쥐고 왼손으로 밥그릇을 드는 것처럼 두 손을 정교하게 움직일 수 있습니다. 가위로 종이를 똑바로 잘라 나가는 것부터 종이를 돌리면서 동그라미를 자르는 것까지 할 수 있습니다. 두꺼운 종이는 힘을 세게 주어서 자르려고 하는 것처럼 대상에 따라 도구를 알맞게 다룰 수 있습니다. 털실이나 광고지를 잘라서 소꿉장난할 때 쓰거나, 빈 상자를 탈것으로 바꾸기도 하면서

자기 이미지에 따라 무엇인가를 만들 수 있습니다.

이럴 때 망치를 가지고 즐겁게 놀게 해 봅니다. 작은 못을 망치로 박을 때는 눈과 손을 확실히 어우러지게 해서 신경을 집중시키고 긴장해야 합니다. 나무판에 못만 박는 것도 열심히 하지만, 책상이나 배처럼 모양이 있는 것을 만들면 훨씬 즐겁게 놀 수 있을 것입니다.

종이접기 | 어린이들은 종이 양 끝을 마주해서 반듯하게 접을 수 있으면 간단하게 종이접기를 할 수 있습니다. 치마, 종이배, 찰칵 사진기에 이르기까지 여러 모양으로 접다 보면 재미도 늘어납니다. 찰칵 사진기를 만들면 "사진 찍어 줄게." 하고 동무들이나 교사 사이를 찰칵찰칵하면서 돌아다니는 데 그 모습이 재미있습니다. 세모나게 접거나 동그랗게 고리를 만들어 연결할 때는 여러 색깔을 섞어 매끄럽게 만들 수 있습니다. 하지만 네모나게 접을 때는 대각선으로 접는 것을 어려워합니다. 함께 만든 것을 방 안에 꾸며 놓아 주면 아이들은 생기가 넘칩니다.

실뜨기 | 지금까지 가위바위보놀이나 '어느 손가락?' 놀이 같은 손가락 놀이를 풍부하게 해 왔기 때문에 손가락 하나하나를 생각하는 대로 움직일 수 있고, 복잡한 실뜨기도 할 수 있습니다. "아빠 손가락하고 애기 손가락에 걸치고 그 다음에 오빠 손가락으로 잡고……." 하고 가르쳐 주면 처음에는 어색하게 손가락을 움직입니다. 좀처럼 생각한 대로 되지 않아 실을 걸기도 하고 풀기도 하면서 실패를 되풀이하다 겨우 모양을 만듭니다. 할 수 있는 어린이는 "봐, 여기에서 두 번째를 아빠 손가락으로 잡는 거야." 하면서 손가락으로 동무들에게 가르쳐 줍니다.

다섯 손가락이 부드럽게 움직이고, 두 손이 맞물려 움직이고, 손가락으로 세밀하게 사물을 다룰 수 있습니다. 새로운 것을 즐겁게 배우고, 동무들끼리 서로 재미있게 가르쳐 주면서 실뜨기가 번져 나갑니다. 틈이 나면 손가락에 실을 걸쳐서 놀고, 밥 먹을 때도 목에 걸어 놓고 한순간도 몸에서 떼어 놓지 않으려고 하는 날들이 이어집니다.

주의할 점

다섯 살 어린이가 손과 손가락 놀이를 할 때는 도구를 쓰거나 손가락으로 사물을 건드려 보고 이미지나 목적에 맞춰 만들어 나가는 것을 중심으로 합니다. 가위나 망치 같은 도구는 어린이의 손에 맞고 다루기 쉬운 것을 준비해서 주어야 합니다. 어른이 쓰는 망치는 자루가 너무 길기 때문에 15~20센티미터 정도가 되도록 잘라 주는 것이 좋습니다. 목수놀이를 할 때는 못을 밟거나 바닥을 상하게 할 수 있기 때문에 교사가 늘 볼 수 있는 곳에 칸을 막아 목수놀이하는 곳을 만들어 주어야 합니다. 그리고 언제라도 하고 싶은 놀이를 할 수 있도록 종이, 빈 상자, 나무토막 같은 재료를 준비해 두고 자유롭게 쓸 수 있게 합니다.

풍부한 표현 놀이

목적

말을 풍부하게 하고 이미지를 재현하는 창조성 있는 놀이에는 역할놀이와 소꿉장난이 있습니다. 다섯 살 어린이는 동무들과 공통된 이미지를 가지고 놀이를 만들어 내려고 합니다. 아이마다 자신이 떠올린 이미지로 놀이를 이어 가는 단계에서 여럿이 함께 이미지를 서로 공유하고 교류하며 놀기도 합니다.

역할놀이나 소꿉장난을 하면서 어린이들은 어른이 사회에서 살아가는 모습이나 행동하는 모습을 경험할 수 있습니다. 그리고 이런 놀이들은 동무와 서로 돕고, 일을 나누어 맡아야 할 수 있습니다. 이런 놀이를 하면서 서로 생각하는 이미지가 부딪치거나 모아지면서 한 이미지로 이어 가고, 동무를 더 깊이 사귀어 갑니다. 또 자발성과 주체성도 키워 갑니다. 그림책이나 이야기를 재현해서 노는 모습도 많이 볼 수 있습니다.

유치원에서 함께 이야기를 들으면 공통되는 이미지가 많기 때문에 공감하기 쉽고, 어린이들끼리 스스로 역을 정해서 놀이를 합니다. 그러나 자기 마음에 드는 역에만 빠져들고, 전체 장면은 잘 끌어가지 못하기 때문에 교사가 이미지를 발전시켜 주어야 합니다.

여러 가지 표현 놀이

역할놀이 | 다섯 살 어린이는 역할놀이를 할 때 이제까지 보고, 듣고 겪은 것을 모두 끌어 와서 놉니다.

사이좋은 어린이 서넛이 엄마놀이하자고 의견을 모으면 서로 역을 나눕니다. "나는 엄마 할 거야. 너는?" "아기 할게." "나는 언니." 하고 자기가 하고 싶은 역을 정합니다. 그리고 블록이나 걸상을 줄지어 놓고 집을 만듭니다. 한 아이가 중심이 되어 "여기는 들어오는 곳, 여기는 부엌, 저기에 아기 침대를 놓는 거야." 하고 자리를 정하고, 동무들과 이미지를 같이 만들어 갑니다. 종이 상자를 책상으로, 가방을 그릇으로, 집에 필요한 것들을 여러 가지 사물로 가정하고 자리를 잡아 나갑니다. 냄비나 밥그릇에는 종이나 털실을 잘게 잘라 넣어 음식으로 하고, 찰흙을 말아서 햄버거를 만들기도 하며 될 수 있는 대로 진짜처럼 만듭니다.

거기에 다른 아이가 찾아와서 "나도 끼워 줘, 엄마 할래." 하면 거침없이 "안 돼, 엄마는 집에 하나밖에 없어. 너는 언니 해." 하고 한 아이가 대답합니다. 식구가 어떻게 이루어지는지 이해하고 있어서 집에는 엄마가 한 사람만 있고, 언니는 여럿이 있을 수 있다고 생각하는 것입니다.

역할놀이를 늘 똑같은 것만 되풀이하고 발전하지 않을 때는 교사가 손님으로 나가거나, "애기가 울고 있네. 병이 났나 봐." 하고 옆에서 작은 계기를 만들어 주면 놀이가 달라집니다. 이마에 손을 대거나, 가는 나뭇가지를 체온계라고 하고 겨드랑이에 끼워 주면서 "열이 있네. 병원에 데리고 가야지" 하고 병원을 찾습니다.

또 교사는 같이 놀지 않는 어린이한테 가서 "여기 의사 선생님 있어요? 애기가 병이 났는데 진찰해 주실 거지요?" 하고 말하면, 그 아이는 부끄러워하면서도 의사 역을 해 줍니다. 몇 안 되는 아이들이 하는 역할놀이가 이어지고 이어져 폭넓어지면 한결 즐겁게 놀이를 펼쳐 갑니다.

가게놀이 | 몇몇이 하는 역할놀이를 반 아이들이 모두 할 수 있게 발전시켜 나갑니다. 어린이들의 이미지를 풍부하게 발전시키는 놀이로 가게놀이가 있습니다. 어린이들에게 어떤 가게를 하고 싶은지 물어 보고 실제로 상가로 견학을 갑니다. 둘레에 흔히 있는 재료로 이미지에 따라서 우유병 뚜껑으로 시계를 만들거나, 빈 상자로 자동차 같은 것을 만듭니다. 다섯 살 어린이는 관찰 능력이 확실히 있기 때문에 세밀한 부분도 잘 보고 물건도 진짜 물건처럼 만듭니다. 손과 손가락으로 사물을 다루는 힘도 있어서 풍부한 이미지를 바탕으로 무엇인가를 활발하게 만들 수 있습니다.

가게에 진열해 놓을 물건을 다 만들면 가게 주인 역을 정합니다. 아이들은 사는 사람과 파는 사람이 되어 "어서 오십시오." "이거 주세요." 하고 서로 물건을 주고받습니다. 물건을 살 때 돈을 내야 하거나, 물건을 넣을 주머니가 있어야 하거나, 놀이를 하면서 필요한 것들이 생기면 그때그때 채워 가면서 놉니다.

자기 반뿐만 아니라 다른 반 아이들까지 물건을 사러 오면 가게놀이는 최고조로 달아오릅니다. 자신들이 만든 물건이, 그 가운데서도 진짜와 더욱 비슷해 보이는 물건이 팔려 나가면 무척 기쁠 것입니다. 어린이들이 바라는 것을 이끌어 내고, 하고 싶은 것을 서로 이야기하게 해서 반 아이들이 모두 정리된 이미지로 놀 수 있게 합니다. 그러면서 역을 나누어 맡고, 어린이들은 더욱 스스로 놀이를 할 수 있습니다.

주의할 점

어린이들 사이에서 발전해 온 역할놀이를 잘 이해하고 살펴서 반 아이들이 모두 함께 하는 놀이로 넓혀 줍니다. 또 어린이들끼리 놀 때는 경험에서 나온 이미지가 한정되어 있고 같은 것을 되풀이하기 쉬우므로 교사가 이미지를 이끌어 내어 놀이를 발전시켜 주어야 합니다. 말로 이것해라, 저것해라, 하고 가르치려고 하지 말고, 자연스럽게 아이들과 함께 놀고, 쉽게 놀 수 있도록 해 줍니다.

창조성을 마음껏 드러낼 수 있도록 재료를 풍부하게 갖추어 주고, 평소에 놀이가 발전할 수 있도록 환경을 만들어 줍니다.

규칙 있는 놀이

목적

놀이를 하면서 동무들과 연결 고리가 넓어지는 가운데, 집단 놀이를 더욱 발전시키기 위해서 규칙이 있는 복잡한 놀이로 이어 가도록 해 줍니다. 봄에 술래잡기할 때 규칙을 여러 가지로 정해서 놀게 합니다. 정해진 곳에서 재빨리 도망가는 잡기놀이 같은 것도 좋습니다.

아직 어린이들끼리 규칙을 정하는 것은 어렵지만 교사가 무조건 정하지 말고, 놀이를 하다가 곤란해지거나 놀이가 멈출 때 교사가 중심이 되어 어떻게 하는 것이 좋을까 하고 어린이들과 함께 생각해 봅니다. 이미 있던 규칙에 얽매이지 않고 모두 함께 즐겁게 놀 수 있게 규칙을 고치거나 다시 만들면서 놀게 하는 것도 좋겠습니다.

다섯 살 어린이는 가위 바위 보를 제법 잘 합니다. 가위바위보놀이처럼 가위 바위 보를 중심으로 한 놀이도 열심히 합니다. 장소나 사람 수를 생각하면서 여러 가지 규칙이 있는 놀이를 하도록 합니다.

놀이 방법

'높은 술래' '색깔 술래' 같은 놀이처럼 곁에 있는 사물을 이용해서 하는 술래잡기놀이는 봄부터 재미있게 해 왔습니다. 도망친 아이가 계속 높은 곳에서 내려오지 않으면 술래는 "선생님, 높은 데서 안 내려와서 못 잡겠어요." 하고 일러 주러 옵니다. 또 술래는 자기와 사이가 좋은 동무들만 쫓는 경우가 많고, 같은 모임에 있는 아이가 술래를 계속하면 재미가 없어져 "선생님, ○○만 쫓아다녀서 재미없어요." 하는 소리도 나옵니다.

문제가 생겨 놀이가 중단될 것 같으면 모두 함께 모여 의논을 합니다. 되도록 이해하기 쉽게 너무 시간을 끌지 않는 것이 좋습니다. 교사가 중심이 되어 "이런 일이 생겼는데 너희들은 어떻게 생각해?" 하고 문제를 이야기해 나갑니다. 자기보다 나이 많은 아이와 놀아 본 어린이가 "열을 세는 동안 다른 데로 도망가면 돼." 하고 의견을 말합니다. 곧바로 옆에서 "'무궁화꽃이 피었습니다.' 하고 말하면 돼." 하는 의견도 나옵니다. 그러면 모두 이해하고 술래가 열을 셀 동안 다른 곳으로 도망간다는 약속을 합니다. 모두 어울려 놀 수 있도록 같은 아이만 쫓지 않는다거나, 술래를 다섯 번 하면 놀이에서 빼다거나 하는 규칙을 그때 그때 덧붙여가면 놀이도 폭이 넓어지고 더욱 잘 놀 수 있습니다.

주의할 점

여러 가지 규칙이 있는 놀이를 알아 가면 어린이들은 "가위바위보놀이하고 싶어." "색깔 술래가 좋아." 하면서 점점 하고 싶은 것을 이야기합니다. 그럴 때는 가위 바위 보를 해서 무슨 놀이를 할 것인지 정하거나, "오늘은 ……을 하고, 내일은 ……을 하자." 하고 차례를 정하면서 어린이마다 바라는 것을 소중하게 받아들입니다.

다섯 살 어린이는 자기 주장이 강하기 때문에 놀이를 하면서 자주 서로 부딪칩니다. 교사에게 호소하려고 오는 경우도 많지만 어린이들끼리 해결하려고도 합니다. 그렇지만 아직 누구라도 상대방을 비판만 할 뿐 이해시킬 수 있는 방법을 찾지는 못합니다. 그럴 때 교사가 조금만 중재를 해 주면 어떻게 하면 좋을까 하고 생각해 내는 힘이 붙습니다.

어린이들끼리 서로 변명하거나 의견을 내놓으면서 해결하게 하거나, 어떻게 하면 즐겁게 놀 수 있을지 생각하게 해야 합니다. 아이들은 그러는 가운데 동무들을 서로 인정해 갑니다.

규칙은 여럿이 함께 생활을 더 잘 하고, 즐겁게 놀기 위하여 만든 약속입니다. 집단에서는 힘이 센 아이가 바라는 것만 하면 안 됩니다. 평소에 서로가 바라는 것을 모두 표현할 수 있어야만 합니다. 저마다 바라는 것을 전체 앞에서 서로 내놓고 의논하면서 규칙을 만들어 나갈 수 있도록 합니다. 형식에 얽매인 규칙이 아니라 어린이마다 활발하게 활동할 수 있는 규칙을 만들어 나갑시다.

표현 활동

역할놀이와 연극놀이

역할놀이

역할놀이의 뜻 | 역할놀이라는 일본말을 보면 옛날 사람들은 놀이에 대해 우수한 관점을 가지고 있었다는 것을 알 수 있습니다. 좋은 말에서는 다양성과 앞뒤 문맥에서 여러 가지 뜻을 느낄 수 있습니다.

말은 시대에 따라 바뀌고, 놀이를 둘러싼 문화도 바뀝니다. 더구나 오늘날에는 어린이를 키울 때 정밀한 놀이 지도론이 있어야 하기 때문에 역할놀이의 다양성은 문제가 됩니다. 이 책에서는 역할놀이를 '상상으로 꾸며 낸 놀이'로 규정하고 있습니다. 따라서 '축구 역할놀이'라고 하면 이상하기 때문에 축구 규칙을 유아에 맞게 바꾸어도 그것을 '유아 축구'라고 할 것입니다. '연극놀이'라는 것은 극장에서 연극을 보고 감동한 어린이들이 '거짓말'로 연극을 흉내내는 놀이를 가리킵니다.

여기에서 역할놀이의 뜻을 미리 정해 놓는 것은 다섯 살이 되면 지금까지 뒤섞여 있던 놀이가 규칙이 있는 놀이와 역할놀이로 나뉘고, 더구나 역할놀이에서 연극 만들기 놀이가 나오기 때문에 지도할 때 혼란스러워하지 않도록 하기 위해서입니다. 연극으로 노는 연극놀이는 이야기극 놀이라도 역할놀이에 넣어야 하지만, 발표하기 위해 하는 목표로 하는 연극은 아주 다른 활동이고, 지도하는 형태도 언뜻 보기에 비슷하나 다릅니다.

역할놀이의 특징 | 다섯 살 어린이는 앞 시기와 달리 어제, 오늘, 내일이라는 흐름 속에서 어제를 받아들입니다. 모든 사물에 얽혀 있는 관계를 생각할 수 있고, 경험으로 쌓인 이미지를 계열화합니다. 그래서 놀이를 할 때 그 순간의 재미만으로 자기가 맡은 역을 연기하는 것이 아니라, 과거와 미래를 함께 생각하고, 무엇을 위해서 왜 그렇게 하는 것인지 생각하면서 연기합니다. 진정한 뜻에서 자기가 맡은 역을 표현할 수 있는 것입니다. 그러므로《우락부락 염소 세 형제 이야기》책으로 역할놀이를 할 때는 염소 한 마리 한 마리의 동작 특징만을 잡아서 연기하게 지도할 것이 아니라, 염소 세 마리의 형제 관계나 겨우내 아무것도 먹지 않고 산에 풀이 자랄 때까지 참았기 때문에 무섭지만 다리를 건너가야 한다는 이야기들을 해 주면 어린이들은 연극에 빠져듭니다.

네 살까지는 그런 이야기가 성가시고 귀찮아서 오히려 놀이할 기분을 망쳐 버리지만, 다섯 살 어린이는 말을 하면서 동무들과 이미지를 나누고 놀이를 만들어 가기 때문에 놀이도 되살아납니다. 이렇게 정신이 발달하면 집단에서 일을 나누거나 힘을 모을 수 있고, 상대방의 처지를 생각하면서 자기가 맡은 역을 이해하고, 작은 집단 안에서 미리 앞을 내다보면서 놀이를 발전시킬 수 있습니다. 다섯 살 시기는 네 살 중반에 균형이 맞지 않던 모습이 사라지고 역할놀이를 제대로 할 수 있는 안정기에 들어오기 때문에 지도하기 쉽습니다.

그러나 위에서 말한 것들은 다섯 살 시기에 모두 잘 하는 것이 아니라, 할 수 있다는 점을 잘 생각해야 합니다. 이 놀이들은 여섯 살 후반기에서 일곱 살 사이가 되어야 어린이 하나하나가 모두 잘 할 수 있습니다.

그래서 다섯 살 어린이를 지도할 때 지나치게 기대하는 것은 좋지 않지만, 또 늘 어린 단계에만 멈춰 있게 하면 어린이가 큰 기쁨을 누릴 수 없습니다.

또 다섯 살이 되면 역할놀이뿐만 아니라 유아에 알맞은 경기나 팽이 돌리기, 대말놀이처럼 기술이 있어야 할 수 있는 놀이에도 무게가 실리기 시작합니다.

다섯, 여섯 살 어린이는 거의 같은 단계로 역할놀이가 발달하지만, 엄밀하게 보면 다른 데가 있습니다. 네 살 어린이와 견주어 '역할놀이가 발달하는 모습'을 표 6으로 정리했습니다. 이렇게 하면 중심에 놓고 지도해야 할 내용들이 보일 것입니다. 단, 이 표에 나오는 내용은 자연스레 만든 것이 아니라, 나이가 적을 때부터 역할놀이 지도를 하면서 다섯 살 때는 이런 것들을 할 수 있을 것이라고 생각하고 적은 부분도 많습니다. 집단 속에서 역할놀이를 하는 힘은 어린이가 놀이를 어떻게 해 왔느냐 하는 데 따라 달라지기 때문에, 1단계~3단계는 반드시 나이에 그대로 들어맞지는 않습니다. 그리고 어린이들이 그 단계에 다다르지 않았다고 해서 서두르지 않아도 됩니다. 빨리 하는 것이 좋은 것만은 아닙니다. 표는 어디까지나 나아갈 길을 보기 위해서 만들었습니다. 그리고 어린이에게 알맞은 지도를 하고 천천히 느긋하게 놀게 하면 누구나 다 다를 수 있습니다.

역할놀이를 하는 뜻 | 아이들은 집단 속에서 놀이에 얼마나 빠져드느냐에 따라서 집단의 질이 높아지면서 정신이 발달하고, 역할놀이의 질도 높아집니다. 또 다섯 살 어린이가 역할놀이를 할 때는 진짜처럼 하고 싶어하는 마음이 강하고 그렇게 연기할 수 있으므로 맨 처음 하는 사회 학습이라는 뜻도 있습니다. 또 역할놀이를 하면서 마음이 충족되므로 스트레스가 없어지고, 정서가 안정되어 생활이 다시 활발해집니다.

표 6 역할놀이가 발달하는 모습

단계	1 단계 (네 살 시기)	2 단계 (다섯 살 시기)	3 단계 (여섯 살 시기)
발단, 지속과 전개	우연히 마주친 사물이나 상황에 따라 생각하고 그 상상에 휘둘린다.	어느 한 사람이 생각을 꺼내면 모두 받아들여서 놀이를 한다. 네다섯이 마음이 맞는 작은 모둠이면 어린이들끼리 같은 내용으로 놀이를 이어 간다.	집단에서 의논해서 놀이를 한다. 목적을 세우고 반 집단에서 놀이를 만들어 한다. 놀이장을 맡은 아이가 방향을 잡는다.
교사 활동	교사가 방향을 잡고 이끌어 주면 재미있을 때 몇 번씩 되풀이한다.	규모가 커지고 내용이 넓어지고 발전할 때 교사가 도와주어야 한다.	교사가 끼어들지 않아도 된다. 도움말을 해 주거나, 같이 하는 것은 좋아한다.
역 인식	겉으로 드러난 인물의 행동에 따라 움직인다. 주관으로, 한 방향으로 생각한다. 한 가지 관점만 세울 수 있다.	배역을 객관으로 이해하기 시작한다. 상대 역 처지에 설 수 있고, 서로 다른 두 시점과 사회 관계를 안다.	배역을 객관으로, 여러 방향에서 이해하고 제삼자 시점에서도 이야기를 이해한다. 이야기 줄거리와 역에 담긴 뜻을 깊이 이해하고, 인물의 개성도 잡을 수 있다.
역 취득	자기가 중심이 되어 하고 싶은 역을 맡으려 한다.	전체 속에서 동무를 생각하고 역을 고르는데, 좋아하는 것을 먼저 하고 싶어한다.	이야기나 사회 관계를 먼저 생각하고, 그 속에서 자기가 흥미로워하는 것을 살리려고 한다.
역 표현	직관으로 대상을 겉으로 드러난 특징만 흉내내지만, 자기 나름대로 표현한다. '무엇과 같게'와 '되어 있는' 것의 중간이다.	직관에 따르기는 하지만, 조금 정밀하게 관찰해서 역을 잘 드러낼 수 있도록 공부한다. '~같게'를 먼저 생각한다. 자기를 나타내기 때문에 잘 표현하지 못했다고 생각하면 거북해서 수줍어한다.	역을 깊이 이해하기 때문에 그럴듯하게 표현하기 위해서 대상을 정밀하게 관찰하고 정보를 모은다. 다른 사람이 자기 행동을 어떻게 평가하는지 걱정한다. 생생하게 표현하는 데 자신이 붙으면 역을 맡는 데 익숙해진다. 자기와 다른 성격을 연기할 수 있다.
허구성	현실과 비현실이 아직 나눠지지 않았다.	현실과 비현실이 뚜렷하게 나뉜다.	허구니까 열심히 연기하면 즐겁다는 것을 안다.
역 제재	평소에 익숙하고 친한 것	조금 어려운 역을 연기하는 것을 재미있어한다.	더욱 더 어려운 것에 도전하고, 진짜처럼 크고 정교하게 하려 한다. (실물과 비슷한 가마를 만들어 제례 놀이를 한다.)

단계	1 단계 (네 살 시기)	2 단계 (다섯 살 시기)	3 단계 (여섯 살 시기)
집단에서 다툴 때	모두 함께 하는 즐거움을 안다. 교사 대 어린이 전체가 중심이다. 교사가 모둠마다 들어가면 모둠과 모둠끼리 놀이도 할 수 있다. 우연하게 역을 나누어 맡기도 한다. 아이마다 차이가 많이 나지만 서로 상관하지 않는다. 자기가 하고 싶은 것을 상대방이 못 하게 할 때 서로 다툰다.	역을 나누어 맡거나 같이 도와서 하고, 집단 속에서 자기가 맡을 역을 정해 놓고 살리려 하고, 상대방에게 맞추려고 노력한다. 역을 나누고, 연기를 하고, 약속을 지키는 일들을 하면서 서로 다투기도 한다. 교사가 중재해서 해결하게 해 준다. 한 사람이 공부해서 무엇인가를 찾아내면 모두 같이 공감한다.	서로 비판하고, 받아들인다. 다툴 때는 집단에서 같이 해결한다. 더욱 재미있게 놀이를 하려고 규칙을 조금씩 바꿔 간다. 집단에서 같이 생각하고 공부하면서 함께 발전한다.
이미지의 공유	아직 흐리터분하지만 교사가 이끄는 대로 이미지를 공유한다. 이 때 이미지는 하나하나 흩어지고, 순간 떠오르는 것이다.	겪은 것, 바라는 것을 이미지로 만들고, 말로 표현한다. 이미지를 서로 나누고, 교사가 도와서 이미지를 공유한다. 집중하는 힘이 생겨 이미지를 길게 이어 간다.	이미지가 정밀해지고, 이미지에 뜻을 붙일 수 있으면 느낌도 더욱 확실해진다. 비유도 할 수 있고, 이미지를 말로 정교하고도 솜씨 있게 나타낼 수 있다. 집단에서 이미지를 더욱 부풀려서 토론도 할 수 있다.
소재나 도구	둘레에 있는 것으로 한다.	제목에 맞추어 소재나 도구를 찾고 고른다.	목적에 맞춰서 소재를 공부하고 만드는 것을 흥미로워하고, 오랫동안 준비하는 데 정신을 쏟는다.
다른 놀이와 관련해서	놀이 종류는 아직 나눠지지 않았지만, 상상놀이를 더 많이 한다.	놀이 속에서 규칙 있는 놀이나 기능 놀이가 갈라져 나온다. 역할놀이와 연극놀이가 나뉜다. 단, 규칙 있는 놀이라고 해도 상상놀이의 요소를 덧붙이면 놀이가 더욱 활발해진다.	여러 가지 놀이가 나뉘고, 저마다 재미있는 것을 좇는다. 연극놀이와 연극 만들기 놀이를 할 때는 목적을 세워 앞을 내다보며 집단 속에서 과제를 정하고 오랫동안 노력한다.

작성 : 데리다 모리세키

역할놀이의 예

앞에서 말한 가게놀이처럼 자연스레 어린이들끼리만 하는 역할놀이도 중요하게 생각하고 잘 하도록 해야 합니다. 그러나 또한 교사가 목적을 세워 놀이를 이끌어 가고, 반 집단에서 어린이들끼리 의논할 때 중재하기도 하면서 밀도가 더 높고 규모가 큰 역할놀이를 반 전체 아이들이 할 수 있도록 만들어 가는 것도 중요합니다. 이렇게 놀면 아이들은 더욱 즐거워하는데, 교사가 뒷받침하지 않으면 좀처럼 이렇게 하기 힘듭니다.

소방놀이 | 어느 날 우리 어린이집 가까운 데서 불이 났습니다. 가까이 가서 보니 소방차 여러 대가 좁은 길을 꽉 메우고 있었습니다. 한때는 어린이들도 대피하기 위해 준비를 하고 있었습니다. 하지만 다행히 곧 불을 껐습니다. 시끄러운 곳에서 흥분하고 긴장하던 마음이 잦아들자 어린이들은 소방놀이를 꼭 해야 했습니다.

첫째 날은 시간이 없어서 다음 날 하기로 했습니다. 다음 날 아이들은 어린이집에 오자마자 큰 블록으로 소방차 두 대를 만들었습니다. 어린이집 마당에 물을 뿌리는 비닐 호스 두 개를 이어서 호스도 길게 만들었습니다. 아이들은 조리실에 불이 났다고 하며 소방차를 몰고 가더니 금세 앵앵하고 사이렌을 울리면서 돌아왔습니다. 쉬지도 않고 이번에는 유아반에 불이 났다고 달려갑니다. 너무 실감나게 불 끄는 놀이를 해서 젖먹이 아기 몇몇이 울음을 터트려 아이들은 야단을 맞았습니다. 소방대장은 골목대장이 돼서 같이 놀고 있는 담임 교사입니다.

사흘째 되는 날은 불을 꺼 줘서 고맙다고 꽃을 들고 소방서로 견학을 갔습니다. 소방서에서도 어린이집에 다니는 어린이들이 찾아오는 것은 처음이라고 하며 훈련하는 모습까지 보여 주었습니다.

나흘째 되는 날에는 곧바로 소방놀이를 했습니다. 놀이라기보다는 훈련입니다. 출동 사이렌이 울리면 아이들이 이곳 저곳에서 뛰어나와 눈 깜짝 할 사이에 준비를 마칩니다. 집에서 장난감 사이렌을 가지고 온 아이가 있습니다. 아이들은 모두 그 사이렌에 맞춰서 입으로도 사이렌 소리를 내어서 어린이집 전체가 사이렌 소리로 시끄러웠습니다. 어린이 하나가 비닐로 소방복을 만들어 입자 금세 너도나도 옷을 만들었습니다.

닷새째는 옷을 열심히 만들었습니다. 어떤 아이는 운동 모자 속에 있는 깃을 늘어트리고 고무 장갑까지 가지고 왔습니다. 어린이들은 옷차림뿐만 아니라 모든 것을 진짜 소방대원처럼 꾸몄습니다. 대장은 번갈아서 하기 때문에 때로는 셋이 될 때도 있습니다. 훈련이나 출동이 끝나면 반드시 줄을 서서 인사를 합니다. 운동회 전에 줄을 설 때는 그렇게도 손이 많이 가던 어린이들이 놀랄 만큼 줄을 잘 섭니다. 옆으로 나란히 서는 것조차 말끔히 해냅니다. 선생님이 눈을 둥그렇게 뜨고 놀라워하자 어린이들은 더욱 들떠서 이 주일 동안 하루도 빠짐없이 소방놀이를 했습니다.

잔치놀이 | 나흘이나 걸려서 잔치 때 메고 다니는 가마와 수레를 만들었습니다. 천에다 주름을 잡아서 작업복으로 만들고, 수건을 비틀어서 이마에 질끈 동여맸습니다. 이것이 가장 어려웠습니다. 가마를 메기 전에 술이라고 하며 마실 것을 나눠 마셨습니다. 수레를 밖으로 끌고 나와 동네를 며칠씩이나 돌았습니다.

역할놀이와 연극놀이의 관계

앞에서 말한 소방놀이나 잔치놀이는 태어나서 자라고 앞으로 계속 살아 나갈 사회 속에서 겪을 여러 가지 것들을 재현하는 역할놀이입니다. 역할놀이를 할 수 있는 소재는 이 밖에도 얼마든지 있습니다.

놀이는 자연스레 시작하는 경우가 많습니다. 자연스러운 것은 그 나름대로 뜻이 있으므로 소중하게 생각해야 합니다. 현실 사회를 경험하고 감동받은 것이나 즐거웠던 것을 재현하고, 어른처럼 하고 싶어하는 마음이 동기가 되기 때문입니다. 그러나 이러한 자연스러움을 지나치게 높이 평가해서는 안 됩니다. 예를 들면, 어린이들은 어른처럼 너무나 자동차를 운전하고 싶어하지만, 보이는 것은 종이 상자뿐이어서 자동차와 상자의 차이를 상상력, 즉 이미지로 메우고 역할놀이를 합니다. 그렇기 때문에 어른처럼 하고 싶어하는 마음과, 상상으로 차이를 메우는 힘이 역할놀이를 발전시키는 힘으로 이어집니다. 그러나 오늘날은 사회가 병들어 있으므로 이 두 가지 힘이 약해져 있습니다. 텔레비전을 흉내내는 것은 참다운 놀이로 발전할 수 없고, 내키지 않는데 억지로 하는 역할놀이는 역할놀이지만 진정한 역할놀이는 아닙니다.

상상놀이 활동이 발달하는 것을 보면 다음과 같습니다. 먼저 두 살 시기에는 흉내놀이를 하다가 세 살이 되면 몸짓으로 표현하는 놀이를 합니다. 동시에 상상놀이도 할 수 있습니다. 그리고 네 살 시기에는 역할놀이를 할 수 있고, 이런 것들은 모두 조합해서 하는 놀이가 연극놀이입니다. 탈것놀이를 하다가 교통사고가 일어나면 구급차를 불러서 병원놀이를 시작하는 것처럼, 역할놀이에 줄거리가 생기면 그 자리에서 바로 즉흥극놀이를 합니다. 이러한 줄거리가 그림책 같은 데서 본떠서 생긴 것이라면 이야기 극 놀이가 됩니다.

네 살 시기까지는 역할놀이도 연극놀이도 뚜렷하게 나뉘지 않아 뒤섞여 있지만 다섯, 여섯 살 시기부터는 둘로 나뉩니다. 역할놀이를 바탕으로 하여 연극놀이가 생기는 것이지만, 연극놀이가 바뀌어 역할놀이가 되는 것은 아닙니다. 역할놀이와 연극놀이가 갈라지고 나면 지금보다 더욱 뚜렷하게 역할놀이 같은 놀이를 하므로 역할놀이의 가치가 없어지는 것이 아니라 연극놀이와 다른 뜻이 있고 목표도 달라집니다.

역할놀이는 맨 처음으로 목적을 세우고 계통을 밟아 하는 사회 체험 학습입니다. 그러므로 어린이마다 마음껏 놀고 난 뒤에 독특한 충족감을 느끼게 하고, 역을 나누고 서로 돕는 집단을 만드는 것이 목표입니다. 그리고 연극놀이나 연극 만들기 놀이는 넓게 보면 어린이 문학 교육으로 자리잡습니다.

연극놀이의 기초
다섯 살 어린이는 달리기, 뛰기 같은 기본 동작을 더욱 확실하게 할 수 있으면서, 그와 함께 사물을 잘 꿰뚫어 보고 자신과 다른 사람의 관계를 이해해 가고, 집단에 속한 한 사람으로 행동할 수 있습니다. 그리고 말도 풍부하게 합니다. 이 시기에는 연극 만들기 놀이를 모든 놀이를 하나로 모아 하는 활동으로 보고 중요하게 자리매김해야 합니다.

역할놀이는 초보 수준의 연극놀이 | 호이징거는 《호모 루덴스》에서 "놀이의 본질은 사람을 빠져들게 하는 힘 속에 있다." "재미라는 요소야말로 놀이의 본질이다."고 했습니다. 이렇게 사람을 빠져들게 하거나 재미를 안겨 주는 놀이 가운데 역할놀이가 있습니다.

역할놀이는 어린이를 둘러싼 사회 생활을 그대로 옮겨 놓은 것입니다. 더구나 다섯 살이 되면 어른이 생활하는 것을 관찰하고, 이미지를 쌓아 가고, 작은 집단 속에서 흉내를 냅니다. 자기가 맡은 역을 이해하고 서로 도우면서 이미지를 공유하고 넓혀 가서 놀이를 더욱 재미있게 합니다. 어린이들은 해 보고 싶고, 되어 보고 싶은 마음을 충족시켜 주는 허구의 세계로 빠져듭니다.

이러한 놀이는 말을 하면서 해야 합니다. 놀이를 펼쳐 가는 대사를 만들어 내어 대사에 따라 놀이를 새롭게 바꾸어 가야 합니다.

소꿉놀이, 전차놀이 같은 놀이처럼 어린이가 자유롭게 생각을 발전시켜 가는 역할놀이와, 줄거리가 있는 이야기놀이가 있습니다. 줄거리를 서로 이해하고 있으면 여럿이 함께 내용을 이야기하면서 놀이를 발전시켜 나갑니다.

블록은 놀이를 할 때 집으로 상상하거나 소품으로 쓸 수 있는 소재이기 때문에 이미지를 발전시키는 데 아주 좋습니다.

이처럼 역할놀이에는 몇 가지 특징이 있습니다. 첫째, 역할놀이는 이미지를 표현합니다. 둘째, 역할놀이를 할 때 어린이들은 동무들과 이미지를 공유합니다. 셋째, 역할놀이에서는 말이나 몸짓이 중요합니다. 넷째, 역할놀이에서는 저마다 맡은 역이 정해져 있습니다. 다섯째, 역할놀이는 줄거리를 이어 갑니다. 이 특징은 연극놀이와 공통되며, 연극을 만드는 기초입니다.

자유롭게 몸을 움직인다 | 어린이에게 가장 중요한 것은 몸이 튼튼해지고, 그 몸을 자유롭게 움직이는 것입니다. 이렇게 되기 위해서 어린이가 두 발로 서서 꼭 해야 하는 활동은 달리고, 뛰고, 리듬에 맞춰서 몸을 단련시키면서 리듬을 타고 부드럽게 움직이는 것입니다.

앞뒤로 차고 건너뛰고, 두 박자로 걷거나 두 발로 뛰고, 네 박자로 걷고, 동물 몸짓을 흉내내고, 사람 몸짓을 흉내내는 것 같은 간단한 활동에서부터 복잡한 활동을 하나씩 해 나갑니다. 곡에 맞춰서 크게 뛸 수 있으면 어린이들은 아주 만족스러워합니다.

그러나 어린이가 스스로 몸을 움직이는 것은 역시 놀이를 할 때이므로, 놀이를 하는 바탕이 되고 또 놀이를 보충할 수 있도록 이러한 활동들을 해 나가도록 지도합니다.

자연에서 배운다 | 4월이 오면 유치원 마당에 벚꽃, 등꽃, 또 여러 가지 꽃들이 아름답게 핍니다. 거기에 나비나 벌이 날아듭니다. 어린이들은 처음에는 느끼지 못하지만 점점 "선생님, 작은 튤립이 있어요. 애기 튤립인가 봐요." "이 벌은 꽃 위에서 계속 날고 있어요. 봐요." 하고 자연에 눈을 뜹니다. 여럿이 함께 아름답고 신기한 자연의 모습에 눈길을 모읍니다. 오랫동안 나비를 쫓아다니거나, 앵하고 날아가는 벌을 눈으로 쫓을 수 있습니다. 그리고 투명한 날개가 있고, 꽃밭에 들어가서 꽃가루를 묻혀 나오는 벌에 관심을 기울입니다. 송충이, 쐐기벌레처럼 몸에 털이 있는 벌레가 꿈틀 대는 것을 보고는 놀라기도 합니다. 이렇게 해서 어린이들은 오감으로 살아 움직이는 생물에 눈을 뜨고, 사물이 신비롭게 바뀌는 것을 깨달아 갑니다.

이렇게 해서 자연을 더욱 깊이 관찰하고, 가까운 둘레에서 넓은 곳에 이르기까지 그 움직임을 보거나 느끼고, 본질을 꿰뚫어 봅니다. 또 무엇인가에 집중할 수 있는 힘을 기릅니다.

자연은 어린이들에게 풍부한 재료를 줍니다. 그 재료들을 소중하게 관찰할 수 있도록 합니다.

몸짓으로 풍부하게 표현한다 | 보고, 경험한 것을 어린이들끼리 서로 공유하도록 몸짓으로 표현해 보게 합니다. 튤립의 꽃봉오리를 보여 주고 싶은 어린이는 두 손을 가슴 앞에 모으고 둥그렇게 벌립니다. 나비가 날아왔다고 하며 두 손을 날개처럼 펄럭이면서 달리는 아이도 있습니다. 꽃이나 나비가 되어 놀면서 동무들과 흉내를 내며 상상 속에서 노는 즐거움을 터득합니다.

비 오는 날 어린이들은 "비가 옆으로 내려서 가방이 젖었어." "우산을 썼는데도 발이 젖었어." 하며 방금 겪은 일을 몸짓으로 표현합니다.

비가 된 어린이는 비가 비스듬히 내렸다고 팔을 계속 위에서 아래로 비스듬하게 움직이면서 달립니다. 어떤 아이는 "나는 큰비야, 쏴, 쏴." 하고 큰 소리로 빗소리를 내고 손을 크게 움직이면서 빨리 달리기도 합니다. "이렇게 비가 많이 올 때는 어떻게 걷지?" 하고 물으면 저마다 우산을 들고 손에 힘을 줘서 천천히 한 발 한 발 앞으로 나가는 흉내를 냅니다. 그 가운데 한 아이를 비스듬히 내리는 비를 표현하는 아이와 마주 보게 해서 "아! ○○는 우산을 잘 써서 안 젖었구나." 하고 칭찬해 줍니다. 그러면 비가 된 어린이는 아침에 비에 젖어 본 걸 떠올리며 어떻게든 상대방을 비에 젖게 하려고 합니다. 우산을 든 어린이는 비를 막으려고 비가 된 어린이가 하는 모습을 잘 보고 거기에 맞춰 움직입니다. 이렇게 해서 놀이가 만들어집니다. 이러한 움직임과 긴장감이 재미있어서 어린이들은 놀이에 빠져듭니다.

이렇게 자기가 경험한 것이나 생각한 것을 몸으로 표현하여 그러한 경험이나 생각을 되살려 내고, 동무에게 전하고, 동무들과 새로운 이미지로 놀이를 만들어 나갑니다. 서로 이야기도 활발하게 나눕니다. 비,

즉 대상에 대한 관심도 깊어지고 동무들과 함께 몸짓으로 표현하는 즐거움도 알아 갑니다. 더구나 행동과 관계 있는 이야기에도 흥미를 보입니다. 말도 더욱 풍부하게 배워 갑니다.

피아제는 일찍이 젖먹이 아이는 눈 앞에 있는 것을 보거나 만져야 생각할 수 있지만, 어른은 눈 앞에 없는 것을 상상해서 추상으로 생각하는데, 유아의 상상력은 이 둘 사이에서 다리 노릇을 한다고 했습니다. 단순히 본 것을 몸짓으로 표현하여 흉내내는 데서 동무들과 어울려 재현하는 것으로 나아가게 하고, 거기에 새로운 상상을 더하여 허구의 세계를 넓혀 가게 하고, 더욱 확실하게 관찰하게 하고, 자기 가까이에 있지만 느끼지 못한 세계를 찾아 낼 수 있도록 해 줍시다. 상상은 창조하는 힘을 낳습니다.

몸짓은 사람이 하는 가장 원초적인 표현 활동이다 | 사람은 몇만 년 동안 무리를 지어 살며 같은 환경에서 힘을 모으고, 같은 목적을 위해서 몸을 움직이고, 같은 도구를 쓰면서 같은 생활 수단을 창조해 왔습니다. 눈짓, 손놀림, 다리의 움직임, 어깨의 움직임 같은 행동과 몸짓으로 상대방에게 뜻을 전하려고 해 왔습니다. 몸짓은 말보다 앞선 말이고 말의 원초적인 모습입니다.

또 《고지키》의 아마노이와토 신화에 나오는 아메노 우즈메노 미코토가 입은 옷을 몸에 두르고 춤을 추며 신에게 제사 지내면서 스스로 신으로 다시 태어나고, 남자들이 거기에 머리를 조아리는 제의가 지금도 오키나와의 한 지방에서 전승되고 있는데, 이것은 제의를 일상 생활로 끌어 와 마음과 행동을 완전히 바꾸는 의례입니다. 이렇게 고대 신들의 잔치와, 신에게 제사 지내는 제의 속에서 몸짓은 발전해 왔습니다.

그리고 이 몸짓과 말로 연기하는 것이 연극입니다. 어린이들이 몸으로 표현하고 전달하는 방법을 놀이로 즐기면서 민족 문화를 익히게 하고, 문학을 이해하게 하여 연극놀이를 발전시키는 기초로 만들어 주어야 하겠습니다.

문학을 만나면서 감동한다 | 나비나 벌이 되어 서로 뒤쫓아 가면서 즐기던 어린이들에게 펠릭스 호프만이 그린 그림책《늑대와 일곱 마리 아기염소》를 읽어 주면 아이들은 금세 늑대와 아기염소가 되어 놉니다. 그것을 몸짓이나 이야기로 하게 하여 깊이 있게 발전시키면 상냥하고 강인한 엄마염소의 모습도 함께 이해합니다. 이것은 초보 수준의 연극놀이가 됩니다.

그림책은 어린이가 말 속에 들어 있는 이미지를 눈으로 보면서 자기가 겪은 것과 한데 모아서 생생하게 표현할 수 있도록 해 줍니다.

즐거움을 느끼게 하고, 서로 돕는 마음과 착한 심성, 살아가는 힘을 보여 주는 그림책을 어린이들의 흥미와 관심, 생활에 맞추어 골라 평소에 들려주도록 합니다. 그리고 재미있는 것과 조금 어려운 것은 어린이와 함께 몸짓으로 표현해 보거나 서로 의견을 주고받으면서 연극놀이로 발전시키고, 반 전체가 공감하는 이미지로 쌓아 나가면 연극 만들기 놀이를 할 수 있습니다. 이와 함께 독서력도 연극의 주제를 고르는 표준이 됩니다.

이야기하는 힘을 익히고 집단을 소중하게 여긴다 | 아키바 히데노리는《함께 자라는 아이로 키우기》에서 놀이를 하면서 말을 배우고, "집단 속에서 자기를 자리매김하고, 스스로 활동하는 것을 조절할 수 있는" 힘이 중요하다고 했습니다.

말을 거침없이 잘 하면 마음 속으로 말할 수 있고 초등 학교에 들어가서 글을 쓸 수 있습니다. 몸짓으로 표현하고, 서로 의견을 나누고, 연극놀이를 하면서 아이들은 말을 배워 갑니다.

연극 만들기의 특징

연극놀이를 적게 해 본 다섯 살 어린이들이 연극을 만들 때는 이제까지 경험한 것을 살리고, 인물이 서로 확실하게 대립하고, 움직이면서 표현할 수 있는 재미있는 제재를 골라 줍니다. 또 이야기 속에서 좋아하는 부분을 표현하거나 역을 바꿔 가며 즐기게 합니다. 저마다 다른 인물들의 처지를 생각하고, 여러 상황을 만들어서 연극을 발전시킬 수 있도록 해 줍니다.

더구나 아이들은 한 가지에 계속 흥미를 갖지 못하기 때문에 짧은 시간에 하고, 같은 것을 되풀이하지 않고, 할 때마다 새로운 내용과 표현을 연구해서 흥미를 계속 끌어 낼 수 있도록 해야 합니다.

역할놀이 속에서 극을 펼쳐 나가도록 배려합니다. 크고 작은 소품을 만들면 연극놀이를 더욱 재미있어합니다. 배경뿐만 아니라 놀이하면서 쓸 수 있거나, 몸이 지나갈 수 있거나, 몸에 붙일 수 있는 도구들이 있으면 더욱 즐거워합니다. 어린이와 함께 생각해서 필요한 것을 어린이 스스로 만들게 합니다. 처음에는 어린이와 교사가 함께 연극을 이끌어 나가다가 조금씩 어린이들이 주인이 되어 이끌어 나갈 수 있도록 배려합니다. 또 남녀와 개성의 차이도 잘 드러낼 수 있도록 지도합니다.

다섯 살 어린이는 금방 허구의 세계로 빠져들지만, 여섯 살 어린이처럼 역을 잘 이해하지 못하기 때문에 저항하기도 합니다. 예를 들면 "난 작은 새끼제비가 되는 것은 싫어. 둥지에서 떨어지면 다친단 말이야. 할머니가 뜨거운 주걱을 던지면 맞을지도 모르는걸." 이런 식입니다. 그때는 할머니가 제비를 도와 주기 위해서 주걱을 던지기 때문에 족제비가 맞도록 던진다는 것, 제비가 어른이 되면 할머니를 도와 준다는 것을 이야기하면서 이야기와 역의 성격을 이해할 수 있도록 도와 주어야 합니다.

아이들이 모두 즐겁게 할 수 있고, 개성을 마음껏 표현할 수 있도록 해서 연극을 하면서 정말 기뻐할 수 있도록 해야겠습니다.

연극놀이의 예, '숲 속에 사는 할머니'

제재, 목표를 깊이 표현한다 | 이 이야기는 할머니가 자연에 동화되어 숲 변두리에 있는 외딴집에서 살아가는 이야기입니다. 할머니는 숲 속에 있는 풀, 나무, 동물들을 자기 몸처럼 생각하고 아무리 작은 생명이라도 그지없이 상냥하게 대해 주는데, 갑자기 몸집이 크고 기운센 남자에게 쫓겨 납니다. 그래서 할머니에게 은혜를 입은 동물들이 슬기와 힘을 모아 할머니를 다시 옛집으로 돌아갈 수 있게 도와 줍니다.

이 이야기에는 어린이들이 쉽게 볼 수 있는 개, 오리, 돼지 같은 동물들이 나오기 때문에 아이들은 이야기를 쉽게 좋아합니다. 그리고 마음씨 고운 할머니와, 할머니를 도와 주려고 하는 동물들을 보면서 작고 힘은 약하지만 서로 도우면 행복하게 살 수 있다는 것을 느낄 수 있습니다.

놀이에서 연극으로 발전시킨다

● **따뜻한 봄날의 숲 속**

여기에서는 할머니가 자연에 동화되어 살고 있는 모습을 어린이들이 평소에 겪은 것으로 펼쳐 갑니다. 빵구(개), 뿡구(까마귀), 삥구(생쥐)의 성격을 서로 이야기하며 몸짓으로 표현하고, 만나는 장면에서 한바탕 놀이를 벌이고 할머니의 세계로 들어갑니다.

첫 번째, 만든 꽃을 내놓고 연극을 하는 어린이와 연극을 보는 어린이가 함께 이미지를 넓혀 나갑니다. 할머니의 집은 이미 만들어져 있습니다. 마분지를 말고 거기에 대나무 꼬챙이를 심지로 해서 만든 꽃을 열 송이쯤 꽂아 삼 박자 곡 '봄 노래'에 맞춰서 내놓습니다.

두 번째, 백 살이 넘은 할머니가 숲 속에서 햇볕을 쬐고 있습니다.

세 번째, 어린이가 만든 나비의 대사를 합니다.

"할머니 봄이 왔어요." "할머니 날씨가 따뜻해졌어요." "할머니 튤립이 피었어요." 하면서 꿀을 빨거나 날아다니면서 소곤댑니다.

이렇게 하면서 빵구와 할머니가 평소에 사는 모습을 표현합니다. 빵구는 멍멍하고 짖으며 나옵니다. 나비들은 깜짝 놀라서 날아오릅니다. 빵구는 나비들을 쫓습니다. 할머니는 "빵구야 그럼 못 써." 합니다.

다음으로는 젊은 제비 치리가 새끼 기르는 장면과 할머니가 여기에 끼어드는 장면을 끼워 넣습니다.

나비의 대사는 어린이가 스스로 생각해 낸 것으로 하고, 좋아하는 나비의 몸짓으로 표현하게 하면 어린이들은 안심이 되어 안정감 있게 연극을 할 수 있습니다.

• 몸집이 크고 기운센 남자가 할머니를 내쫓는다

이 장면에서는 런던에서 몸집이 큰 남자가 나타나서 평온하게 살던 할머니가 갑자기 불행에 빠집니다.

첫 번째, 할머니 집 부엌에 냄비나 접시를 올려놓는 찬장으로 나무 하나를 내놓습니다.

두 번째, 몸집이 큰 남자가 나옵니다. 특징 있는 모자를 쓰고, 가랑이를 크게 벌리고 인상을 쓰며 걷습니다.

세 번째, 남자가 모자를 들고 춤을 춥니다.

생쥐 토미, 스키, 쿠가 할머니 집에 오기 전에 할머니 집에 일이 생겼다는 것을 나타내기 위해서 아이들이 만든 모자걸이와 넥타이걸이를 들여놓습니다. 그리고 저마다 만든 모자를 쓰고 자기가 모자가 되어 앞으로 경중경중 차면서 나와 리듬에 맞춰 저마다 생각한 모자 춤을 춥니다. 마지막에 "헤이!" 하고 모자를 던져 올린 다음 다시 받아 모자걸이에 걸고 퇴장합니다. 모자는 그대로 몸집 큰 남자 집을 꾸미는 소품이 됩니다.

어린이들은 즐거움과 긴장감, 성취감을 맛볼 수 있어서 열심히 연습하기 때문에 긴장을 풀고 즐겁고 밝은 마음으로 연극놀이를 할 수 있습니다.

• 몸집이 큰 남자가 런던에 있는 고양이를 부른다

몸짓, 대사, 공간 구성을 어린이들이 스스로 즐겁게 만들어 나갈 수 있도록 합니다.

첫 번째, 몸집 큰 남자가 손을 쭉 뻗어 크게 전화 번호를 돌리는 표현을 합니다.

두 번째, 남자가 "여보세요, 숲 속에 사는 몸집 큰 남자입니다. 고양이 대장님입니까? 쥐가 많아서 힘들어요. 고양이를 마차 세 대에 가득 찰 만큼 보내 주세요." 하면 고양이 대장이 막 뒤에서 "예 알겠습니다. 곧 가겠습니다." 하고 말합니다. 이어 고양이 대장은 혼자서 말 타는 표현을 하면서 여자 아이들이 역을 맡은 고양이를 데리고 무대를 한 바퀴 돌고 옵니다.

세 번째, 기운센 남자는 고양이 대장에게 인사를 하고 고맙다며 고양이에게 생선을 주기로 합니다.

어린이들은 이 장면에서 기운센 남자가 런던에 연락할 때는 전화를 걸자고 말했습니다. 전화를 걸면 상대방은 보이지 않는 곳에서 받으므로 고양이 대장은 막 뒤에서 대답하기로 했습니다. 이렇게 어린이들이 생각하는 것은 보는 사람에게도 그 이미지가 전해집니다. 뜻밖입니다. 아이들은 막 뒤에서 이제나저제나 하고 전화 오기를 기다리면서 연극에 빠져들었습니다.

연극놀이를 할 때는 무대를 입체감 있게 구성하여 재미를 느낄 수 있도록 해야 합니다.

• 제비가 몸집 큰 남자를 곤경에 빠트린다

서로 의논하면서 내용을 더 깊이 있게 만들고, 표현하는 방법을 연구해 갑니다.

교사 제비야 몸집 큰 남자를 어떻게 쫓아 내면 좋을까?

어린이 1 진흙을 뿌려요.

어린이 2 진흙은 가지고 갈 수 없어.

어린이 3 아니야, 입으로 물어서 나를 수 있어.

어린이 4 그래 벌레도 그렇게 날랐어.

교사 그렇지, 입으로 물어서 나를 수 있어, 둥지를 만들 때도 입으로 진흙을 날랐지? 제비들은 어디로 진흙을 나를까?

어린이 1 몸집 큰 남자가 살고 있는 곳.

어린이 2 몸집 큰 남자 모자에 뿌려.

어린이 3 몸집 큰 남자 넥타이에.

어린이 4 모자에 뿌리면 모자를 못 써.

교사 그렇구나, 몸집 큰 남자가 곤란하겠지. 좀 더 괴롭힐 방법은 없을까?

어린이 1 창에다 바르면 돼.

어린이 2 유리창에다 바르면 밖을 볼 수 없어.

어린이 3 어두워져.

교사 정말로 그렇구나. 깜깜해지면 몸집 큰 남자는 아무것도 할 수 없구나.

어린이 1 이렇게 발라. (진흙을 입으로 날라 바르고는 곧 되돌아온다.)

진흙을 입으로 날라 유리창에 재빠르게 바르는 모습을 열심히 표현합니다. 그리고 고양이가 올 때 도망치는 모습과 고양이가 하늘을 나는 제비를 쫓아 뛰어오르는 모습을 서로 의논해서 자기가 생각한 모습과 다른 아이들이 생각한 모습을 견주면서 조화롭게 만들어 나갑니다.

● 다시 평화가 찾아온다

여기에서는 이야기의 주제인 할머니의 착한 마음씨, 동물들과 할머니의 우정을 짧은 대사나 몸짓으로 표현하고 마무리합니다.

첫 번째, 숲에서 빵구가 할머니를 데리고 와서 문을 열고 들어옵니다. 할머니는 난로 앞에 있는 의자에 앉습니다.

할머니가 "빵구야." 하고 부르면 빵구는 "멍멍." 하고 대답합니다.

할머니는 뽕구와 빵구의 머리를 쓰다듬으면서 "뽕구야,(이 때 뽕구는

컹컹 짖습니다.) 너희들 덕분에 집으로 돌아왔어. 삥구야 고마워." 하고
말합니다.

숲에는 겨울이 오고 눈이 내립니다. 모두 무대로 나와 엎드려 눈을 표
현합니다. 할머니와 삥구 녀석들은 잠이 듭니다.

할머니의 마음을 이야기하면서 대사를 만들어 냅니다. 할머니가 천천
히 이야기하는 말투와 몸짓 그리고 겨울에 내리는 눈은 어린이들이 만
들어 낸 평화의 세계입니다.

조형 활동

만들어서 마음껏 놀기

어린이들이 무엇인가를 만드는 활동을 하는 것은 결코 특별한 일이
아닙니다. 또 조형 활동을 할 때만 무엇인가를 만드는 것도 아닙니다.
어린이는 끈을 매고, 모래밭에서 산을 만들고, 진흙탕놀이를 하면서 진
흙을 뭉치기도 하고, 연못을 파고 물을 흘려 보내서 댐을 만들기도 하는
데 이처럼 평소에 풍부하게 무엇인가를 만들어 냅니다.

이렇게 생활과 놀이 속에서 조형의 싹을 틔우는 것을 소중하게 받아
들이면서 그 바탕 위에서 다섯 살 어린이가 알맞은 조형 활동을 할 수
있도록 해 주어야 합니다. 또 어린이의 조형 활동은 만드는 것에만 그치
는 것이 아니라 놀이와 맞물려 펼쳐질 때 완성되므로 유아기에 조형 활
동을 할 때는 단순히 모양이나 작품을 만드는 데 빠지지 않고, 작품을
만들어서 마음껏 놀 수 있도록 해야 합니다.

조형 활동의 바탕

찰흙놀이 | 유아에게 손은 밖으로 나온 대뇌라고 합니다. 찰흙은 이 유

아기의 손을 발달시키기 위해서 꼭 있어야 하는 소재이고, 영양소입니다. 찰흙은 손이 움직이는 데 따라서 모양이 바뀌고, 물의 양이 바뀌는 데 따라서 단단해지기도 하고 부드러워지기도 합니다.

다섯 살 시기에는 처음부터 이미지를 가지고 목적을 세워 모양을 만들 수 있지만, 모양을 만드는 것을 급하게 서두르지 않고 먼저 네 살 시기부터 만지는 찰흙을 주는 게 중요합니다. 찰흙을 만지다 우연히 모양이 바뀌면 거기에 뜻을 두고 만드는 과정을 중요하게 여기면서 점점 얼굴이나 도시락을 만들고, 입체감 있는 동물을 만들면서 하나하나 발전시켜 나갑니다.

종이접기ㅣ종이와 가위를 써서 모양을 만드는 활동은 찰흙 활동과 함께 네 살, 다섯 살, 여섯 살 시기에 꼭 해야 하는 기반 활동입니다. 비행기, 가면, 연 같은 것을 만들거나, 빈 상자로 동물원, 건물, 탈것 따위를 만들거나, 골판지 상자로 탈것을 만들 수 있습니다.

종이를 접을 때는 네 살 시기처럼 일단 접고 난 뒤에 뜻을 붙여서 놀게만 하지 않고 교사가 접어서 보여 주면서 "이제부터 ……을 접는다." 하고 이름을 말하고 나서 접게 하거나, "무엇이 만들어질까." 하고 흥미를 불러일으키면서 접어 보여 주거나, 아이들이 접어 보게 하는 것도 좋다고 도리이 아키미는 《만들어서 노는 종이접기》에서 말하고 있습니다.

여러 가지 조형 활동

실제 나이 다섯 살 중반 무렵부터 여섯 살 중반 무렵인 다섯 살 시기는 네 살 단계를 이제 막 넘어서 이차원을 더욱 확실하게 이해하고, 사물도 더욱 잘 다룰 줄 압니다. 이처럼 이 시기에 어린이는 이차원 감각이 더욱 확실해지고, 서로 다른 두 가지 요소를 구별하면서 하나로 만드는 힘이 생기면서 더욱 새로운 활동을 하고, 또 발전시켜 나갑니다.

다섯 살 시기에는 세 살, 네 살 어린이처럼 무엇이 되었다고 가정하는 활동이나, 상상 활동에서 발전하여 더 분명한 상상놀이를 합니다. 게다가 이 시기에는 피아제가 《놀이의 심리학》에서 말한 것처럼 "실제로 존재하는 것을 바로 흉내내는 이미지"로 나아가 더욱 현실에 가깝게 행동하고 놀이를 합니다. 다섯 살 어린이는 현실 세계를 단순히 상징으로 표현할 뿐만 아니라 흉내내고, 역할놀이를 하면서 그것을 재현하려고 합니다.

다섯 살 시기에 조형 활동을 할 때는 이와 같은 특징이 나타나는데, 아이들은 역할놀이를 하면서 현실 감각을 더 익히고, 그에 필요한 물건들도 스스로 만들어서 놉니다. 말하자면 다섯 살 어린이는 자유롭게 표현하면서 조형 활동을 할 수 있어야 합니다.

이 시기에 조형 활동을 할 수 있으려면 앞에서 말한 것처럼 흙이나 찰흙, 종이, 가위를 써서 모양을 만들 수 있어야 합니다. 조형 활동은 손이 정교하고 치밀하게 발달하고, 생각도 발달해야 더욱 확실한 표현 활동으로 발전합니다.

또 찰흙과 종이로 무엇인가를 만드는 활동도 합니다. 그리고 찰흙이나 종이로 풍부하게 모양을 만드는 활동은 나무 토막으로 모양을 만드는 활동으로 눈에 두드러지게 나아갑니다. 물론 이렇게 눈에 띄게 발전하는 활동은 나중에 다루겠지만, 이런 활동은 앞에서 말한 활동을 하면서 소재의 성질과 한계를 제대로 이해하고 난 뒤에 할 수 있습니다. 따라서 나무 토막으로 모양을 만드는 활동은 좀 늦은 시기에 하는 게 좋겠습니다. 그 때까지 마음껏 흙, 찰흙, 종이로 모양을 만드는 활동을 하고, 나무 토막으로 모양을 만드는 것을 준비하기 위해 망치를 다루게 해야 합니다.

나무 토막으로 만들기

놀이의 발전 | 그런데, 다섯 살 어린이가 나무 토막으로 무엇인가를 만

들어서 놀 때도 '목적, 이미지→ 준비 절차→ 제작→ 완성과 평가→ 사용' 이라는 노동의 기본 과정을 거칩니다. 다섯 살 어린이는 놀이할 때 쓰려고 나무 토막으로 무엇인가를 만듭니다. 그리고 준비 절차는 제대로 갖추지 않습니다. 다 만들어서 쓰기보다는 만들면서 쓰고, 쓰면서 더 확실하게 만들어 가는 경우가 많습니다.

그러나 마음 속에 있는 이미지를 실제로 만들고 그것을 갖고 노는 것은 두 가지 행동을 하나로 모아 하는 것이기 때문에 어린이는 크게 만족합니다. 이렇게 자기 스스로 무엇인가를 창조하는 놀이를 하고, 만족하면 다음 활동으로 더 나아가고 싶어합니다.

또 앞에서 말한 것처럼 무엇인가를 만들어서 노는 활동을 하면 역할 놀이를 더욱 현실감 있게 할 수 있으므로 내용이 깊어지고, 어린이는 이전보다 더욱 스스로 놀이를 펼쳐 갈 수 있습니다.

나무의 특징 | 나무라는 소재는 그것만으로 무엇인가를 치거나 서로 맞부딪치고 물에 띄우면서 놀 수 있습니다. 또한 나무는 못으로 부분과 부분을 결합시키거나 짜 맞추어서 현실에 있는 물체나 생활을 더욱 정확하게 표현하고 흉내낼 수 있습니다. 게다가 한 번 만들어 놓으면 오랫동안 쓸 수도 있습니다. 말하자면 나무는 물이나 바람, 압력에 그다지 영향을 받지 않고 놀이할 때 쓸 수 있다는 점에서 모래, 흙, 찰흙, 종이 같은 소재와는 아주 다른 소재입니다.

이런 뜻에서도 어린이는 나무라는 소재로 풍성하게 놀 수 있습니다. 더욱이 나무 토막으로 무엇인가를 만들 때는 혼자 하는 게 기본이지만, 어린이는 그렇게 작품을 만들어 집단 놀이를 이어 갑니다.

생각하며 만들기 | 나무 토막으로 작품을 만들면 쓸 수 있으므로 그저 자기가 생각한 것을 표현하게만 해서는 안 됩니다. 확실하게 일을 할 수 있도록 해야 합니다. 다섯 살 어린이 같은 경우는 못 박는 일을 할 수 있습니다.

나무 토막이나 판자를 겹쳐서 못을 박을 때는 길이가 어느 정도 되는 못을 어디에 박으면 좋을지, 나무 토막과 나무 토막을 어떤 차례로 박을 것인지 앞을 내다보며 생각할 수 있어야 합니다. 나무와 망치로 물건을 만드는 일은 손과 도구를 움직이면서 생각하는 활동이라고 할 수 있습니다.

목공 도구와 만나는 기쁨 | 나무 토막으로 물건을 만들면 어린이는 망치나 노루발장도리를 만나고, 주로 여섯 살 어린이 반에서는 톱이라고 하는 목수의 도구, 아버지의 도구를 만날 수 있습니다. 어린이는 나무를 다루면서 망치를 만나면 활동을 강렬하게 하고 싶어합니다.

다섯 살 어린이에게 망치나 노루발장도리는 무엇인가를 만들기 위한 도구라기보다 어른처럼 다뤄 볼 수 있는 도구입니다. 어린이는 망치로 못을 박을 때 나는 소리나, 일하는 모습에 빠져들어 반드시 "선생님, 나도 하게 해 주세요." 하고 말합니다.

그리고 망치를 쓸 때는 손이나 온몸을 움직이고, 머리를 쓰고, 세심하게 주의를 기울여서 합니다. 이렇게 망치를 쓸 때는 어린이의 능력이 하나로 모아지므로 차례만 틀리지 않게 지도하면 어린이는 아주 좋아합니다.

망치로 못 박기

다섯 살 어린에게 망치를, 여섯 살 어린이에게 톱을 | 나무나 판자로 물건을 만들 때는 망치, 노루발장도리, 톱이 기본 도구가 됩니다.

망치와 노루발장도리는 기능으로 볼 때 한 쌍입니다. 못을 많이 박아 보면 노루발장도리를 잘 쓸 수 있습니다. 망치를 다루는 데 익숙해지면 노루발장도리를 그다지 쓰지 않아도 됩니다. 이렇게 해서 아이들은 여러 가지 도구를 써서 여러 방법으로 무엇인가를 만들 수 있습니다.

이러한 점에서 볼 때 어린이에게 못을 박는 활동만 하게 할 것이 아니라 못을 빼내는 활동도 할 수 있도록 해 주어야 합니다. 지금까지 어린이는 늘 대상에게 다가가서 무엇인가를 만들어 왔습니다. 그런데 못을 빼내는 활동은 거의 처음으로 대상을 자기 쪽으로 잡아당기는 활동이라는 점에서 다음 과정인 '톱을 잡아당겨 나무를 자르는' 활동으로 나아갈 수 있습니다.

망치와 톱도 판자나 막대기를 겹쳐 박고, 또 그것들을 자릅니다. 이 도구들도 발달상 한 가지 능력으로 모아집니다. 그러나 이런 경우에도 박는 도구인 망치를 다루는 능력이 자르는 도구인 톱을 다루는 능력보다 먼저 나타납니다. 다섯 살 어린이는 미리 목적을 세워 자르고, 잘라 놓은 부분 부분을 결합시키는 능력이 아직 뒤떨어지기 때문입니다. 그래서 '다섯 살 어린이에게는 너무 이르지 않은 시기에 망치와 노루발장도리를, 여섯 살 어린이에게는 너무 이르지 않은 시기에 톱을' 이라고 정리할 수 있습니다.

망치를 다룰 때 | 망치를 다룰 때는 왼손과 손가락으로 못을 고정시키면서 오른손과 오른팔로 무게가 좀 나가는 망치를 들고 팔을 휘두르면서 정확하게 못의 머리를 내리쳐야 합니다. 이렇게 하려면 손목 힘이나 팔 힘이 어느 정도 있어야 하고, 정확하게 못을 내리치기 위한 연습을 해야 합니다. 비오는 《지능》에서 이 연습이라는 것은 망치, 손목, 팔을 어떻게 움직여야 못을 제대로 박을 수 있을까, 하고 "초보 수준에서 물리의 원리로 생각"하는 것이라고 했습니다.

• 처음으로 망치를 다룰 때

아직 팔 힘이 제대로 붙지 않고, 연습을 많이 하지 않았으면 나무보다는 쉽게 못을 박을 수 있는 소재에 못을 박거나, 못을 박기 전에 다른 소재를 많이 내리쳐 보게 해야 합니다.

먼저 점토로 작품을 만들어 말린 것을 나무 망치나 망치로 부수어 보게 하면서 망치를 다루는 연습을 하게 합니다.

그리고 처음 못을 박을 때는 지면, 스티로폼, 골판지 같은 데 박아 보게 하는 것이 좋습니다. 줄을 못과 망치로 바닥에 고정시키면서 자신 속에 있는 어머니 얼굴 같은 이미지를 만들어 보려고 한 실천 사례를 참고로 할 수 있습니다.

이러한 활동들은 두 손을 서로 다르게 움직일 수 있는 네 살 어린이 반이 끝날 무렵, 즉 다섯 살이 조금 지난 뒤에 할 수 있습니다.

• 처음으로 나무 토막이나 판자에 못을 박을 때

처음으로 나무 토막이나 판자에 못을 박을 때는 갑자기 나무 토막과 나무 토막을 겹쳐 박게 해서는 안 됩니다. 다섯 살 어린이는 못을 박는 데만 집중하고 있어서 나무 토막에 못을 박으면 겹쳐 박게 된다는 것까지 미처 내다보지 못하기 때문입니다.

조금 무른 판자에 생각한 대로 못을 박게 하고, 그 못에 끈을 이어서 나무를 벽에 걸게 해 주면 좋습니다. 어린이가 만든 작품은 마치 판자 위에 못으로 그림을 그린 것 같습니다. 이것은 모양을 만드는 활동과 도구를 사용한 활동이 어우러진 모습입니다.

목적을 세워 놀이 도구를 만들게 하기 위해서 못을 박을 수 있으면 보통 게임판 같은 것을 만들게 하는데, 어린이는 아주 흥미로워합니다.

• 처음으로 겹쳐 박을 때

다음은 드디어 나무 토막을 겹쳐 박아 붙이는 단계입니다. 이 때도 갑자기 상자 모양을 만들게 하면 안 됩니다.

미리 교사가 톱으로 반듯하게 잘라서 준비해 놓은 나무 토막을 겹쳐서 못을 박게 합니다. 이 때 나무 토막을 두 개, 세 개 겹쳐 박아서 작은 배 같은 작은 장난감을 만듭니다.

못을 박지 못해도 받아들이고, 또 실패하지 않도록 재료를 많이 준비해 주거나,《만들고 노는 유아의 발달과 조형 활동》(오사카보육연구소 엮음)에 실린 글 '집 만들기' 에서 실천가가 말한 것처럼 셀로판테이프로 나무 토막을 임시로 붙여 놓아 주면 좋습니다. 실패해서 못을 뺄 때는 교사가 먼저 시범을 보여 주는 것이 좋습니다.

주의할 점

교사가 올바른 본을 보인다 | 나무 토막으로 무엇인가를 만들 때는 자칫하면 작품 만드는 데 눈이 팔려서 망치를 올바로 다루는 방법을 제대로 지도하지 않을 수 있습니다. 이렇게 말하면 유아 단계에서는 확실히 다루지 못해도 즐겁게 놀면 괜찮다는 의견이 나올지도 모릅니다.

그러나 도구 다루는 방법을 올바로 지도하지 않으면 잘못해서 못이 구부러져 버리고, 이런 일들이 되풀이되면 아이들은 만드는 것을 싫어합니다.

나무와 나무를 겹쳐 박을 때는 높이가 적당한 받침대 위에서 되도록 자루 뒷부분을 잡고 손목에 힘을 주고 못을 내리칠 수 있도록 가르쳐야 합니다. 자루 안쪽을 잡고, 게다가 집게손가락을 자루 위에 얹어서 잡고 피스톤 운동하듯이 위에서 아래로 내리치는 모습을 자주 봅니다. 교사가 망치를 바르게 쥐고 편안하게 박는 모습을 보여 줘야 하겠습니다.

도구 고르기 | 나무로 만드는 활동을 재미있어하도록 하려면 도구를 잘 골라야 합니다. 쓸모 있는 도구라는 것을 가르치기 위해서는 어린이가 쓰기 편한 것을 골라 주어야 합니다. 쓰기 힘든 쇠망치는 활동하고 싶어 하는 마음을 떨어뜨립니다.

먼저 유아용 교재로 만든 가벼운 망치는 못을 박아 넣는 힘이 약해서 좋지 않습니다. 어린이가 다루기 좋은 망치는 돌 깨는 망치라고 합니다. 어른이 쓰는 망치의 자루 부분을 조금 잘라 내기만 하면 망치가 조금 가벼워져서 자루 안쪽 부분을 잡는 어린이라도 긴 자루에 방해받지 않고 손목으로 내리칠 수 있습니다.

그러나 어른이 쓰는 망치는 어린이에게 너무 무겁기 때문에 어른이 쓰는 망치 가운데 내리치는 면이 크고 둥근 망치가 더 알맞습니다.

알맞은 작품 고르기 | 나무를 써서 물건을 만드는 활동을 지도할 때는 망치 쓰는 힘을 기를 수 있는 작품을 골라야 합니다. 못 박는 것 하나라도 놀이나 표현으로 발전할 수 있도록 해야 합니다. 그리고 작은 장난감을 만들 때도 될 수 있는 대로 간단하게 만들 수 있고, 놀면서 망가지면 고쳐서 다시 가지고 놀 수 있는 작품을 만드는 것이 좋습니다.(《어린이의 놀이와 손의 노동》, 어린이 놀이와 손의 노동 연구회 엮음)

그림 그리기

그림으로 이야기하는 힘

네 살 시기 후반기부터 다섯 살 시기 전반기에 이르면 아이들은 무조건 상상한 세계를 그리지 않고 마음 속에 담긴 생각을 어떤 모양으로 그리고 그 그림에 뜻을 붙여 이야기를 합니다. 이것은 어린이가 목적을 세워 활동하고, 모든 사람과 뜻을 주고받을 수 있는 활동을 할 수 있다는 뜻입니다. 목적을 뚜렷이 세워 그림을 그리고, 무엇인가를 만들고, 그렇게 하면서 기뻐하는 것은 가장 사람답게 활동하고 기뻐하는 것입니다.

어린이들은 살아가면서 겪은 것이나 들은 것, 상상한 것들을 이미지로 만들고 그것을 화면 위에 모양으로 표현하면서 사람다운 감성을 갈고 닦으며, 생각을 깊이 있게 해 나갑니다.

다섯 살 시기에는 이러한 모양을 처음으로 표현하므로 서두르지 않고 이미지를 펼치는 힘, 그림으로 이야기하는 힘을 기르고, 그 힘을 여러 면으로 발전시켜 나갈 수 있도록 해 줘야 합니다.

그림의 특징

다섯 살 시기 전반기 | 다섯 살 시기 전반기가 되면 점점 여러 모양을 그릴 수 있지만, 화면을 메울 듯이 그림을 늘어놓을 뿐이며 아직 화면 속에 그린 그림 모양과 모양은 서로 관계가 없습니다. 이것은 마치 상품 견본들을 진열해 놓은 것과 같습니다.

이처럼 이 시기에는 그림을 그릴 때 모양과 모양을 서로 관련시키지는 않지만, 결코 관련이 없는 것을 그리는 것이 아니라 관련이 있다고 생각해서 마음 속에서 한 번 정리한 것을 표현하고 있는 것입니다.

이것은 이 시기에 어린이는 생각하는 것을 그림으로 아직 제대로 표현하지 못한다는 것을 드러내고 있습니다. 그러나 이 시기를 거쳐야 어린이는 생각하는 것을 그림으로 표현할 수 있습니다. 또 생각한 대로 그릴 수 있으면 한 화면 위에서 그림과 그림을 연결하는 단계로 나아갑니다. 따라서 그림을 이해하고, 표현하는 힘을 발달시키기 위해서는 어린이에게 그림에 담긴 생각을 이야기하게 하고 그것을 잘 들어주어야 합니다.

다섯 살 시기 후반기부터 아홉 살 시기까지 | 다섯 살 시기 후반기 이후, 즉 여섯 살 시기에 이르면 화면 속에 그림을 늘어놓기만 하는 데서 나아가 화면 밑에 선을 하나 긋고, 하늘에는 반드시 해를 그리고, 선 위에 사람과 사람, 사람과 사물, 사물과 사물을 관련시켜 어린이 자신이 생각한 대로 전체 모습을 그립니다.

이것은 단순히 모양을 늘어놓는 데서 모양을 이어서 이야기하는 단계로 나아가는 것이고, 그림으로 정리를 한 번 한 다음에 이야기를 할 수 있는 단계로 들어섰다는 것을 뜻합니다. 이러한 뜻에서 화면 밑에 선을 표현하는 것은 이 시기에 이르러 화면의 위아래와 오른쪽 왼쪽, 즉 공간을 이해하는 능력이 생겼다는 것을 나타내고 있습니다. 화면 아래쪽에 그린 선에 맞춰서 그린 하늘의 해는 "위예요." 하고 확인하는 것입니다.

운동회 그림 같은 데 자주 나오는 긴 동그라미처럼 그린 운동장 트랙에 맞춰 인물을 사방팔방으로 뻗어 나가게 그리는 것도 동그라미 모양으로 선을 표현한 것으로, 위에서 말한 것처럼 공간을 이해한다는 뜻입니다.

이렇게 그림 표현이 발전하면 두 가지 세계를 이해하고 있는 다섯 살 어린이의 세계에서 세 가지 세계를 이해하는 여섯 살 어린이의 세계로 나아갈 수 있습니다.

다섯 살 어린이는 한쪽 발은 들고 한쪽 발로만 뛸 수 있고, 왼손으로 종이를 잡고 오른손으로 가위를 들고 무엇인가를 잘라 낼 수 있는데, 이는 두 가지 행동을 하나로 모아 새로운 행동을 만들어 낼 수 있다는 뜻입니다. 이렇게 '……하면서 ……하는' 능력이 발달하면 "혼자 있는 게 싫지만 집을 본다." 같이 생각하는 자제심이 자라납니다. "……하지만 ……한다."는 능력이 생기는 것입니다. 그러나 세 가지 세계가 있다는 것과 그 세 가지가 어떻게 관련이 있는지는 아직 제대로 이해하지 못합니다.

그러나 여섯 살 시기, 즉 다섯 살 시기 후반기에 들어가면 크고, 작은 것 사이에 중간 크기가 있다는 것을 알고, 좋고 싫은 것 사이에 조금은 좋은 것이 있다는 것을 이해해서 어린이 세계에는 세 가지 세계가 열립니다.

풍부한 경험을 하면서 과거, 현재, 미래로 시간이 연결되어 있고, 이야기에서 원인과 결과도 이해할 수 있습니다.

이러한 힘을 바탕으로 이야기의 여러 장면을 시간의 흐름에 맞춰 그림으로 그릴 수 있고, 화면이라고 하는 일정한 공간 속에서 바닥에 선을 그려 무대 장치 삼아 그림을 서로 관련시켜 이미지를 표현할 수 있습니다.

화면 아래에 선을 그릴 때는 화면 아래쪽에 있는 선 위에만 사람과 사물을 그리고, 위쪽에 조그만 띠 모양으로 하늘을 그리고, 나머지는 새하얗게 내버려 두어 뜻 없는 곳이라는 것을 나타냅니다. 화면 아래쪽에 선을 그리는 것은 이렇게 아주 틀에 박히고, 단순한 표현 양식인만큼 어른에게는 아주 불완전한 것으로 보입니다. 그러나 무엇과도 바꿀 수 없는, 여섯 살 어린이가 익힌 표현 양식이라고 생각하면서 바라보고, 어린이들이 이 무대 장치를 이용해서 생각을 마음껏 이야기할 수 있게 해 줘야 합니다. 화면 아래쪽에 선을 그리는 것은 문맥을 나눠서 생각을 이야기하는 것과 같습니다.

어린이 그림은 살아 있는 말

다섯, 여섯 살 시기의 어린이들이 마음 속에서 가장 중요하게 생각하는 것을 "이렇다고요." 하고 뚜렷하게 전하고 표현하는 수단은 첫째는 말로 이야기하는 것이고, 둘째는 그림으로 그리는 것입니다. 이것은 어른과 큰 차이가 나는 것입니다.

어른이 그림을 그리는 것은 전문가가 아니면 취미삼아 하는 일이고, 거의 특별 활동이라 할 수 있습니다. 어른은 글을 쓸 수 있고, 글로 생각을 전달하거나 표현하기 때문입니다.

그러나 글을 익히지 않은 어린이에게 그림은 취미 활동이 아니며, 말과 함께 생각을 이야기하기 위한 둘도 없는 표현 수단이라고 할 수 있습니다. 어린이에게 그림이란 뚜렷하고 살아 있는 말이라고 할 수 있습니다.

그렇기 때문에 유아기에 말과 함께 살아 있는 뚜렷한 그림으로 이야기할 수 있는 힘을 키워 주는 것은 잘 하고 못 하고를 넘어서 모든 어린이들이 아주 소중하게 해야 할 일이라고 할 수 있습니다. 그 힘은 앞으로 글을 쓰고, 글로 생각을 이야기할 수 있는 힘을 기르는 바탕이기도 합니다.

중심이 되는 두 가지 그림

다섯 살 시기에는 다음 두 가지 그림을 그리면서 이야기하는 힘과 이미지를 펼쳐 나가는 힘을 키워 나갑니다.

자유로운 이미지 | 다섯 살 시기에 그리는 그림에 눈을 돌려 봅시다. 다섯 살 어린이는 자유롭게 그림을 그리는데, 상상화 또는 공상화라고 해도 좋습니다. 이 시기에는 직접 경험과 간접 경험, 즉 생활 속에서 얻고 쌓아 온 이미지를 재구성하면서 그림을 그립니다. 경험이 풍부한 어린이일수록 이미지가 풍부하다고 할 수 있습니다.

다섯 살 시기가 되면 이러한 상상화를 그릴 수 있는데, 이것은 이미지가 뚜렷하고 풍부해지며, 또 말을 잘 하기 때문에 그에 맞게 이미지를 만드는 힘이 발달하기 때문입니다.

다섯 살 시기에는 먼저 이러한 상상화를 포함하여 자유로운 이미지를 마음껏 그릴 수 있도록 해 줘야 합니다.

하지만, 보통 여자 아이는 인형과 튤립, 남자 아이는 텔레비전 만화 주인공을 넣어서 자유화를 그리는데, 이처럼 틀에 박힌 그림을 많이 그리는 것도 현실입니다. 어린이가 자유화를 풍부하게 그리려면 늘 새로운 이미지를 낳을 만큼 풍부하게 생활하고, 풍부하게 자라야 합니다. 그리고 평소에 확실하게 그림을 그릴 수 있어야만 합니다. 따라서 쉽게 자유화를 그릴 수는 없지만, 이 시기에 먼저 목표로 해야 할 중요한 활동이라고 할 수 있습니다.

자유화를 그리면서 이미지를 펼쳐 나가는 힘이 붙으면 생활 경험이나 이야기를 그림으로 표현할 때 확실하게 되살아납니다.

생활의 이미지 | 어린이는 생활에서 이미지를 만들어 내고, 살아가면서 감동받은 것을 그림으로 이야기할 수 있는 사람으로 자라야 합니다. 모두 함께 공통으로 겪은 것, 생활에서 경험한 것을 그리게 하는 것은 어린이가 경험을 그냥 지나치지 않고, 눈과 마음을 삶에 뿌리내리고 자라

나기를 바라기 때문입니다.

어린이들은 생활 경험을 표현하면서 생활을 발견하는 눈을 키워 갑니다. 다섯 살 시기에는 위에서 말한 두 가지 활동을 중심에 놓고 표현하는 힘을 기르게 하고, 후반기에는 이야기를 그림으로 그리거나, 관찰해서 그림을 그리게 하는 것도 좋습니다.

주의할 점

색깔보다도 이미지를 그리도록 | 다섯 살 어린이가 그림을 그릴 때 가장 중요하게 생각해야 할 목표는 이미지를 화면 위해 생생하게 표현하고, 그림으로 이야기하는 힘을 기르는 것입니다. 더구나 다섯 살 시기는 처음으로 그림을 그리는 시기이기 때문에 색채를 표현하는 것보다 한 가지 색, 그 가운데서도 검은색을 선으로 그려 이미지를 표현하는 힘을 기르는 데 목표를 두어야 합니다. 이 시기에 목표에 맞는 이미지를 그리기 쉬운 재료는 굵거나, 중간 정도 굵은 사인 펜입니다. 화려한 색깔을 어우러지게 표현하는 것은 벚나무를 예를 들면 꽃을 그리는 것이라고 할 수 있습니다. 다섯 살 시기에는 먼저 기본 능력을 키워야 하고, 그것은 이미지를 표현하는 힘, 즉 그림으로 이야기하는 힘입니다.

이것을 기본 목표로 하면서 때로는 물감처럼 번지는 재료를 써서 두꺼운 붓으로 큰 동물을 편안하고 자유롭게 그리게 하는 것도 좋습니다.

단, 다섯 살 시기에는 사인 펜 같은 도구로 이미지를 세밀하게 그린 뒤에 수채 물감으로 색칠하는 것은 아직 잘 못 하지만, 단단하고 굳어 있는 채색 도구로는 어느 정도 색을 칠할 수 있습니다. 한 가지 색깔 크레파스로 밑그림을 그린 다음에 단단하고 굳어 있는 채색 도구로 색칠하는 것은 다섯 살 시기에 들어맞는 표현 방법 가운데 하나입니다.

동무와 이미지를 교류하는 것을 중요하게 | 네 살 시기에 중심이 되는 활동은 자기 둘레 어른에게 생각을 전하는 것이지만, 다섯 살 시기에는 동무

와 이미지를 서로 주고받는 것입니다.

따라서 서로 그림의 내용에 대해서 이야기하고 이미지를 나누면서 그리는 것을 중요하게 생각해야 합니다. 그렇게 해서 반 아이들이 모두 표현하는 힘이 깊어집니다.

체육

뜻과 해야 할 일

네 살 시기가 발달 단계에서 중요한 시기라고 말하는 근거 가운데 하나는 몸의 자주성이 빠르게 발달하는 것입니다.

물론 네 살이 될 때까지 어린이들이 실천한 활동이 순조롭게 열매를 맺어야 이렇게 됩니다. 아직 곳곳에 뿌리 깊게 남아 있는 자연 성장관이나, 어린이들을 내버려 둬야 한다는 관점이나, 발달 단계에 맞지 않는 조기 교육 관점은 어린이들을 비뚤어지게, 나이에 맞지 않게 발달하도록 하고 있습니다.

이러한 사실을 바탕에 두고 다섯, 여섯 살 시기에 체육을 가르칠 때는 놀이의 요소를 남겨 놓으면서도 계통을 밟아 가르쳐야 합니다. 다시 말하면 어린이가 발달할 수 있도록 해야 할 일을 적극 정하여 지도하고 도와 주어야 합니다. 체육은 목표나 할 일을 뚜렷하게 정하고, 그것을 잘 이루어 낼 수 있도록 내용과 방법을 갖춰 지도하면 짧은 시간에도 큰 성과를 올릴 수 있습니다.

따라서 어린이의 집중력과 하고 싶어하는 마음을 끌어올릴 수 있도록 과학에 바탕을 두고 열심히, 알기 쉽게 본을 보여 주면서 지도해야 합니다. 더욱이 어린이들이 집단 속에서 서로 능력을 키우고, 집단의 한 사람이라는 것을 더욱 더 깨달을 수 있도록 교사가 여러 활동을 하면서 도와 준다면 큰 성과를 올릴 수 있습니다.

사람은 자다가 돌아눕거나 기는 것부터 시작해서 여러 가지 움직임을 위태위태하게 배우면서 기억해 나갑니다. 그렇게 해서 대뇌피질에 움직임의 회로가 모여 쌓이고, 조정 탑 구실을 하는 대뇌 기능이 높아집니다. 자세나 걸음걸이에 가장 큰 영향을 주는 것은 한 사람이 성장하면서 움직임의 회로가 모여 쌓이고, 조정 탑의 기능이 반영되는 것이라고 할 수 있습니다.

따라서 몸의 자주성이 높아진다고 하는 것은 몸을 온몸과 부분으로 움직일 수 있는 범위가 넓어진다는 뜻으로, 여러 가지 방법으로 사물을 다루는 능력을 익힌다는 것입니다.

그러므로 유아기에는 어떻게 해서든 몸의 자주성을 길러 안정감 있게 걷고, 안전하게 달릴 수 있게 해 주어야 합니다. 더구나 오늘날에는 어린이의 몸이 뒤틀리면 발바닥 가운데 장심이나 등 근육에 영향을 받아 두 발로 꼿꼿하게 서서 제대로 걸을 수 없다고 지적하고 있으므로, 제대로 걷고 제대로 달릴 수 있도록 해 주어야 합니다.

유아기에 제대로 걷고 달릴 수 있으려면 다음 세 가지 관점에 근거를 두고 체육을 하면서 움직일 수 있도록 해 주어야 합니다.

첫째, 이 시기에는 몸 상태가 어떤지 어느 정도 움직일 수 있는지 생각하면서 지도해야 합니다.

이 시기에 달리는 힘을 키운다고 해서 날마다 마라톤을 하게 하거나, 출발하여 힘껏 달릴 때까지 달리는 것을 되풀이하게 하는 것은 과학의 논리에 맞지 않습니다. 또 늦게 달리거나, 뜀틀을 잘 뛰어넘지 못할 때 "힘내라!" 하고 그저 응원만 하는 것도 바람직하지 않습니다.

달리는 힘이 붙거나 부드럽게 달릴 수 있으려면 달리는 힘과 균형 감각이 생기고 잘 움직일 수 있어야 합니다. 또 두 발로 디딤대를 확실히 밟고 차올리고, 두 손을 뜀틀에 확실히 댈 수 있어야 뜀틀을 잘 뛰어넘을 수 있습니다. 말하자면 새로운 운동을 하나 배우려면 그 앞에 그렇게 움직일 수 있는 바탕이 쌓여 있어야만 합니다. 그리고 풍부하게 움직이면 움직일수록 뇌에게서 지시를 받는 골격근의 모세 혈관계도 발달할 수 있습니다.

어린이 처지에서 말하면 어떻게 움직이고 어떻게 힘을 쓰는지 제대로 알지 못하면 아무리 되풀이하고 옆에서 격려해 줘도 잘 하지 못합니다.

또 근육의 힘을 기르거나 근섬유를 늘리기 위한 훈련은 호르몬에 영향을 주므로 바람직하지 않습니다. 따라서 이 시기에는 심장의 벽을 이루는 두꺼운 근육인 심근이 수축하는 힘도 약하고, 관절부의 근육도 가늘고 약하기 때문에 오랫동안 무리해서 운동을 하거나, 토끼뜀처럼 골단부(공 모양으로 되어 있는 장골의 양쪽 끝, 연골상)에 무리해서 힘을 주는 운동을 계속 하면 좋지 않습니다.

어린이의 운동 능력이 발달하려면 좀 더 빨리 달리는 것이 아니라 여러 가지 방법으로 달리고, 좀 더 높이 뛰는 것이 아니라 여러 가지 방법으로 뛰어넘고, 좀 더 아름답게 움직이는 것이 아니라 여러 가지 자세로 움직이는 것이 가장 좋습니다.

둘째, 어린이들이 몸을 움직이면서 즐거워하고, 체육을 좋아하게 만들어야 합니다.

어린이는 운동 신경이 둔하거나, 운동을 잘 못 한다고 생각하고, 실패를 많이 해 보았기 때문에 체육을 싫어합니다. 모두 할 수 있는 활동을 고르고, 오랫동안 하는 것보다 쉽게 움직일 수 있는 활동을 많이 만들어 성공을 많이 하고, 몸을 잘 움직이게 해 줘야 합니다. 성공을 많이 하고, 이렇게 하면 잘 된다고 나름대로 생각하면 몸을 움직이는 것을 놀랄 만큼 좋아합니다.

보통 유아기 때부터 어린이에게 매트, 뜀틀, 철봉 운동을 하게 하여 체육을 싫어하게 만드는데, 모두가 발전하고 모두가 체육을 좋아하게 만든다는 관점을 중요하게 받아들여야 합니다.

세 번째, 교사가 지도할 수 있는 만큼 지도하면서 활동을 새롭게 창조해 가야 합니다.

교사가 어린이에게 어려운 기술이나 솜씨를 가르칠 수 없고, 전문 지식이 없다고 생각하면 지도를 하지 않거나 열심히 하지 않고, 체육 지도 전문가를 강사로 쓰기 쉽습니다.

분명 체육을 처음 할 때는 교사가 정확하게 가르치고 본을 보여 줘야 합니다. 그러나 어린이가 기본으로 움직일 수 있는 만큼 지도하면 어린이는 잘 할 수 있습니다. 체육은 어린이가 모든 면에서 발달할 수 있게 하는 활동으로, 보육 활동 가운데 하나인 만큼 그 부분만을 전문가에게 맡기는 것은 올바르지 못합니다.

모든 면을 종합해서 어린이들을 바라보고 키우기 위해서는 교사가 믿음과 책임을 갖고 지도해야 합니다.

위에서 말한 세 가지 관점은 어린이들을 움직이게 만드는 바탕입니다.

목표

다섯 살 어린이가 체육을 할 때는 그 시기 어린이들의 발달 상황이나 특징에 맞게 해야 합니다. 무조건 강요하는 것이 아니라 자발성을 이끌어 내는 놀이를 중심에 두고, 놀이를 하면서 걷고 달리고 뛸 수 있게 하고, 계통을 밟아 교재를 만들어야 합니다. 걷기 위해서 걷고, 달리기 위해서 달리는 것이 아니라, 어린이가 움직이는 주인이 되어 활발하고 생기 있게 활동할 수 있도록 해야 합니다.

또 교사는 당연히 어린이들이 여러 자세로 움직일 수 있으면 좋겠다고 생각하겠지만, 할 수 있는지, 할 수 없는지를 평가 기준으로 삼아서 어린이에게 할 수 있도록 힘을 내라고 하거나, 한 번 더 하라고 다그치면 안 됩니다. 그리고 다그친다고 해도 되지 않는 시기이기도 합니다.

다섯 살은 규칙에 집착하는 나이라서 약속을 지키지 않으면 다른 아이들이 "……하면 안 되는데." 하고 화를 내기 때문에 규칙을 잘 지키지 못하는 아이는 부담이 크고, 화를 낸 아이까지 어쩔 수 없이 집단에서 소외감을 느낍니다.

그러므로 늘 같은 것만을 되풀이하지 말고, 성공하기 위해서 노력하다 실패하거나 규칙을 위반하면 그것을 교훈으로 삼아서 거기에서 생각을 발전시켜 실천해 나가야 하겠습니다.

다섯 살 어린이는 체육을 할 때 제대로 집중하지 못하고, 활동을 이어가지 못해도 스스로 하려고 하는 적극성이 싹트거나, 병행놀이를 하면서 다른 아이들에게 배워 잘 할 수 있거나, 집단 놀이에 관심이나 흥미가 높아집니다. 그러므로 이 시기에는 모순되지만 그 속에서 아이들이 자란다고 생각하고, 그냥 성장하도록 내버려 두지 않고 놀이를 하면서 확실하게 움직일 수 있게 하면 어린이는 잘 자랄 수 있습니다.

그러므로 체육을 할 때는 아래 네 가지를 목표로 삼아 어린이들이 움직일 수 있도록 해야 합니다.

첫째, 몸의 자세와 움직일 때 몸의 위치를 생각하고, 근육 감각을 높일 수 있도록 작은 동작을 배울 수 있게 합니다.

둘째, 여러 가지 걸음걸이와 달리는 방법을 배울 수 있도록 합니다.

셋째, 여러 가지 방법으로 뛸 수 있도록 합니다.

넷째, 자기와 다른 사물이 어떤 관계를 맺고 있는지 배우도록 합니다.

다음에 이야기할 실천 사례는 위의 네 가지 목표를 실천한 것입니다.

여러 가지 활동

병행놀이에서 집단 놀이로 나아가는 전반기와, 집단에서 노는 즐거움을 알아 가는 후반기에는 체육을 지도하는 목표가 조금 다릅니다.

전반기 | 어린이 한 사람 한 사람의 기능을 높여 주고, 집단에서 무엇인

가를 할 때 잘 안 된다고 불안해하면서 뒷걸음질치지 않게 해야 합니다. 오늘날 운동계의 개념을 그대로 받아들여 잘 하면 이기고 못 하면 진다는 생각을 하게 만들면 빨리 달리는 어린이만 더욱 빨리 달리게 하고, 늦게 달리는 아이는 달리는 것을 싫어하게 만듭니다. 그러므로 어린이를 작은 어른이라고 생각하여 운동 규칙이나 개념을 축소해서 그대로 어린이 체육에 적용하면 바람직하지 않습니다. 그렇다고는 하지만 네 살이 안 된 어린이는 몸을 움직이는 것만으로 기뻐하며 만족하는데 견주어 다섯 살 어린이는 무엇인가를 하려고 열심히 노력하기 때문에 열심히 한 만큼 승패가 갈린다는 것을 알게 해야 합니다.

지난 날에 달리기를 할 때는 빠르거나, 늦거나 하는 기준에만 집착했지만, 출발점과 결승점 사이가 몇 걸음인지를 미리 재 놓고 몇 걸음으로 달릴 수 있고, 그 차이는 어느 정도인지를 따져 보고 겨루는 방법도 좋다고 생각합니다. 말하자면 상대치가 아니라 어린이의 절대치를 보는 것입니다.

이 경우에 주요 목표는 걸음 폭을 넓히는 것인데, 이것은 더욱 빨리 달리는 것으로 이어집니다. 그렇지만 빨리빨리 하고 다그치면 어린이는 발을 빨리 회전하라는 것으로 받아들이고 맙니다.

달리기는 걸음 폭과 발의 회전수가 서로 관계 있는데, 어른이나 어린이 대부분이 연습을 한다고 해서 발의 회전수가 달라지지는 않는다고 알려져 있습니다. 걸음 폭을 넓히는 것을 목적으로 하는 놀이에는 가위바위 보를 해서 이긴 만큼 달려 나가 결승점에 누가 빨리 다다르는지 겨루는 놀이가 있습니다. 출발점과 결승점을 정해서 가위로 이기면 세 걸음, 바위로 이기면 다섯 걸음, 보로 이기면 일곱 걸음 나가는 식으로 하는 놀이입니다. 열 걸음, 스무 걸음, 서른 걸음으로 바꿔서 하는 것도 좋습니다.

이렇게 누가 빠른지 다투는 놀이를 하면 누가 가위 바위 보를 잘 하는지, 걸음 폭을 얼마 만큼 벌릴 수 있는지 알 수 있으므로 늘 이기는 아이만 이기지 않아서 더욱 즐겁습니다. 놀이는 놀이대로 즐겁고 게다가 놀이를 하면서 걸음 폭을 넓혀 갈 수 있습니다.

네 살 전반기와 견주어 걷는 것을 생각해 보면 어떨까요? 대표되는 것으로 나들이를 들 수 있는데, 네 살 전반기보다 더 멀리, 더 빨리 걸을 수 있지 않습니까? 더구나 어디어디에서 무엇을 하자고 하는 목적이 뚜렷하면 뚜렷한 만큼 어린이들은 확실히 걸을 수 있습니다.

체육 가운데서도 기본 동작인 걷는 것은 아주 중요한데도 나들이 아닌 활동에서는 흔히 소홀하게 다루어지고 있습니다.

여기에서는 오래 걷는 것과는 다른 각도에서 걷는 것을 다시 살펴보려고 합니다.

• 걷기

가슴을 펴고 확실한 걸음걸이로 바르게 걷는 것만 중요한 게 아니라 윗몸을 구부리고 걷고, 머리를 흔들면서 걷고, 뒤로 걷고, 발끝이나 발뒤꿈치로 걷고, 오르막길과 내리막길을 걷기도 하면서 상황에 맞춰 걷는 것도 중요합니다. 즉, 일정한 자세로만 걷지 않고 온몸을 움직일 수 있는 범위를 어떻게 넓히느냐 하는 것이 중요합니다. 이것은 뼈가 단단해지는 열한 살 무렵까지는 특별한 뜻이 있다고 생각합니다. 그러나 평소에는 좀처럼 하기 어려운 것이기도 합니다.

이것을 이야기 체조나 이야기 매트라는 운동을 하면서 해 보는 것을 살펴보겠습니다.

• 이야기 체조와 이야기 매트, 걷고 뛰고 돌기

이야기 체조나 이야기 매트는 유아기 어린이들에게 틀에 박힌 활동을 하도록 하지 않고 어린이들이 자기 이미지로 만든 움직임과 말을 스스로 일치시키면서 기능을 이어 가는 기쁨을 누리게 하기 위해서 만든 활동입니다. 즉 기능 하나하나를 보고 할 수 있는지, 할 수 없는지를 평가

하는 것이 아니라, 기능을 이어 가면서 기능 하나하나가 발달하도록 하는 활동입니다. 이 활동은 학교체육연구동지회 회원들이 실천한 것을 참고로 만들었습니다.

유년기에 체육을 할 때는 여러 모양으로 움직이면서 거기에 따르는 감각을 만드는 데 목표가 있다고 생각하기 때문에 무엇보다도 어린이들에게 하고 싶어하는 마음을 불러일으키면서 실천해 가야 합니다. 그래서 새로운 것에 도전하려고 할 때 안 된다고 생각하며 부담 갖지 않도록 하기 위해서 생각해 낸 방법이라고 할 수도 있습니다.

체조할 때도, 매트에서도 모양에 얽매이지 않고 편안하게 움직일 수 있게 하는 방법을 한 가지 들어 보겠습니다.

되도록 마루 위에 매트나 뜀틀을 안정감 있게 설치하고 어린이마다 마음대로 걷거나 달리게 합니다. 준비 운동이 끝나면 뛰거나 뒹굴게 합니다. 이것은 매트에 익숙해지는 것이 목적이기 때문에 한 발로는 매트의 끝을, 한 발로는 마루를 번갈아 걷게 하는 것도 좋습니다.

그리고 손과 발을 여러 모양으로 움직이면서 다음과 같은 동작을 해보게 합니다.

예를 들면, 그림 9와 같이 몸의 앞뒤나 머리 위, 다리 사이로 손뼉을 치면서 걷거나, 두 팔을 돌리고 벌리기도 하면서 여러 모양으로 움직입니다.

그림 9

| 몸의 앞뒤로 손뼉을 친다. | 머리 위, 다리 사이로 손뼉을 친다. | 두 팔을 돌린다. | 목을 돌린다. | 오른손과 오른발을 같이 내놓는다. |

지금까지 자유롭게 걸을 수 있었는데, 걸으면서 머리를 흔들거나 돌리기만 해도 걸음이 흐트러집니다. 그러나 이렇게 하면 더욱 잘 걸을 수 있습니다.

여기에서는 움직이면서 그에 맞는 감각을 만드는 데 목적이 있기 때문에 할 수 있는지, 할 수 없는지는 평가하지 않습니다.

모처럼 매트를 준비했기 때문에 걷기만 하면 아깝습니다. 기능을 이어 가 보기로 하겠습니다. 그러나 그 전에 어린이들이 어떤 것을 할 수 있는지 알고 있어야 합니다. 어린이들이 발명한 기능을 보기로 합니다. 즉 여기가 이야기에서 가장 중요한 곳입니다. '간단한 것에서 복잡한 것으로' 라는 이 당연한 과정은 교사가 생각한 것을 하게 해서는 결코 보이지 않기 때문입니다. 여기에서 주어진 것만을 해내는 어린이로 자라는 건 아닐까 생각할 수도 있습니다.

그림 10

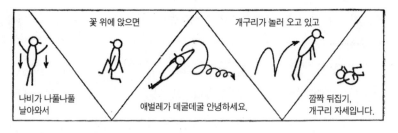

그림 10처럼 곤충이나 동물이 되어 걷고 뛰고 넘어지고 멈추는데, 나비가 되거나 개구리가 되었다고 생각하는 것을 중요하게 여기면서, 어떻게 하면 이런 동작들을 부드럽게 이어서 할 수 있는지 생각할 수 있도록 지도해야 합니다.

기능을 이어지게 도와 주는 것이 바로 이야기 부분입니다. 물론 소리 내지 않고 마음 속으로 하는 이야기인데, 이 이야기를 정하고 연습하는 과정에서는 스스로 소리를 내거나, 교사나 동무가 소리 내는 것을 듣고 하는 것이 중요합니다.

이야기라고 해서 줄거리에 얽매이지는 않아도 됩니다. 오히려 한쪽 발로 디디고, 두 발로 디디고, 뛰어올라 도는 것처럼 걷는 법과 긴 축을 중심으로 하여 돌고, 옆으로 돌고, 앞뒤로 도는 것 같은 회전 방법, 그리고 멈추는 방법을 집중해서 생각하도록 하면 어린이 나름대로 발명한 기능들이 튀어나옵니다.

"……의 발명 기능." 하고 이름 붙여서 부르면 더욱 즐거워지고, 어린이 스스로 마음을 내어 할 수 있는 동작들을 만들어 가면 좋습니다.

여기에서 주의해야 할 것은 앞뒤로 도는 것보다 옆으로 도는 것이 더 쉽고, 마루 운동으로 발전하기 쉽다는 것입니다. 유아기 때는 등을 둥그렇게 구부리는 것보다 뒤로 젖히는 것을 잘 합니다. 그러므로 등을 펴고 돌아야 어린이들에게 무리가 없습니다.

후반기 | 다섯 살 후반기에는 같은 활동을 하더라도 집단에서 서로 경쟁하는 것이 재미있으면 달리기에서도 릴레이 경기나 장애물 경기를 할 수 있습니다.

여기에서는 그 예로 흙을 쌓아 올려 성채를 만드는 성채놀이를 소개하려고 합니다. 여기에서 소개하려는 놀이는 장애물 경기하고 비슷한 놀이로 출발점과 결승점으로 겨루는 놀이가 아니라 편을 갈라 서로 진지를 빼앗는 놀이입니다.

소용돌이 성채놀이는 잘 알려져 있다고 생각하는데, 그림 11처럼 소용돌이의 바깥쪽 (가)와 중심 (나)를 서로 잡아당긴다고 생각해 주십시오. 그리고 ㉠ 진지와 ㉡ 진지 사이를 길이라고 생각하고 그 길을 여러 가지로 바꿀 수 있습니다. 그렇게 하면 규칙은 소용돌이 성채놀이와 같으면서도 내용은 더욱 풍부해지고, 달리기는 물론 뛰기, 평형 감각 기르기, 오르내리기 같은 다양한 운동을 할 수 있습니다.

더구나 길 중간에 매트나 뜀틀, 평균대, 철봉, 물웅덩이, 산, 통나무 같은 것을 놓거나 만들어 둘 수도 있고, 교사가 목표를 정하여 어린이들에게 하게 하더라도 "소용돌이 성채놀이를 하면서." 하는 식으로 이끌어 갈 수 있습니다.

그림 11

〈규칙〉
① 상대방 진지에 먼저 들어간 편이 이긴다.
② 길에서 만난 상대방하고 가위 바위 보를 하고 이기면 진지로 들어가고, 지면 자기 편 다음 사람과 교대한다.
③ 시간 안에 몇 점을 얻는지 겨루거나, 놀이가 한 번 끝날 때마다 마무리할 수 있다.

● 성채놀이를 하면서 걷고, 뛰고, 달리기

그러면 실제로 지금까지 해 본 적이 있는 성채놀이 가운데서 몇 가지를 소개하겠습니다. 어린이들과 놀 때는 그림처럼 한 가지 한 가지만을 하지 않고 그 가운데 몇 가지를 섞어서 하는데, 생각하기 쉽게 그림 12처럼 따로따로 해 놓았으므로 주의해 주십시오. 물론 한 가지만으로도 놀 수 있고, 어린이들이 바라는 것이나 상태에 따라 몇 가지를 섞어서 할 수 있습니다.

성채놀이는 매트 운동을 할 때도 도움이 됩니다. 특히 손으로 몸을 받치는 감각을 잘 기르고 싶을 때는 말, 곰, 자벌레 나방, 바다표범이 되어 성채놀이를 합니다. 이 때는 두 손을 쓰지 못하는 경우가 많기 때문에 가위 바위 보를 얼굴로 합니다. 입을 다물면 바위, 뾰족하게 내밀면 가위, 벌리면 보 하는 식으로 합니다.

다음은 성채놀이 몇 가지를 섞어 본 놀이입니다.

그림 12

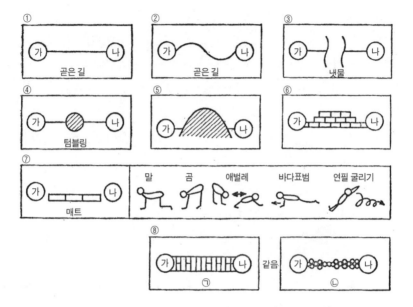

① 곧은 길에서는 얼마나 빨리 상대방과 틈새를 좁히느냐, 또는 좀 더 앞으로 나와서 멈추느냐 하는 것을 봅니다.

② 곧은 길을 빨리 달리려고 하면 바깥으로 튀어나가기 때문에 속도를 조절할 수 있습니다.

③ 놀다가 냇물을 그려 주면 처음에는 두 발을 디디고, 나중에는 한 발로 디디고 뛰어넘을 수 있습니다.

④ 어린이집 안에서 높이 뛰거나, 반 바퀴나 한 바퀴를 돌 수도 있습니다.

⑤ 작은 언덕이라도 있으면 양쪽에 진을 치고 오르내리며 속도를 바꾸거나, 앞으로 기울거나 뒤로 기울게 하여 자세를 바꿀 수 있습니다.

⑥ 돌담이나 평균대를 쓸 때는 높이가 20센티미터밖에 안 되더라도 평형 감각이 있어야 합니다.

⑦ 연필을 굴리면서 앞으로 나가고, 가위 바위 보를 해서 이기면 상대방을 타고 넘어갈 수 있습니다.

⑧ 가위 바위 보를 해서 동그라미를 이어 나아갈 수 있습니다. 짧은 시간에 동그라미를 많이 그릴 때는 ⓛ과 같이 하면 편리합니다.

나들이 간 곳에서 어린이들이 바라지 않을 때도 조금이라도 달리고 뛰고 돌 수 있는 길을 만들어 봅시다.

반대로 나들이 나간 곳에서는 그 곳에 있는 조건을 모두 이용하려고 하면 신경 쓰는 일이 생기기도 합니다. 아이들은 공원 꽃밭을 둘러싸고 있는 돌담이나 줄지어 있는 긴 의자도 마음대로 이용하기 때문에 그렇지 않은 아이한테 주의를 받기도 합니다.

주의할 점

체육을 할 때 교사가 주의해야 할 점은 많이 있지만, 실천 문제만 이야기해 보겠습니다.

시설, 용구, 놀이 기구, 조건 | 특별한 경우를 빼고는 어린이집에 있는 체육 시설, 용구, 놀이 기구, 조건은 아주 모자란다고 할 수 있습니다. 그런 점들을 고쳐 나가기 위해서는 교사가 어린이들이 활동할 수 있는 곳을 많이 찾아 내면서 본디 있는 것을 잘 쓰도록 연구해야 합니다.

어린이들이 세게 달려올 때 뜀틀이나 디딤판이 흔들릴 것 같으면 흔들리지 않게 하는 연구를 하고, 공에 바람은 잘 들어 있는지 크기는 적당한지를 점검하고, 뜀틀이나 디딤판에 손을 제대로 대거나 디딜 수 있도록 표시를 하고, 손수 만든 용구나 놀이 기구를 사용하고, 창조하고, 응용하는 일까지 폭넓게 할 수 있습니다.

더구나 매트를 쓸 수 있는 때도 생각해 봅니다. 예를 들면 매트는 단순히 몸에 닿는 충격을 흡수할 뿐만 아니라, 단단한 평면과 부드러운 평면에서 감각의 차이를 느끼게도 합니다. 그리고 매트 밑에 무엇인가를 넣어서 올록볼록하게 만들고, 고르지 않은 땅으로 가정해서 그 위를 걷거나 달릴 수 있습니다.

또 나들이 갈 때도 비탈길이나 공원이라는 지역 조건을 이용해서 날마다 그 곳으로 가서 균형 감각을 키워 주는 것도 좋습니다.

아무튼 어린이들이 처음으로 대하는 것을 포함해서, 여러 사물과 관계를 맺을 때 싫어하거나 꺼려하지 않고 놀이를 하면서 자연스럽게 가까워질 수 있도록 해야 합니다. 매트를 싫어하거나 공을 싫어하지 않도록 잘 배려해야 합니다.

말, 신호, 구령, 시범 | 다섯 살 어린이들은 규칙에 집착하는데, 아이들이 체육을 즐겁게 하려면 먼저 무엇을 어떻게 해야 하는지 이해할 수 있어야 합니다.

그렇게 하기 위해서는 말, 신호, 구령, 시범을 때와 곳에 맞추고, 어린이가 이해할 수 있게 해야 합니다. 동물을 기를 때처럼 하지 않고, 어린이의 기분이나 감정, 몸의 움직임을 따뜻하게 배려하고 격려하면서 해야 합니다.

예를 들어, 목소리를 크게 하거나 호루라기만 불어서 어린이들을 움직이게 한다면 그것은 그 밖에 다른 방법이나 수단으로는 움직이지 않는 어린이로 키우고 있는 것입니다. 끊임없이 큰 소리로 어린이들을 꾸짖는 교사가 맡은 반은 예외 없이 산만하고 시끌벅적한 반이 될 수 있습니다.

또 이 시기에는 둘레 사람들에게서 영향을 받기 쉬운 만큼 교사의 크고 작은 몸짓 하나하나는 어린이들에게 본보기가 됩니다. 그렇기 때문에 체육을 할 때만 바른 동작을 보여 주려고 할 것이 아니라, 평소에 몸가짐을 조심해야 합니다.

활동을 시작하게 하는 신호도 늘 "준비 땅."만으로 할 게 아니라, 때로는 호루라기나 깃발 또는 몸짓으로 하고, 신호도 가까운 곳과 먼 곳 그 밖에 여러 곳에서 하는 것이 좋습니다. 교사는 효과 있게 신호와 구령, 시범을 할 수 있도록 연습하면서, 모든 어린이를 하나하나 주인공으로 받아들이고 있는지 끊임없이 생각해야 합니다.

움직임과 줄 서기 | 집단에서 행동할 때는 전체의 움직임과 줄을 서는 것 그리고 한 사람 한 사람이 관계하는 방법을 쉽게 이해할 수 있도록 만들어 놓아야 아이들은 체육을 원만하게 할 수 있고, 효과도 납니다. 더구나 다섯 살 어린이는 자세하고 친절하게 만들어 놓아야 좋아합니다. 여러 가지 모양이나 재질로 점과 선을 그리는 연구를 해야 합니다. 어린이의 생각을 살려서 움직이는 것을 방해하지 않고 쉽게 알아볼 수 있게 만들면 한결 효과가 납니다.

어린이가 직선이나 곡선을 정확하게 이해하고, 올바른 곳에 설 수 있는 능력을 기르도록 하기 위해서 전체의 움직임을 이해하고, 줄을 잘 설 수 있도록 지도를 잘 해 나가도록 합시다.

음악

어린이와 음악

다섯 살 어린이를 보면 이제 다 컸구나 하는 생각이 들어 이런저런 것을 해 보라고 하기도 하는데, 어느 때는 갑자기 안정을 찾지 못하고 심하게 어리광을 부릴 때도 있습니다. 동료를 생각하는 마음도 강하고 동무를 무조건 믿는데, 때로는 자기 중심으로 생각하고, 약속이나 규칙을 지키지 않고도 태연하게 있고, 가까이 있는 어린이들도 그것에 그다지 마음을 쓰지 않을 때가 있어 교사가 깜짝 놀라기도 합니다. 다섯 살 때는 젖먹이 시기의 유치함과 자기를 강렬하게 보이고 싶어하는 마음이 섞여 있습니다. 그렇지만 여섯 살 어린이를 동경하고 빨리 자랐으면 하고 바라기도 합니다.

또, 네 살 시기처럼 천진난만하게 노래를 즐겨 부르지도 않습니다. 지금까지 노래를 아주 좋아했는데, 이 때가 되면 어떤 노래도 흥겨워하지 않기도 합니다. 특히 다섯 살이 되어 중간에 어린이집에 들어온 어린이들은 여간해서는 자기를 나타내지 못해서 5, 6월이 되어도 노래를 부를 때 걸상에서 일어나지 않기도 합니다. 중간에 들어온 아이는 마음을 느긋하게 먹고 기다려 주어야 합니다. 서두르면 점점 마음을 닫아 버립니다. 마음을 자유롭게 열게 해 줘야 하는데 오히려 반대로 만들 수 있습니다.

걸상에서 일어나지 않더라도 노래를 부르고 싶어합니다. 그저 새로운 환경에 어리둥절해서 자기를 어떻게 표현하면 좋을지 모르고 있을 뿐입니다. 다른 어린이들은 지금까지 배운 노래니까 척척 잘 부르는데 자기는 모두 모르는 노래뿐이어서 주눅이 들어 있는 것입니다. 하지만 간절하게 함께 노래를 부르고 싶어합니다. 그래서 자기만 아는 곳이나 집에 돌아가서는 혼자 몰래 연습을 하고 있는지도 모릅니다.

네 살 경험에 따라 달라지는 다섯 살 시기 | 다섯 살 어린이를 맡아 보면 네 살 시기에 음악에 흠뻑 젖어 본 어린이와 그렇지 못한 어린이는 차이가 아주 많이 난다는 것을 느낄 수 있습니다. 네 살 시기에 듬뿍 음악을 만난 어린이들은 다섯 살 시기에도 교사가 들려주는 음악을 별 탈 없이 받아들입니다. 그러므로 어린이들이 바라는 것은 자꾸자꾸 해 주어야 합니다.

음악을 흥겨워하지 못하는 어린이들 | 네 살 시기에 음악을 제대로 못 만났거나, 다섯 살 시기에도 자기를 표현하는 것이 계면쩍어 음악을 즐기는 동무들을 보고는 있으나 재미있어하지 않으면 다음처럼 해 봅시다.

네 살 시기에 부르던 노래와는 분위기가 완전히 다른 노래를 고릅니다. 네 살 시기에 어떤 노래를 불렀는지 미리 알아 놓습니다. 그리고 네 살 시기에 부르던 노래하고는 분위기가 다른 노래를 두서너 곡 준비합니다.

노래를 부를 때도 다섯 살 어린이 반이 되어 우쭐해진 아이들에게 "이제 많이 컸으니까 발표회 때처럼 단 위에 올라가서 똑바로 서서 불러 볼까." 하거나, "이제 귀로도 잘 들으니까 노래 부를 때 옆에 있는 동무들이 부르는 것을 들으면서 부르자." 하고 말해 봅니다.

여섯 살 어린이한테 힘을 빌리자 | 다섯 살 어린이와 여섯 살 어린이는 아주 다릅니다. 여섯 살 어린이는 정말 노래를 힘차게 부릅니다. 그 아이들에게 "다섯 살 동무들에게 들려줘요." 하면 점점 흥이 나서 노래를 부릅니다. 때때로 여섯 살 어린이 반으로 놀러 가거나, 마루에서 함께 노래 부르는 시간을 마련합니다. 어린이들에게는 빨리 자라고 싶은 마음이 반드시 있습니다. 여섯 살 어린이를 동경하는 마음을 살려 보는 것입니다.

이렇게 해서 4, 5월 동안 친절하고 상냥하게 실천해 나가면 아이들은 부쩍 음악을 좋아합니다.

좋아하는 노래

• 별자리 노래(미야자와 겐지 작사, 마루야마 아키 작곡)

해마다 칠석날에는 "조릿대 잎 살랑살랑." 하고 노래를 불렀기 때문에 좀 색다른 것을 찾으려고 하다가 우연히 이 노래를 알았습니다. 빠른 박자로 된 노래를 불러 온 어린이들은 느린 박자에 서정성이 풍부한 이 노래에 빨려들었습니다. 마침 그림책 《별자리를 찾아보자》를 보면서 별자리 이름이나 모양을 외우고 있었기 때문에 노래 속에 전갈, 오리온, 안드로메다 같은 말이 나오자 기쁜 모양입니다. 또 이 곡의 전주가 마음에 들어 피아노 반주를 하지 않고 부르는 것보다 피아노 반주에 맞춰 부르는 것을 아주 좋아했습니다. 어떤 음을 이어 가기 위하여 그 음과 그 음보다 2도 높은 음을 번갈아 빨리 연주하여 물결 모양의 음을 내는 장식음이 있고, 전주가 조금 어려웠지만, 어린이들이 좋아해서 열심히 피아노를 연습해서 반주를 해 주었습니다.

• 괴물 따윈 없어(마키 미노리 작사, 미네 요우 작곡)

여섯 살 어린이 반이 되면 여름에 어린이집에서 합숙을 합니다. 그 때 담력 시험을 합니다. 어린이들은 여섯 살 어린이 반이 되면 합숙을 할 수 있고 담력 시험을 할 수 있다고 생각하면서 세 살 어린이 반부터 이 때를 기다립니다. 여섯 살 어린이들은 합숙을 마치면 아침 조회 때 하나하나 느낌을 이야기합니다. 그 때 다섯 살 어린이들은 '다음 해는 우리 차례다.' 하고 마음 설레며 듣고 있습니다.

이 시기에 '괴물 따윈 없어'를 부르면 어린이들은 다음 해를 기대하며 부르고 또 부릅니다. "하지만 조금, 하지만 조금, 나도 무서워." 하는 가사가 나오는 부분을 처음에는 작게 부르다가 점점 더 크게 부르면 무서운 괴물이 실감 나서 한결 힘차게 부릅니다. 본디 바 장조지만 한 음 높은 도 장조로 할 때 어린이들이 부르기 쉽고 흥겨워하는 것 같습니다.

• 우주선 노래(도모로기 유키오 작사, 미네 요우 작곡)

"준비 오케이, 출발 오케이, 5, 4, 3, 2, 1, 발사."

이 노래의 핵심은 뭐니뭐니해도 이 부분입니다. 모두 함께 기분을 내서 힘차게 부르면 분위기가 한껏 올라갑니다.

현실에 맞게 생각하는 때지만, 다섯 살 어린이는 아직 상상의 세계에서 마음껏 놀 수 있습니다. 넓은 우주를 머릿속에 그리면서 노래를 부르고 있는 것이겠지요.

다섯 살 어린이는 동무들과 함께 노래 부르는 것을 즐거워하지만, 그래도 아직은 자신을 마음껏 드러내며 부르고 싶어합니다. 그렇기 때문에 자기 감정을 실어 노래 부르는 것을 좋아합니다. 아름다운 가락이나 조금 느릿한 노래, 다섯 살 어린이의 마음에 딱 들어맞는 가사로 만든 노래를 골라 줍니다.

주의할 점

반주 | 교사가 피아노를 잘 못 친다면 큰 문제입니다. 피아노를 칠 수 있는 곡만 고를 수 있기 때문이지요.

몇 년 전에 교사 몇몇이 모여 반주 악보가 없는 곡에 반주 악보를 붙이는 일을 한 적이 있습니다. 곡 하나에 각기 나름대로 반주를 붙여 서로 검토했습니다. 그러나 반 년쯤 하다가 결국 그만두었습니다. 그만둔 까닭은 이렇습니다. 몇 곡인가를 그렇게 해 오는 동안 사람에 따라서 반주를 붙이는 방법이 다르지만 그래도 저마다 나름대로 맛이 있고 모두 좋았습니다. '민들레' 라고 하는 귀여운 곡이 있습니다. 그것을 한 사람이 집게손가락 둘로 가락을 치고 반주를 했습니다. 그것이 그렇게도 좋았습니다. 사랑스럽고 귀여운 곡 '민들레' 를 너무나 잘 표현했습니다.

이 일은 반주는 어려운 것이라고 생각해 온 사람들에게 희망을 던져 주었습니다. 악보는 간단하지만 손가락 하나로 그 곡의 정감을 살린다는 것은 아주 어려운 일이라고 생각합니다. 그 사람은 스스로 불러 보고 또 어린이들이 부르는 것을 듣고서 곡을 느끼고, 피아노 소리로 그 느낌을 표현할 수 있을 때까지 연습했다고 합니다.

반주란 노래를 잘 부를 수 있도록 북돋워야지 결코 노래를 방해해서는 안 됩니다. 어린이의 목소리에 맞는 반주는 뜻밖에 단순한 것입니다. 어려운 악보를 보고 치느라고 어린이가 노래 부르는 것을 보지 못하는 것보다는 쉽고 단순한 악보를 외워 치면서 어린이의 모습을 함께 관찰하는 것이 좋습니다. '별자리 노래' 에서도 말했지만 악보대로 치면 어린이들이 아주 좋아합니다. 그리고 곡을 두드러지게 하는 반주는 외워서 칠 수 있을 때까지 연습합시다.

박자 | 어린이들에게 알맞은 박자가 좋습니다. '어린이에게 알맞은' 이

라고 하지만, 한 살쯤 되는 어린이가 혀를 움직이는 속도에 맞추다 보면 사이가 굼떠서 재미가 없습니다. 어디까지나 어린이들의 흥을 북돋우고 어린이들이 바라는 박자여야 합니다. 어린이가 바라는 박자를 찾는 것이 중요합니다.

예를 들면, 다섯 살 시기에는 아주 느리게 한쪽 발로 두 번씩 껑충껑충 뛰면서 앞으로 나아갈 수 있습니다. 이 때는 어떤 박자로 곡을 쳐 주면 좋을까요? 때로는 그 아이가 움직이는 데 딱 맞춰서 반주를 해 줄 수 있어야 합니다. 그러나 다섯 살 어린이는 여섯 살 어린이가 경쾌하게 껑충 껑충 뛰며 앞으로 나아가는 것을 보고 동경하고 있습니다. 여섯 살 어린이를 흉내내면서 경쾌하게 움직이려고 합니다. 그렇기 때문에 피아노는 여섯 살 어린이와 같은 박자로 쳐 주어도 괜찮습니다. 반대로 메트로놈처럼 처음부터 끝까지 같은 박자로 치면 좋지 않습니다.

'손뼉 치자'는 곡이 있습니다. 그 곡에서 '짝짝짝, 짝짝짝, 짝짝짝' 하는 부분은 노래뿐만 아니라 몸짓도 들어갑니다. 그 부분에서는 조금 천천히 피아노를 쳐야 어린이들은 몸짓과 노래를 마음껏 즐길 수 있습니다. 이렇게 어린이에게 맞춰 곡을 연주해 보도록 합시다.

재미있는 노래를 | 아이들이 새로운 노래에는 달려들지만 많이 불러 익숙한 노래는 온 힘을 다해 부르지 않고, 또 조금 수준이 있다고 생각하는 노래에는 이끌리지만 쉬운 노래나 손동작에는 금방 시들해져 버리지는 않습니까? 다섯 살 시기부터 이러한 모습이 자주 나타납니다. 왜 그럴까요.

먼저, 아이들에게 들려주는 노래는 되풀이해서 부르고 싶을 만큼 재미있는 노래여야 합니다. 좋다고 생각해서 골랐는데 어린이에게 불러보게 하면 별로 좋지 않거나, 그 시기의 어린이에게는 맞지 않아서 흥이 나지 않는 노래도 있습니다. 이럴 때는 그 노래를 부르게 하지 않고 살짝 빼 버리는 게 좋습니다. 교사가 이 정도면 되겠지 하고 적당하게 고르면 안 됩니다. 또 상황에 맞춰 노래를 계속 부르게 하거나, 기분을 바꿀 때는 어떤 노래를 부르자고 하면서 그때 그때 분위기에 맞춰서 부르게 하는 것이 좋습니다.

계속 부를 수 있는 노래란 몇 번이고 불러도 싫증나지 않고, 부르면 부를수록 더 부르고 싶어지는 노래입니다. 이런 노래들을 어린이들이 만날 수 있게 해 줍시다.

또, 단순한 곡은 무조건 나이가 어린 아이들이 부르는 것이라고 말할 수 없습니다.

예를 들면, 온 힘을 다해 부르지 않아도 기분을 좀 바꾸고, 시간을 때울 수 있다고 생각해서 한 살, 두 살 어린이는 그렇다치고 다섯, 여섯 살 어린이에게 손동작을 시키고 있지는 않습니까?

교사가 느슨하게 마음을 먹으면 그 마음이 어린이들에게 전해져 이건 적당히 불러도 되겠지 하고 생각합니다. 다섯, 여섯 살이 되어도 귀여운 노래를 마음 속에 담아서 부를 수 있도록 키웁시다.

나이가 다른 아이들도 어울려서

"선생님, 뭐 치고 있어요?" 오후 간식을 먹고 나서 피아노를 치고 있으니 몇 아이가 다가와서 말을 겁니다. 이런 곡을 쳐 달라고 계속 신청합니다. 그리고 그 곡을 쳐 주면 입을 한껏 벌리고 의기양양하게 부릅니다. 피아노를 치면 몇 아이밖에 모이지 않지만, 그 아이들이 노래를 부르면 "어, 뭐야, 뭐야." 하고 말하기가 무섭게 아이들이 모여듭니다. 세살 어린이도 오고 다섯 살, 여섯 살 어린이도 옵니다. 나이가 다른 어린이들이 함께 모여 노래를 부르면 즐겁습니다. 이렇게 나이 다른 집단을 자연스럽게 어울리게 하기 위해 오후 간식만큼은 넓은 마루에 모여서 함께 먹기로 했습니다.

어느 해에는 이런 것도 해 봤습니다. 새로운 곡을 교사가 외우려면 노력을 많이 해야 합니다. 악보만 보고 이해하는 것은 아주 어려워서 어떤 느낌이 나는 곡인지도 제대로 알기 어렵습니다. 그리고 노래 실력을 끌어올리고 어린이들에게 방해받지 않고 마음껏 소리 내어 부르고 싶어서 일 주일에 한 번 밤에 남아서 노래를 불러 보았습니다.

그 다음에는 간식을 먹고 나서 노래를 불렀습니다. 어린이들은 교사가 열이나 모여 열심히 목소리를 드높여서 힘차게 노래를 부르자 꼼짝 않고 듣고 있었습니다. 아이들은 그 해에 늘 노래가 넘치는 생활을 할 수 있었습니다.

또 이런 일도 있었습니다. 여섯 살 어린이 반을 맡은 교사가 자기 반 아이에게 '12월의 노래'와 '숲은 살아 있다'를 가르치기 위해서 날마다 연습하고 있었습니다. 옆에서는 노래를 좋아하는 아이들 몇몇이 늘 교사가 치는 피아노 소리에 귀를 기울이고 있었습니다. 지금까지 들어 본 적 없는 곡인데도 싫증내지 않고 잘 듣고 있어서 감동스러웠습니다. 이 두 노래가 그렇게도 매력 있는 노래였을까요?

그 사이 여섯 살 아이들이 교사한테 배워서 그 노래를 불렀습니다. 그러자 지금까지 곡만 듣고 있던 어린이들도 어느 샌가 그 노래를 부르고 있는 것이 아니겠습니까? 여섯 살 어린이 반을 맡은 교사에게 "선생님이 가르쳐 주었어요?" 하고 물어 보니 그러지 않았다고 합니다. 아무래도 여섯 살 어린이들이 부르는 것을 듣고 따라 부른 모양입니다. 그렇게 해서 노래를 배운 어린이가 이번에는 다른 다섯 살 어린이에게 가르쳐 줍니다. 이렇게 해서 노래가 번져 나가 반 아이들이 모두 부를 수 있었습니다. 그리고 처음에는 여섯 살한테만 이 노래를 가르쳐 줄 생각이었는데 다섯, 여섯 살 어린이가 같이 부르게 되었습니다.

이렇게 나이가 다른 아이들이 서로 어울리면 음악 활동도 폭넓게 할 수 있다는 것을 깨달았습니다.

문학

그림책에 담긴 뜻

《네 살, 우리 아이 어떻게 키울까?》에서도 말했지만, 다섯 살 어린이들도 그림책을 읽어 주면 아주 좋아합니다. 어린이들은 왜 눈을 반짝거리면서, 마음을 두근거리면서 그림책에 빠져드는 것일까요? 어린이들을 붙들어 놓는 그림책에는 어떤 매력이 들어 있는지, 그림책을 보면서 어린이들의 내면에는 어떤 힘이 저장되는지 생각해 봅시다.

그림책에 나오는 세계나 이야기는 꾸며 낸 이야기입니다. 그 곳에서는 하늘을 날 수도 있습니다. 동물들과 이야기하고 같이 놀 수도 있습니다. 평소에 하고 싶다고 생각하고 있던 것도, 일상에서는 겪을 수 없는 것도 그림책 속에서는 할 수 있습니다. 그것도 등장 인물과 함께 가슴을 두근두근거리면서 앞일을 헤쳐 나가고 겪어 나갑니다.

어린이들은 본디 뭐든지 하고 싶어하고, 보고 싶어하고, 알고 싶어합니다. 그림책이나 이야기는 어린이들이 갖고 있는 이러한 마음에 대답해 줍니다. 이것이 어린이들을 붙들어 놓는 그림책에 담긴 매력입니다.

그림책은 예술가가 어린이들을 위해서 정성껏 그림을 말로 만들어 낸 책입니다. 그림책 속에 나오는 그림과 말을 보고 들으면서 어린이들은 이야기의 세계를 마음 속에서 생생하게 느끼고, 풍부하고 세밀한 색채로 이미지를 그려 나갑니다. 이것은 어린이들의 상상력을 자극하고 감수성을 풍부하게 키워 줍니다.

또 그림책이나 이야기의 세계에서 작가는 날카로운 예술가의 눈으로 현실을 꿰뚫어 보고 그 뜻을 물어서 확인합니다. 그리고 거기에 즐겁고 재미있는 이야기를 붙여 만들어 냅니다. 이 세계를 겪으면서 어린이들은 자연의 신비함과, 따뜻하고 위대한 인간미를 느끼고, 사람과 세계를 보는 눈을 키워 나갑니다.

어린이와 그림책

다섯 살 어린이에게 나타나는 특징을 그림책과 관련하여 조금 생각해 보겠습니다.

다섯 살 어린이들은 이야기나 그림으로 그려 놓은 세계를 머릿속에 뚜렷하게 이미지로 만들 수 있습니다. 게다가 눈앞에 보이는 사실이나 사물만이 아니라 마음 속에서 느끼는 슬픔이나 기쁨도 함께 그릴 수 있습니다. 또 그림책의 장면 장면에 나오는 내용뿐만 아니라 이야기 전체의 흐름을 줄거리로 꿰찰 수 있습니다.

다시 말하면 이야기나 그림책의 내용을 통째로 받아들일 수 있고, 주인공에 동화되어 그 이야기 속에서 작가가 무엇을 이야기하고 싶은지도 이해할 수 있습니다. 그림책에 담긴 이야기를 그 내용과 관련하여 즐기고 이해할 수 있는 것입니다. 게다가 여섯 살 때와는 달리 공상의 세계에 더욱 깊이 빠져들고, 그 세계를 무조건 즐기기도 합니다. 이런 발달 특징에 비추어 다섯 살 어린이에게 들려주고 싶은 그림책을 몇 권 들어 보겠습니다.

판타지 세계를 그린 그림책 | 예를 들면, 《숲 속에서》《목욕은 즐거워》《벽장 속의 모험》 같은 그림책은 처음에는 현실의 세계에 있다가 자기도 모르게 주인공과 함께 판타지의 세계로 끌려들어가서 그 세계에서 놀고 생활하고 모험하다가 다시 현실의 세계로 되돌아오는 내용을 담고 있습니다.

이런 그림책을 보고 즐기면서 어린이들은 거짓말쟁이의 세계와 현실의 세계 사이를 오갑니다. 그리고 대여섯 살이 되어서도 거짓이라는 것을 알면서도 그 세계를 즐길 수 있는 힘을 기릅니다.

모험심을 자극하고, 하고 싶어하는 마음을 끌어올리는 그림책 | 다섯 살 어린이들은 자아에 눈뜨고 행동 범위가 넓어지면서 조금 위험한 데 부딪쳐도 미지의 세계를 모험해 보고 싶어하고, 일상에서 벗어나 장난을 쳐 보

고 싶어합니다. 그런 바람에 대답해 주는 그림책으로는《아기곰의 모험》《진흙탕의 바늘》《세계에 혜성 단지 혼자서》《백한 마리 올챙이》《말괄량이 기관차 치치》같은 책이 있습니다.

이런 책 속에 나오는 주인공은 똑똑한 사람이 아니라 모험심이 강하고 힘이 넘치는 인물인데, 뭐든지 보고 싶어하고, 만지고 싶어하고, 하고 싶어하는 어린이로 나옵니다. 그리고 그들은 그 마음을 조금씩 행동으로 옮기는데, 이럴 때 조금 실패해도 아랑곳하지 않습니다. 쓸모없는 것처럼 행동하면서도 그 뜻을 스스로 다시 생각하고 자기를 바꿔 나가는 것입니다.

어린이들은 이런 그림책과 만나면서 도덕의 세계가 아니라 사람을 있는 그대로 그리는 문학의 세계 속에서 사람이 생생하게 행동하고 고민하고 좌절하고, 또 그러면서 성장해 가는 모습을 만나고, 사람을 따뜻하게 바라보는 눈을 키워 갑니다.

좀 더 커지고, 강해지고, 모두에게 인정받고 싶어하는 마음에 대답해 주는 그림책 | 다섯 살 어린이는 어린이집에서는 나이 든 것처럼 행동하지 못합니다. 그러나 이 시기에는 자기보다 나이 많은 아이들을 동경하고, 더욱 크고 강해지고 싶어하는 마음이 있습니다. 그리고 자신을 지금 있는 그대로 인정받고 싶어합니다.

이런 다섯 살 어린이에게는《소방차 지푸타》《느리광이 로라》《울타리와 사자》《파란 눈을 한 작은 고양이》같은 그림책을 들려주면 좋아합니다. 다섯 살 어린이는 그림책 속에 나오는 주인공의 마음을 자기 마음처럼 이해할 수 있습니다. 작고 느리지만 성실하게 일을 해서 모두에게 인정받고, 스스로 겁쟁이라고 생각하던 주인공이 시련을 이겨 낸다는 내용을 담은 그림책은 어린이들에게 자신감을 불어넣고 자립심을 키워 줍니다.

그림책 읽어 주기

《늑대와 일곱 마리 아기염소》는 대부분 어린이집에서 세 살부터 여섯, 일곱 살까지 폭넓게 보여 주고 활용하는 그림책입니다.

여기에서는 어린이들이 이 그림책을 좋아하는 까닭과 그림책에 담긴 내용을 분석하고, 다섯 살 어린이는 이 그림책을 어떻게 받아들이고, 내용을 어느 정도 이해하고 있는지를 실천 사례를 중심으로 하여 생각해 보겠습니다.

《늑대와 일곱 마리 아기염소》 분석

• 그림과 글로 또렷하게 그린 옛 이야기의 세계

이 이야기는 유명한 그림 형제가 쓴 동화입니다. 그것을 스위스의 뛰어난 화가 펠릭스 호프만이 그림을 그리고 세다 데이지가 일본어로 옮겼습니다. 이 이야기는 많은 출판사에서 그림책으로 출판되었는데, 누가 뭐라고 해도 펠릭스 호프만이 그린 그림책을 뛰어넘는 걸작은 아직까지 찾을 수 없습니다.

더구나 호프만은 섬세한 선으로 동물을 진짜처럼 그리고, 이야기에 담긴 극적 분위기를 잘 살려 그림에 힘이 넘칩니다. 또 세다 데이지가 옮긴 글도 버릴 것 하나 없는 문장으로 등장 인물의 성격(늑대를 '이 나쁜 것'이라든가 '짐승'으로 번역하고 있습니다.)이나 장면을 잘 표현하고 있습니다. 또 그림과 글이 서로 어우러져 어린이들이 더욱 이미지를 풍성하게 만들 수 있도록 되어 있습니다.

예를 들면, 늑대가 앞발을 하얗게 해서 아기염소가 있는 집으로 오는 장면은 같은 상황을 늑대 쪽과 아기염소 쪽으로 시계를 바꾸면서 그리고 있습니다. 또 늑대가 들이닥치고 나서 집 안이 바뀌는 모습은 사실처럼 힘차게 그리고, 글과 어울려 도대체 얼마나 무서운 일이 벌어졌는지 이런저런 상상을 하도록 만들고 있습니다.

• 줄거리 전개 —전반과 후반의 대비를 중심으로

이 이야기는 크게 전반과 후반으로 나뉘어져 있고, 그 사이에 늑대가 들이닥치는 절정이 있습니다. 전반에서는 엄마염소와 아기염소가 평화롭게 살고 있는데 교활하고 약삭빠른 늑대가 수단 방법을 가리지 않고 쳐들어와서 위기에 빠집니다.

후반에서는 이런 상황 속에서 엄마염소가 어떻게 해서든 아기염소를 살리려고 재빠르게 행동해서 훌륭하게 아기염소들을 살려 냅니다.

전반, 후반 모두 주인공이 위기에 빠졌다가 시련을 극복하는 식으로 어둠과 밝음이 대비되어 있지만, 이것을 되풀이하면서 어린이들이 마음 속에 이미지를 키워 갈 수 있도록 이야기를 이어 가고 있습니다.

●이야기의 주인공은 누구인가 ─ 주제와 관련하여

이 이야기의 주인공은 아기염소일까요? 아닙니다. 이 이야기의 주인공은 이야기의 처음, 중간, 끝 부분으로 상황을 바꾸고, 진정한 행복을 위해서 자기를 새롭게 바꾸어 가면서 늑대와 싸워 이긴 엄마염소입니다. 엄마염소는 머리말에 "그 염소가 아이들을 사랑하는 마음은 다른 어떤 엄마들보다 뛰어나다."고 쓰여 있는 것처럼, 한없는 애정을 쏟아부으면서 아이들을 키우는 어머니입니다.

그렇지만 특별하게 훌륭한 어머니는 아닙니다. 어머니는 새끼들에게 늑대를 조심하라고 주의를 줄 때, 교활하고 약삭빠르고 무서운 늑대의 본질을 이야기해 주지 않고 겉으로 드러난 소리나 색깔만 말해 주었습니다. 그렇기 때문에 큰일이 난 것입니다. 하지만 새끼들을 잃어버린 어머니는 아이들을 살려 내려고 재빠르게 판단하고 행동하며, 훌륭하고 멋진 생각을 해내었습니다.

이 이야기에서 우리는 모든 사물은 겉으로만 판단하지 않고 본질을 꿰뚫어 보아야 한다는 것을 배웁니다. 그리고 조건 없는 사랑은 평범한 사람이라도 엄청난 행동을 하게 만들고, 훌륭한 사람으로 바꾼다는 진실을 배웁니다. 이런 이야기를 어린이들에게 들려주어야 하겠습니다.

《늑대와 일곱 마리 아기염소》의 읽기 지도

•앞부분에 대한 어린이들의 이해 —아기염소에 동화되어

이 이야기의 앞 부분에서는 어린이들은 아기염소가 되어 늑대가 언제 쳐들어올지, 어떻게 대처해야 할지 가슴 졸이며 읽습니다. 그렇기 때문에 늑대와 이야기할 때 아기염소의 대사를 읽는 사람과 함께 "안 열어 줘, 너 늑대 맞지" 하고 외치면서 늑대를 쫓아 버리는 것입니다.

다음 예에서 이야기하는 것을 보아도 어린이들이 아기염소가 되어 생각하고 있다는 것을 잘 알 수 있습니다.

〈예 1〉 아기염소는 왜 문을 열어 주었는가

교사 엄마가 밖에 나갈 때 아이들에게 늑대를 뭐라고 설명했을까?

어린이 늑대는 달그락달그락 소리를 내요.

어린이 손이 검으면 주의해야 돼.

교사 그랬지, 아기염소들은 엄마가 말한 것을 지켰나요?

어린이 지켰어요.

어린이 잘 알고 있었어요.

교사 그럼 왜 아기염소들은 문을 열어 줬지?

어린이 늑대가 손톱을 감추고 와서요.

어린이 목소리도 예뻤어요.

어린이 하얗게 분을 칠하고 왔으니까요.

어린이 책에서도 잘 보면 검은 데가 남아 있었을지도 몰라요.

어린이 그래도 아기염소는 볼 수 없었단 말이야.

어린이 이 쪽에서 보면(집 안, 제 6 장면) 늑대인 줄 알겠는데, 저 쪽에서 보면(집 안, 제 7 장면) 엄마 손처럼 보여.

어린이 창문에서 아래로 내려다보면 늑대가 보였을지도 몰라.

어린이 그래도 아기염소들은 키가 작으니까 창문까지 못 올라가.

어린이 걸상을 밟고 올라가면 돼.

어린이 목말을 타고 올라가서 봤어도 되는데.

어린이 하지만 얼굴이 보이면 늑대가 얼굴을 할퀼지도 몰라.

교사 그래요. 하지만 그 때는 아기염소들이 그 생각을 못 했지.

어린이 아기염소들이 속은 거야.

교사 그래요, 늑대가 속였어요. 늑대 참 교활하고 약삭빠르지.

이처럼 어린이들은 아기염소에 동화되어 남을 속이고, 교활하고 약삭빠른 늑대의 본질에 눈뜹니다.

〈예 2〉 절정을 이해시키는 방법－늑대가 쳐들어오기 전과 쳐들어오고 난 뒤의 장면 비교

늑대가 쳐들어오는 장면과, 늑대가 나가고 나서 엄마가 돌아오는 장면은 그림책을 두 권 준비해서 두 책을 함께 펼쳐 옆에 둡니다. 그리고 아기염소는 어디에 숨었는지, 커튼은 어떻게 되어 있는지, 우유병은 어디에서 떨어졌는지 살펴보고, 탁자나 걸상이 뒤집어진 것과 장식장 위에 놓아 둔 그림이나 사진이 보이지 않는 것, 장롱이나 서랍이 엉망진창이 되어 있는 모습을 하나하나 견주면서 그림을 중심으로 이해시키는 것이 좋을 것 같습니다. 어린이들은 사진이 아빠염소라고 하면서, 아빠염소가 아기염소들을 지키기 위해 늑대와 싸우다 죽었기 때문에 사진이 있다고 말했습니다.

어린이들은 장면을 견주어 보면서 아기염소들이 쫓겨서 도망가는 모습이나, 늑대가 덮칠 때 두려워하는 모습을 생생하게 머릿속에 그리고 상상할 수 있습니다. 그래도 다행인 것은 막내 아기염소가 무사하다는 것이었습니다. "가장 조그만 아기염소는 찾아 내지 못했나 봐. 시계 상자는 좁기 때문에 늑대 머리가 부딪쳐 눈치 못 챘어." 하고 중얼거리고, "늑대 정말 나쁘다. 형하고 누나들 모두 잡아먹고 집 안도 엉망진창으로

만들고." 하면서 무섭게 화를 냅니다.

●주제와 관련하여 읽기 지도—처음과 끝 장면을 견주어 보는 것을 중심으로

처음과 끝 장면 모두 아기염소들이 엄마염소에게 보살핌을 받으며 행복하고 평화스럽게 사는 모습을 그렸습니다. 그러나 처음 장면은 평화롭지만 언제 늑대가 쳐들어올지 모른다는 긴장감이 담겨 있고, 끝 장면은 염소들이 무서운 침입자를 물리치고 진정한 평화를 찾아 평온하고 행복에 가득 차 있습니다. 이런 차이를 이해시킬 수 있어야 합니다.

〈예 3〉 처음 장면에 대해서

교사 아기염소는 뭘 하고 있지?

어린이 풀 먹고 있어요.

어린이 이리저리 뛰어놀고 있어요.

교사 엄마염소는 왜 아기염소들을 물끄러미 바라보고 있지?

어린이 뭐 하고 노는지 보고 있어요.

어린이 어디 멀리 가 버릴까 봐 못 가게 보고 있는 거야.

어린이 늑대가 올지 모르니까 보고 있는 거야.

교사 늑대가 오면 어떻게 하지?

어린이 늑대다 도망쳐, 하고 말해요.

어린이 이제 그만 놀고 집에 들어가렴.

어린이 엄마 맨 나중에 들어오면서 문을 잠가요.

〈예 4〉 끝 장면에 대해서

교사 모두 뭐 하고 있을까?

어린이 아기염소 침대에서 자고 있어요.

어린이 엄마염소가 자장가 불러 주고 있어요.

어린이 달님이 나왔어요.

교사 또 늑대가 오지는 않을까?

어린이 안 와요. 늑대 죽었는걸.

어린이 하지만 다른 늑대가 올지도 몰라.

교사 이번에 다른 늑대가 오면 아기염소들이 또 속아 넘어가지 않을
      까?

어린이 이번에는 안 속아 넘어가요.

어린이 두 번씩은 안 속는다고요.

어린이 늑대가 이번에 오면 창문에서 내려다보면 돼요. 나라면 늑대
      를 알아보고 문 안 열어 줘요.

어린이 그렇지만 엄마염소는 훌륭해요.

교사 왜?

어린이 늑대를 이겼잖아요.

교사 늑대하고 엄마염소는 누가 힘이 더 셀까?

어린이 그건 늑대가 더 힘이 세요.

교사 그런데 왜 엄마염소가 이겼을까?

어린이 빠르니까요.

어린이 꿰매는 것도 빠르고.

어린이 늑대가 깨기 전에 돌멩이를 넣어서 꿰맸잖아.

교사 그렇지 엄마염소는 늘 바느질을 잘 했으니까.

어린이 하지만 늑대는 바보야.

교사 왜?

어린이 축구공처럼 배에 실이 보이는데도 모르잖아.

어린이 배를 꿰맸는데도.

어린이 돌도 들어 있잖아.

어린이 배를 보면 금방 알 텐데.

교사 정말이네, 늑대 깜빡 잊고 있네.

이렇게 아이들은 나름대로 이야기의 내용이나 주제까지 이해하고 있습니다.

이미지 세계를 풍부하게

좋은 그림책이나 이야기는 어린이들에게 감동을 주고, 윤기 나고 싱싱한 감성을 키워 줍니다. 어느 때고 아무 그림책이나 보여 주어도 좋은 것이 아니라, 어린이들의 발달 단계나 생활에 맞아서 어린이들이 마음속에 가장 받아들이기 쉬운 때가 있다고 생각합니다. 그러나 이것은 이 책은 몇 살에게 좋다고 기계처럼 결정해 버릴 일을 아닙니다. 몇 살에 어떤 그림책을, 어느 부분을 어떻게 좋아하는지 확인해 보아야 합니다. 또 몇 살쯤에 그 그림책을 모두 이해할 수 있는지도 확실하게 알아 두어야 합니다.

다음으로는 보육 목표와 관련해서 그림책을 어떻게 들려주고 어떤 활동으로 발전시킬 것인가를 연구하려고 합니다.

《늑대와 일곱 마리 아기염소》는 여러 나이대에서 여러 가지 연극놀이를 할 수 있는 그림책입니다. 그렇지만 세 살, 네 살 어린이가 부분적이고 주관적으로 놀이를 하다가 그 자리에서 놀이가 발전해서 하는 초보 수준의 연극놀이와 다섯 살, 여섯 살 어린이가 줄거리에 근거를 두고 그림책의 주제나 내용을 받아들여서 하는 연극놀이는 질에서 차이가 나므로 이 점을 잘 생각해서 해야 합니다. 자세한 것은 나이마다 이야기한 역할놀이와 연극놀이 부분을 참고해 주십시오.

어린이집에서 좋은 그림책이나 이야기를 들려주면 어린이들은 동무들과 공감대를 넓혀 갑니다. 함께 이야기를 나누거나 표현하고, 연극놀이 같은 활동을 하면서 그림책이 핵심이 되어 동무들을 사귀어 갑니다. 또, 혼자서 볼 때보다도 훨씬 즐거운 마음으로 깊고 풍부하게 그 내용을 이해할 수 있습니다. 이러한 경험을 계속 쌓아 가면 한 반 전체가 공유하는 이야기의 이미지를 많이 쌓을 수 있고, 이것은 반 집단의 이미지를 풍부하게 만들어 갑니다.

이처럼 다섯 살 어린이는 집단에서 여러 가지 모습으로 그림책을 만나고, 표현 활동을 하면서 책을 더욱 즐겁게 봅니다. 그러므로 교사는 좋은 문학 작품은 생활을 풍요롭게 만들고 동무를 더 깊이 사귀게 해 준다는 믿음을 가지고 교재를 분석하고, 계획을 세우고, 실천 기록을 함께 검토해야 합니다. 또 부모와 함께 그림책 읽는 모임도 하고, 책을 빌려주고 감상을 나누면서 좋은 그림책을 고르는 힘을 기르고, 이 힘을 부모가 집으로 이어 가게 만들어야 합니다.

어린이들이 어린이집과 집에서 좋은 책을 볼 수 있으면 그림책 보는 즐거움을 알아 가고 마음도 풍성해집니다. 이런 어린이들은 예술을 사랑하는 사람으로 자랄 것입니다.

집단 만들기

생활의 주인공이 되도록

어린이가 성장하고 발달하는 바탕은 바로 생활입니다. 생활은 어른과 어린이, 어린이와 어린이가 관계를 맺으면서 꾸려집니다. 어린이집에서 생활할 때도 마찬가지입니다. 집단은 이렇게 가장 당연한 사실에서 만들어 갑니다. 집단을 만들 때는 교사가 어린이들과 관계를 맺고, 그 속에서 어린이와 어린이를 사귈 수 있도록 해야 합니다.

우리는 자기 생활은 자기 스스로 만들어 가는 생활의 주인공으로 어린이를 키우기 위해 어린이에게 동무를 사귈 수 있도록 지도합니다. 생활의 주인공이 되려면 동무를 배려하고 소중하게 여겨야 합니다. 서로 대등하고 평등한 관계가 되어야 합니다. 또 때로는 상대방을 믿기 때문에 자기가 바라는 것을 요구할 수도 있어야 합니다. 그리고 그 속에서 서로 권리를 지켜 주면서 동무가 바라는 것과 자기가 바라는 것을 잘 맞춰 한 가지 바람으로 만들어 내고, 그것을 이루기 위해서 힘을 모으고 같이할 수 있어야 합니다.

집단을 만들면서 우리는 어린이 한 사람 한 사람이 이렇게 생활의 주인공으로 자라기를 바랍니다. 이것은 하루아침에 이루어지지 않습니다. 동무 관계가 발전할 수 있게 끊임없이 지도하고, 그 속에서 어린이 한 사람 한 사람이 생활의 주인공이 될 수 있는 힘을 한 발 한 발 스스로 몸에 익혀 가야만 합니다.

우리는 이렇게 생각하면서 네 살에서 여섯 살까지 어린이 집단이 나아갈 방향을 연구하려고 합니다.

어린이들을 생활의 주인공으로 키우기 위해서는 지금 어린이들에게 지도하는 내용이 중요합니다. 다섯 살 어린이의 집단을 만들 때는 어린이들이 생활의 주인공으로 나아가게 하기 위해서 지금 무엇을 해야 하는지 실천 사례를 검토하면서 생각해 보려고 합니다.

집단 만들기의 관점

집단을 만들 때

다섯 살 시기가 되면 강하게 자기를 주장하던 모습은 점점 사라집니다. "……을 하고 싶다." "……을 가지고 싶다."는 주장도 동무가 장난감을 다 쓸 때까지 기다렸다가 가지고 놀고 싶은 마음으로 바뀌어 갑니다. 이처럼 어린이들의 행동이 바뀌고, 점점 서로 다투지 않습니다.

또 한편으로 마음 속으로 풍성한 이미지를 만들어 갈 수 있고, 어린이들끼리 함께 생각하고, 이미지를 만들고, 목표를 세울 수 있고, 그것을 이루기 위해 자신의 행동을 조절할 수 있습니다.

그리고 동무들 사이에서 자기 자리와 할 일을 확실히 깨닫고, 당번이 되면 그 일을 하고 싶지 않더라도 할 일을 다 합니다. 집단에 참가할 때 자기를 조절하는 힘을 몸에 익히고, 타율에서 자율로 나아가는 힘을 익히는 것입니다.

그러므로 이러한 모습으로 발달하는 다섯 살 어린이에게는 다음과 같은 관점에서 집단을 만들도록 해야 합니다.

첫째, 네 살 시기에 익힌 집단 생활의 규칙이나 약속을 바탕으로 생활이나 놀이 속에서 동무를 더욱 더 넓고 깊게 사귀도록 합니다.

둘째, 모둠 활동을 여러 가지 하고, 활동하면서 모순이 생길 때는 모둠 어린이들끼리 생각하고 해결할 수 있는 방향을 찾아 줍니다.

셋째, 반 운영 활동으로서 당번 활동을 하고, 모둠장을 키우고, 자신들의 생활을 스스로 이끌어 나갈 수 있는 집단을 만듭니다.

흔히 다섯 살 어린이는 밉지 않다고 말하는데, 다섯 살 시기에는 네 살 어린이와 여섯 살 어린이 사이에 끼어서 조용히 행동하고, 내면을 풍성하게 하고, 여섯 살 시기로 나아가기 위해서 힘을 저장하고 있다고 할 수 있습니다. 그렇기 때문에 이 나이에는 천천히 느긋하게 어린이들끼리 더욱 깊고 넓게 사귀도록 해 주어야 합니다.

그러면 가장 중요한 핵심 사항에 맞춰 실천을 살피면서 집단을 만드는 방법을 생각해 보기로 하겠습니다.

생활을 스스로 이끌어 나간다

네 살 시기에 집단 생활을 하며 동무와 어울리는 힘을 익힌 것을 바탕으로, 모둠에서 놀이를 하면서 서로 더 깊이 사귀도록 한다. 더욱이 모둠 안에서 자기가 맡은 일을 깨닫고, 자기들의 생활을 스스로 이끌어 나갈 수 있도록 한다.

실천 1—모둠에서 팽이를 돌리면서 두 아이를 새롭게 한다 | 반에서 걱정되는 아이가 둘 있었습니다. '타' 어린이와 '사' 어린이입니다.

'타' 어린이는 좋은 환경에서 자라 느긋하고 경계심이 없고 소극적이라 동무들과 잘 어울리지 못했습니다.

'사' 어린이는 가장 사이좋게 지내던 '마' 어린이가 갑자기 어린이집을 나가서 혼자서 기웃기웃하며 "어린이집에 가기 싫어." 하고 말하거나, 동무들이 쓰는 줄넘기를 감추거나 하면서 안정을 찾지 못했습니다.

이 두 아이는 팽이를 자신 있게 잘 돌리는데, 반에서 팽이돌리기바람을 일으키면 두 아이가 바뀌지 않을까 생각하고 팽이돌리기를 하기로 했습니다.

• 2월 4일

팽이를 가지고 오는 아이들이 늘어나서 누가 돌릴 수 있는지 여러 아이들 앞에서 확인도 하고, 그 기쁨을 함께 나누기 위해서 모둠 단위로 팽이를 돌리기로 했습니다.

교사가 팽이를 돌릴 수 있는 사람은 나와서 돌려 보라고 말하자 '사' '타' '차' '다' '나' '아' 여섯 어린이가 좋아하며 나왔습니다. 교사는 그 아이들한테 팽이돌리기 선생님이 되어 달라고 하고, 다른 아이들에게는 처음에는 팽이돌리기 선생님에게 배우고, 그 다음에 돌릴 수 있는 사람이 나오면 그 사람한테 배우자고 했습니다. 연습은 모둠끼리 하자고 했습니다.

처음으로 팽이를 만져 보는 아이도 있고, 끈을 감지 못해 애를 먹는 아이도 있었습니다. 교사는 처음에는 어렵지만 열심히 연습하면 할 수 있다고 말하면서, 팽이돌리기 선생님에게 가르쳐 달라고 해서 연습하자고 했습니다. 팽이돌리기 선생님 여섯 명은 좋아서 우쭐해하며 열심히 가르쳐 주었습니다.

• 2월 5일

아침에 일찍 온 아이부터 팽이를 돌렸습니다. 아침 조회 때 "어제 처음으로 팽이를 돌려 본 사람이 누구지?" 하고 물으니까 '파' '마' '라' 어린이가 손을 들었습니다.

교사 '파'는 누구에게 배웠지?

어린이 타 '사'요.

교사 대단하구나. '사'는 훌륭한 팽이돌리기 선생님이야."

'사' 어린이는 "헤헤헤!" 하고 수줍어하면서도 좋아했습니다.

팽이돌리기 선생님 여섯 명이 열심히 가르쳐 주어서 돌릴 수 있는 아이들이 점점 늘어났습니다.

그래서 이번에는 교사가 모둠 단위로 돌려 보게 하고 싶어서 다음 세 가지 점을 제안했습니다.

첫째, 모둠 아이들끼리 모여 돌립시다.

둘째, 모둠 속에서 돌릴 줄 아는 아이는 잘 돌리지 못하는 아이에게 가르쳐 줍시다.

셋째, 어느 모둠이나 모두가 돌릴 수 있으면 다른 재미있는 놀이를 합시다.

그 뒤부터 어린이들은 아침 저녁으로 조금만 시간이 나면 모둠 아이들 모두나 두셋이 모여 팽이를 돌렸습니다. 그 때까지 잘 못 해서 체념하고 있던 '하' 어린이도 '아' 어린이가 "풍뎅이 모둠은 모두가 다 돌릴 수 있어야 돼. 연습하면 할 수 있어." 하자 떨떠름하게 연습을 했습니다. 그런데 '아' 어린이가 붙어서 열심히 지도한 보람이 있어서 정말로 눈 깜짝할 새에 돌릴 수 있었습니다. 그리고 "선생님, 선생님, ○○가 돌릴 수 있어요. 봐요, 봐요." 하고 마치 자기 일처럼 기뻐하는 아이들이 늘어났습니다. 그러면 그 일을 집에 돌아가는 시간이나 아침 조회 시간에 모두에게 알리게 해서 모두가 듣고 좋아했습니다.

시작한 지 일 주일 만에 거의 모든 아이들이 팽이를 돌릴 수 있어서 팽이돌리기바람이 불었습니다. 가재 모둠은 모둠원 모두가 돌릴 수 있어서 이제는 누가 가장 오래 돌리는지 겨루고 있습니다. 풍뎅이 모둠은 '자' 어린이만 못 돌립니다. 그래서 모둠에서 대장격인 '카' 어린이와 팽이를 잘 돌리는 '아' 어린이 둘이서 가르치고 있습니다. 그러나 '카' 어린이는 스스로 하고 싶어하는 마음이 없어서 걱정입니다.

팽이를 돌리면서 가장 바뀐 아이는 마음에 걸렸던 '사' 어린이입니다. '사' 어린이는 크게 활약해서 팽이돌리기 활동도 잘 진행되었는데 팽이를 돌리고 난 다음부터 기쁜 마음으로 유치원에 오고, 다른 아이들과도 잘 어울려 놀 수 있었습니다.

얌전한 '타' 어린이도 완전히 바뀐 것은 아니지만 팽이도 잘 돌리고, 믿음직스러웠기 때문에 다른 아이들이 같이 놀자고 했습니다. 아이들과 같이 놀면서 동무를 더 깊이 사귈 수 있었습니다.

그리고 지금은 "선생님이 모든 모둠이 팽이를 돌릴 수 있으면 무엇을 한다고 했지요?", "뭐 할까? 팽이돌리기 대회 열어서 아빠, 엄마, 어린이집 동무들에게 보여 줄까, 아니면 축하회할까? 어떻게 할까? 생각해 봐요. 모두 함께 이야기해 보고 정하자."고 이야기하고 있는 중입니다.

이 실천에서는 다섯 살 어린이들을 서로 어울리게 하고, 더욱 넓게 사귈 수 있도록 할 때 다음과 같이 해야 한다는 것을 배울 수 있습니다.

첫째, 어린이 한 사람 한 사람이 가지고 있는 문제를 교사가 확실하게 알고, 그것을 해결할 실마리를 어린이들이 바라는 것에서 찾았습니다.

교사는 동무들과 잘 어울리지 못하는 '사' 어린이와 사이좋은 친구가 갑자기 어린이집을 떠나서 정서가 불안해지고 어린이집에 오기 싫어하는 '타' 어린이를 동무들과 어울리게 해야겠다고 생각하고 가끔씩 두 아이가 "우리는 팽이 잘 돌릴 수 있지." 하고 말한 것을 떠올렸습니다. 그래서 두 아이가 팽이 돌리는 데 자신 있어 하니 아이들 사이에서 바람을 일으키면 두 아이가 바뀔 것이라 생각하고 팽이돌리기를 했습니다. 두 아이에 대해서 그다지 문제점을 느끼지 못하고 있었더라면 아이들이 말하는 것을 듣고 "아, 그래 잘 됐구나." 하는 정도로 끝났을지도 모릅니다.

두 아이는 별 뜻 없이 "우리는 팽이 잘 돌릴 수 있지." 하고 말한 것처럼 보이지만, 사실은 동무들과 잘 어울리지 못하던 두 아이가 "나도 이렇게 할 수 있단 말이야."(이것을 인정해 줘.) 하고 주장한 것으로 생각해야 합니다.

어린이들끼리 별 뜻 없이 주고받는 말이나 교사에게 이야기하는 말 속에는 어린이가 생각하는 것이나 바라는 것이 틀림없이 담겨 있습니다. 이 실천은 어린이들이 하는 말에 귀 기울이고, 아이들이 바라는 것을 정확하게 알아들을 수 있는 마음과, 어린이 한 사람 한 사람을 제대로 이해하는 것이 얼마나 중요한지를 가르쳐 주고 있습니다.

둘째, 두 아이가 안고 있는 문제를 집단 속에서 해결하고, 아울러 반 아이들이 모두 어울려 문제를 풀어 가게 하면서 아이들이 더욱 깊이 있고도 폭넓게 사귈 수 있게 했습니다. 집단을 조직하고, 발전시키는 관점이 하나로 이어진 실천이라고 할 수 있습니다.

팽이돌리기 선생님 여섯 명은 두 어린이를 포함하여 반 아이들을 하나하나 모두 가르쳐 나간다는 방법을 생각해 냈습니다. 이 단계에서 두 아이는 반 아이들한테서 인정받습니다.

교사는 아이들을 '선생님 여섯 명과 모두'의 관계로 끝나게 하지 않고, 다음에는 모둠 단위의 활동으로 발전시켜 모둠 속에서 가르치고 배우는 집단을 만들어 내고, 지금까지 겪어 본 적 없는 '가르친다.'는 기쁨을 맛보게 하면서 관계를 넓히고 깊어지게 한 것입니다.

그리고 모둠원 모두가 팽이를 돌릴 수 있으면 다른 놀이를 하자고 해서 아이들이 모두 하고 싶어하는 마음을 내도록 목표를 정하여 모둠에서 반으로 집단을 발전시켜 갔습니다. 집단을 발전시켜 가는 관점과 미리 앞을 내다보는 전망을 확실히 세우고 있는 것을 알 수 있습니다.

집단은 교사가 목적을 세우고 다가갈 때 만들어집니다. 목적에 맞춰 어린이들에게 다가가야 어린이들이 어울리고, 어린이들끼리 서로 격려하며 기쁨을 나눌 수 있다는 것을 잘 알 수 있습니다.

실천 2 – 모둠을 바꾸어 어린이들이 사귈 수 있는 기회를 넓힌다 | 4월 20일, 두 아이가 다섯 살 어린이 반에 새로 들어와서 모둠을 바꾸었습니다.

새로운 반이 되었기 때문에 동무를 더욱 폭넓게 사귀는 데 목표를 두었습니다.

먼저 교사는 새로 들어온 두 어린이의 상태를 살피면서, 두 아이한테서 어린이들과 함께 있고 싶다고 하는 말을 듣고 새로 모둠을 짜기로 했습니다.

4월 26일, 새 모둠을 발표했습니다.

먼저 다섯 살 어린이 반이 되었기 때문에 여섯 아이가 한 모둠이 되어 네 모둠을 만든다고(네 살 어린이 반은 네 명이 한 모둠으로 모두 여섯 모둠임) 설명했습니다.

모둠마다 이름을 부르자 서로 "여기야." 하고 이름을 불러 주거나, 책상 앞에 앉아서 재잘재잘 수다를 떨어서 온 방 안이 왁자지껄 떠들썩했습니다. 새로운 모둠 생활을 시작하는 것이니까 그다지 무리하는 것도 아니겠지만, 보고 있는 교사도 즐거울 지경이었습니다.

새로운 모둠에서 먼저 당번을 정해 놓으려고 생각해서 "오늘 당번은 누가 할까? 서로 이야기해 보렴." 하니까 "내가 할게요." 하고 '사' 어린이가 소리를 높였습니다. 교사가 "모둠에서 어떻게 하면 좋을지 이야기해 봐요." 했더니 모두들 의논합니다. 그리고 당번 차례가 깔끔하게 결정되었습니다.

교사가 모둠 이름을 정하려고 생각하고 있는데, '카' 어린이가 모둠 이름을 짓자고 하니 저마다 모둠 이름을 무엇으로 할지 의논했습니다. 어린이들은 머리를 맞대고 짐짓 진지했습니다. 그리고는 사마귀, 풍뎅이, 가재, 코끼리 모둠으로 이름을 정했습니다.

교사가 모둠 활동을 여러 가지 제안하자 어린이들은 서로 의논해서 눈 깜짝할 사이에 정해 나갔습니다.

어린이 하나하나가 네 살 시기에 해 본 집단 활동과, 동무와 어울려 본 경험을 확실하게 소화하고 있다는 것을 느꼈습니다.

여섯 살 어린이 반으로 올라와서 새로운 동무들을 맞이한 어린이들은 새로운 모둠 속에서 동무들을 새로 사귀며 생활한다고 생각하여 마음껏 기뻐하고, 기대하고 있습니다. 교사가 제안하는 것을 적극 나서서 받아들이고, 때로는 스스로 제안하기도 하는 모습에서 네 살 시기부터 쌓아 온 집단 조직 활동의 성과를 엿볼 수 있습니다.

이 실천 사례에서는 모둠 구성원끼리 다투지도 않고, 모둠 이름이나 당번을 정할 때도 서로 부딪치지 않았는데, 이처럼 모든 경우에 대립과 모순이 있어야 하는 것은 아닙니다. 어린이들이 마음을 설레며 새로운 생활을 시작하려고 할 때는 먼저 반 전체를 느긋하고 편안하게 안정시키고 즐거운 분위기로 만들어 가야 합니다.

그런데 아이들이 모둠 단위로 많이 행동하면 한편으로 군중 심리의 나쁜 면을 배워서 잘못했을 때 지적해도 "……도 했어요." 하고 태연하게 책임을 떠넘기기도 합니다. 그래서 교사들은 어린이들과 이야기하면서 그 까닭을 생각해 보기로 했습니다.

실천 3-주체성 있는 어린이로 | 어린이들이 자주 "……도 했어요." 하고 말합니다. 그 때마다 아이들에게 어떻게 생각하느냐고 물어 보지만, 스스로 생각해서 행동하는 것이 아니라 재미있겠다고 생각하면 해서는 안 되는 것이라도 금세 어울려 해 버리고 맙니다. 혼자 있을 때는 잘 하는데 여럿이 함께 있을 때는 왜 잘 하지 못할까요? '여러 사람 속에 있는 나' 라는 생각이 아직 확실히 뿌리내리지 않았는지도 모릅니다.

교사는 어린이 한 사람 한 사람에게 그 생각을 물어 보면서, 집단 생활을 할 때 여러 가지 일들이 생기면 어린이들이 함께 생각하고 의논해야 한다고 느꼈습니다. 더구나 그 가운데서도 모둠 속에 있는 나와, 모둠 속에서 내가 맡은 일을 깨닫게 해야 한다고 느꼈습니다.

"흙탕물 마시면 어떻게 되지?" "소중하게 해야 할 것은 뭐지?" "왜 매직펜이나 가위가 없어지지?", "왜 파인애플이나 개구리 모둠은 늘 늦지?" 하는 것들을 어린이들과 함께 이야기했습니다.

교사 아침 당번을 소개할 때나 급식, 간식 시간에 파인애플 모둠은 언제나 늦는데 왜 그렇지?

어린이 하1 미쓰하고 다카오하고 나오코가 늘 늦어요.

어린이 아1 다케시하고 '마'도 늦었어.

어린이 아2 '아' 너도 늘 늦었잖아.(그 말이 맞기 때문에 '아' 어린이는 아무 말이 없다.)

교사 지금 말한 사람들은 왜 늘 늦는 거지?

어린이 타 낮잠 늦게 자고 일찍 못 일어나니까요.

교사 그렇구나. 낮잠을 빨리 자면 빨리 눈을 떠서 간식 준비도 빨리 할 수 있지요. 그러면 모두 마음껏 놀 수 있어요. 마음껏 놀면 어떻게 될까요?

어린이 아3 마음껏 놀면 즐겁고 힘이 나요.

어린이 아1 푹 잘 수 있어요.

교사 당번이 된 모둠이 빨리 해 주면 그만큼 잘 놀 수 있어서 즐겁고 힘이 나요. 모둠에서 빨리 할 수 있도록 '아1'이나 '하' '타' '나'도 열심히 해요.

누가 늦었으니까 나쁘다, 빠르니까 좋다 하고 결론내리지 않고, 모둠 속에서 자기가 빨리 하면 어떻게 되는지, 그리고 반 전체와 어떻게 관련이 있는지 이해할 수 있도록 이야기했습니다.

그 뒤에 낮잠에서 일어난 '마' 어린이는 "선생님 일찍 잤더니 빨리 깼어요." 하고 다른 때와 달리 빨리 옷을 갈아입었습니다. '타' '라' '아3' 어린이도 열심히 간식을 준비했습니다.

그리고 다음 날(6월 16일), 전날에 언제나 늦게 앉는다고 지적받은 '마' '아1' '타' 어린이는 당번 인사를 하자마자 척하고 의자를 가지고 와서 앉았습니다. 밥도 '아1' 어린이가 가장 먼저 먹었고, 다음으로

'타' 어린이가 빨리 먹었습니다. 이 아이들 모둠에서는 다른 아이들도 서로 빨리 먹자면서 먹습니다.

집단 속에서 자기를 깨닫고, 스스로 '이렇게 하자.'고 생각했을 때야 말로 어린이가 가장 많이 바뀌는 때라고 생각했습니다. 그리고 그 아이가 바뀌는 것뿐만 아니라 모둠 아이들도 영향을 받고, 그렇게 해서 점점 모둠 전체가 짜임새를 갖추어 나간다고 생각했습니다. 다른 사람이 시켜서 하는 것이 아니라, 어린이들이 스스로 다른 아이와 관계를 맺으면서 "……이니까 ……하자."는 마음을 낼 수 있는 활동을 해 나가는 것이 중요하다고 생각했습니다.

교사가 "자기가 생각해서 이렇게 해야겠다고 마음먹었을 때야말로 어린이가 가장 많이 바뀌는 때라고 생각합니다."고 한 말에 공감합니다.

낮잠 잘 때 빨리 일어나기 위해서 일찍 자고, 빨리 일어나면 기분 좋고, 당번 활동도 빨리 할 수 있다고 생각하면 잠자는 게 기분 좋고 즐겁습니다. 어린이 모두가 원만하고 산뜻하고 즐겁게 생활할 수 있습니다.

이러한 것들을 어린이들과 함께 이야기하면서 어린이들은 지금까지 아무 생각 없이 해 오던 행동을 '여러 사람 속에 있는 나'라는 관점으로 다시 받아들였습니다.

모두가 그렇게 말하고 모두 다 함께 결정했으니까 "……을 한다."는 것보다 모두 함께 의논하고 행동하면서 여러 사람 속에 있는 나를 깨닫고, 자기 스스로 "……하자."고 노력해 갑니다. 이러한 어린이야말로 집단을 만들 때 목표로 하는 어린이상입니다. 스스로 노력하면서 어린이는 확실한 힘을 길러 나간다고 생각합니다.

이런 뜻에서 교사는 어린이 한 사람 한 사람이 반이나 모둠 속에 있는 자기를 깨닫고, 자신이 할 일을 깨닫고, 실천할 수 있는 장이나 활동을 만들어 주어야 한다고 생각합니다.

모둠원들끼리 모순을 해결한다

실천 4 | 새로 모둠을 짜고 나서 한 달 남짓 지난 6월 5일, 모둠끼리 그림을 그리고 베니어판에 붙여 간판을 만들어서 가까운 데 있는 고구마 밭에 놔 두기로 했습니다. 모둠마다 간판 만드는 모습을 보겠습니다.

● 풍뎅이 모둠 : 여섯 아이가 머리를 맞대고 소곤소곤합니다. 그러다 유미가 차례대로 하자고 하니까, 아쓰시, 기시도 "그래, 차례대로 하자." 고 해서 곧바로 차례를 정하고 한 사람씩 그림을 그리며 잘 해 갑니다.

● 가재 모둠 : 모둠원 모두 저마다 생각하는 대로 손을 뻗어 함께 그리고 있습니다. 그린 그림을 보고 이리저리 재잘거리며 북적거립니다.

● 사마귀 모둠 : 처음부터 함께 그리고 있는데, 유미코만 "너희들이 다 그리고 나면 그릴 거야." 하고 기다리고 있습니다. 교사가 다른 아이에게 "어떻게 하지?" 하고 물어 보니까 함께 그리자고 합니다. 도모미가 "유미코는 여기서 그려. 이것 봐, 비어 있어." 하면서 의자를 치우고 유미코 자리를 만들어 줍니다. 유미코는 동무들과 함께 그립니다.

● 코끼리 모둠 : 후코가 함께 의논하지 않고 혼자서 차례를 정했기 때문에 맨 마지막이 된 요코는 싫은 모양입니다. 교사가 모둠원들에게 "어떻게 하면 좋을까? 후코 혼자 결정하는 것은 의논하는 게 아니야. 의논은 함께 생각하고 함께 이야기해서 모두가 좋다고 말하는 걸 정하는 거야. 요코가 왜 그러는지 함께 물어 봐." 하고 이야기했습니다. 그 뒤에 모두 함께 의논해서 차례를 정했습니다.

그런데 가장 먼저 하게 된 후코가 또 한참 동안 그리면서 교대해 주지 않으니까 요코가 "후코, 너 혼자만 그리면 안 돼." 하고, 다이에가 "후코, 교대해." 하고 강하게 말하지만 후코는 무시합니다. 그래서 좀처럼 잘 되지 않습니다.

다섯 살 어린이가 자기 의견을 확실히 갖고 생각하는 것은 조금 어려운 것 같은데, 모둠원이 의견을 내면 들으면서 생각하거나, 자기 마음을 전하면서 함께 의논하려고 하는 모습은 갖추어져 있는 것 같습니다.

모둠에 따라 잘 되는 곳, 그렇지 않은 곳이 있어서 어린이들끼리 관계를 맺는 모습이 여러 가지입니다.

코끼리 모둠에서는 후코가 한 행동 때문에 어린이들 사이에 모순이 생기고 있습니다. 교사는 아이들에게 왜 함께 생각해서 결정하고 의논해야 하는지 다시 한 번 알려 줍니다. 그리고 후코가 자기 중심으로 행동하는 것을 어떻게 받아들여야 할지 후코와 다른 아이들에게 의견을 묻습니다. 하지만 후코에게 나타나는 문제는 여기에서 해결되지 않습니다. 해결 방법으로서 생각할 수 있는 것은 첫째, 집단 속에서 요코나 다에이처럼 후코가 자기 중심으로 행동하는 것을 허락하지 않는 힘이 자랄 때까지 기다리는 것과 둘째, 후코 아닌 다른 어린이를 집단을 끌어갈 수 있는 어린이로 키우는 것, 셋째, 첫째나 둘째 방법으로 해결할 수 없을 때는 모둠을 바꾸는 방법이 있습니다.

여기에서 집단을 만들 때 의논을 왜 해야 하는지 한 번 생각해 보겠습니다.

우리는 어린이들이 자신들의 생활을 자신들 스스로 이끌어 가는 집단, 즉 유아기의 자치 집단을 목표로 해서 집단을 만들고 있는데, 이럴 때 어린이들 스스로 민주주의 방식으로 이야기할 수 있어야 합니다.

싸움이 일어나고, 곤란한 상황이 벌어지고, 당번 활동을 할 때 문제가 생기고, 반이나 모둠에서 결정한 것을 지키지 않는 아이가 있고, 또 그 밖에 다른 문제들이 계속 불거져 나옵니다. 이럴 때는 교사가 자기 마음대로 판단해서 어린이들에게 명령하거나 지시할 것이 아니라, 어린이들이 생각할 수 있도록 지도해야 합니다.

어린이들은 의논을 하면서 사물과 사물의 관계, 사람과 사람의 관계, 사람과 사물의 관계를 이해할 수 있습니다. 그리고 더욱더 '행동 → 의논 → 행동 → 의논' 이라는 양식을 생활 속에 뿌리내릴 수 있고, 생각이 깊어집니다. 또 교사는 아이들이 생각을 바꿀 수 있도록 여러 가지 활동을 하면서 집단을 발전시켜 나갑니다.

교사 쪽에서 어린이들에게 의논을 하게 하여 무엇을 깨닫게 하려는 것인지, 집단을 어떠한 방향으로 발전시키려고 하는 것인지 확실하게 목표가 서 있지 않으면 모둠과 반 집단에서 어린이들끼리만 의논하는 경우가 많이 생깁니다.

이를 앞에서 본 실천 사례와 연관해 보면, 코끼리 모둠에서 문제가 되는 것은 차례뿐인 것 같습니다. 그러나 고구마 밭에 세울 간판은 왜 함께 만드는지, 모둠이란 무엇인지, 후코는 진짜 어떻게 하고 싶은지를 정확하게 밝혀 내야 합니다.

당번 활동을 발전시킨다

당번 활동을 모둠 안에서 활동하는 당번에서 모둠 단위로 활동하는 반 당번으로 발전시키고, 어린이들이 반 전체가 해야 할 일에 눈을 돌리도록 합니다. 그와 함께 모둠 단위로 당번 활동을 할 때나 놀이를 할 때 모둠장을 키워 나갑니다 .

실천 5 – 당번과 모둠장 만들기

•모둠장을 만들기 위해 모둠을 바꾼다

새해부터 유미코는 자신과 다른 아이가 다르다는 것을 알아서인지 이전까지는 무슨 일이나 하고 싶어하며 스스로 했는데, 다른 아이보다 못한다거나 잘 할 수 없다고 생각하면 내팽개쳐 버리고 하지 않으려고 했습니다.

또한 모둠에서 어린이들이 잘 어울리고, 폭넓게 사귀고 있는데, 그 속에서 모둠장 노릇을 하는 아이가 나오고 있었습니다.

이 두 가지 실태를 보고 생활 발표회, 작품 전시회 같은 행사를 치르기 위해서는 다시 한 번 집단을 발전시켜야 한다고 생각하고 모둠을 바꾸기로 했습니다.

목적은 다음에 중심을 두고 정했습니다.

첫째, 모둠 전체로 당번 활동을 할 수 있도록 모둠을 짭니다.

둘째, 모둠마다 앞으로 모둠장이 될 만한 어린이를 넣어서 짭니다.

셋째, 아이들 모두 모둠에 좋아하는 아이가 있어서 모둠 속에서 활발하게 지낼 수 있게 합니다.

•모둠 단위로 반 전체 당번을 했을 때 나타난 모습

급식을 준비할 때는 노리코, 유미가 중심이 되어서 책상을 닦고, 다른 아이는 반찬을 가지러 갑니다. 나눠 줄 때는 다카시, 유미도 앞장서서 합니다. 소세지는 큰 그릇에 들어 있기 때문에 노리코가 한 개씩 나눠 주고, 유미는 보리차를 따르고, 히로미는 보리차가 들어 있지 않은 컵을 찾아 내서 유미에게 따라 달라고 합니다.

도모히코는 급식을 다 나눠 줬을 때쯤 와서 보리차 따르는 것을 조금 도와 주고 있습니다. 또 모둠원이 모두 적극 나서서 움직인다고는 할 수 없지만, 모두 자기가 할 수 있는 만큼 조금씩 반 전체 당번 활동을 해내고 있습니다.

모둠 단위로 당번 활동을 할 때는 모둠을 짤 때 교사가 계획해서 넣은 모둠장 노릇을 할 만한 아이를 중심으로 움직이고 있다는 것, 그리고 그 아이들을 중심으로 모둠 활동을 어린이들이 조금씩 소화하고 있는 것이 눈에 띄었습니다.

곤란한 일이 생기면 모둠장에게 상담하러 가고, 모둠장은 "어떻게 할까?" 하고 다른 아이들에게 의견을 듣는 모습이 보입니다.

•모둠장을 놀이장으로

4월부터 9월까지 규칙 있는 놀이를 할 때는 교사가 골목대장이 되어 재미있게 놀고, 놀이를 발전시키는 방법을 알려 주었습니다. 그러면서 어린이들은 놀이하는 재미도 알고, 잘 놀 수 있었습니다. 교사가 함께 놀면 서로 부딪칠 때도 원만하게 해결할 수 있고, 더 재미있게 놀 수 있기 때문에 다른 아이들도 몰려들어서 놉니다.

이런 교사가 놀이에서 빠지면 몇몇 아이들이 빠져 나가 놀이가 재미없어지고 오래가지 못합니다. 교사가 놀이할 때 언제나 중심이 되어서 놀이를 끌어간 것을 반성하고, 다섯 살 후반기에는 어린이들끼리 놀이에 빠져들 수 있게 해야 한다고 생각해서 모둠장을 만들었습니다.

그러나 실제로 놀이를 이끌어 가는 아이를 어떻게 키워야 하는지 교사들끼리 의견을 나누거나 전망을 세우지 못했기 때문에 교사가 놀이에 잠깐 참여하거나, 놀이 중간에 빠져 나오거나, 옆에서 지켜보면서 이런저런 방법으로 모둠이 바뀌는 모습을 지켜보기로 했습니다.

이렇게 계속해 나가면서 모둠을 바꾸고, 의논하고, 모둠 활동과 모둠 단위로 반 전체 당번 활동을 해 나갔습니다. 그렇게 하는 동안 앞에서 말한 대로 모둠장이 생겨 났습니다. 그러나 그 어린이들이 놀이할 때도 대장 노릇을 할 수 있을지, 짊어진 짐이 너무 무겁지는 않을지 생각하면 교사가 계획해서 만들기가 꺼려졌습니다. 그런데 자유 놀이를 할 때 모둠장 몇몇이 놀이에서도 대장이 되어 놀이를 새로 만들거나 규칙을 새로 고치기도 하면서 놀이를 끌어갔습니다.

하루는 방 앞에서 히로미, 도모미, 미즈호가 줄넘기를 하고 있었습니다. 조금 있다가 미즈호가 "릴레이 경기할까. 달리면서 하는 줄넘기야. 청군 백군으로 나눠서 하자. 청군 백군 나란히 서. 준비 시작." 하자 아이들은 줄넘기를 했고, 요코와 지에도 같이 놀았습니다. 릴레이 경기를 하고 난 뒤에는 줄을 옆으로 돌려 가면서 달리는 릴레이 경기로 바꾸어 놀았습니다.

또 하루는 아쓰시, 유이치, 기시가 낮잠 자기 전에 테라스에 나란히 서서 의자 밑으로 공을 굴리며 볼링 놀이를 하고 있었습니다.

잘 살펴보니 아쓰시가 "여기 들어가면 1점이야." 하고 말합니다. 또

기시가 공을 가까운 데서 굴리니까 "이 줄에서 하자." 하고 좀 떨어진 곳에서 굴리도록 줄을 그으며 규칙을 정합니다. 아쓰시가 규칙대로 해 보다가 좀처럼 공이 들어가지 않으니까 "두 번씩 할까?" 하고 제안합니다.

아쓰시는 생활 경험이 풍부해서 놀이하는 재미도 알고, 놀이할 때 규칙을 생각해서 정하고 발전시키는 힘도 있어서 놀이도 잘 이끌어 가고 있습니다.

이 사례는 다섯 살 후반기 집단을 여섯 살 어린이 집단으로 더욱 발전시키려면 어떻게 해야 하는지를 가장 잘 보여 주고 있습니다. 배울 점과 함께 앞으로 중요하게 해야 할 것도 몇 가지 나와 있습니다. 그러면 실천을 보면서 정리해 봅시다.

정리

다섯 살 어린이 반에서 운동회를 치르고 다음 활동을 하려고 하는데, 이 실천 사례를 보면 놀이장 노릇을 하는 아이가 나오고, 하고 싶어하는 마음을 잃어버린 아이도 나옵니다. 집단에서 모순이 생긴 것입니다.

교사는 이러한 문제를 해결하기 위해서 모둠 관계를 바꾸고, 새로운 모둠으로 만들어 가야 합니다. 그 새로운 모둠은 반 집단을 바꿀 수 있는 모둠이어야 합니다. 이것은 모둠 안에서 활동하는 당번을 반 전체를 위한 모둠 단위의 당번으로 발전시키는 것이기도 합니다. 이렇게 되면 누구를 중심으로 모둠 당번을 이끌어 가야 하는지 생각해야 합니다. 모둠장을 만들어야 하는 것입니다. 그리고 대장 노릇을 하는 아이를 중심으로 모둠이 만들어집니다. 반에서는 모두 대장 노릇을 하는 아이를 중심으로 당번 활동을 합니다.

대장 노릇을 하는 아이를 중심으로 이제 당번 활동을 시작한 것입니다. 그 뒤로는 대장 노릇을 하는 아이를 중심으로 활동을 할 때 다른 아이와 대장 노릇을 하는 아이가 어떻게 관계를 맺는지, 이 아이를 제외하고 다른 아이들은 어떻게 서로 어울리는지 잘 살펴보아야 합니다. 그리고 교사가 생각한 아이가 어린이한테서 지지를 받지 못하면 그 때는 어떻게 지도할 것인지 생각하면서, 어린이 전체 속에서 모둠장을 키우고, 아이들이 당번 활동을 하도록 합니다.

이 실천 사례에서는 어린이들이 스스로 자기 문제를 해결하여 집단의 모순을 집단이 발전하는 방향으로 이어 간다는 점을 배울 수 있습니다. 아직도 많은 실천 사례를 보면 집단을 발전시킨다고 하면서도 집단을 어디로 나아가게 하기 위해서 발전시키는가 하는 집단의 모습이 뚜렷하게 서 있지 않은 경우가 많기 때문입니다.

이 실천 사례를 보면 당번 활동을 중심으로 반을 운영할 때 대장 노릇을 하는 아이가 놀이할 때도 자연스레 대장 노릇을 합니다. 이 아이들이 해야 할 일을 생각하면, 다섯 살 어린이 한 사람이 여러 장면에서 힘을 쏟으면 부담이 아주 많이 될 때도 있습니다. 그래서 '이 놀이에서 선생님' 하는 식으로 저마다 자리를 잡아 주는 것도 방법이 될 수 있다고 생각합니다.

반을 운영할 때 모둠장과 놀이 활동을 끌어가는 놀이장을 같은 아이로 할 것인가, 아닌가 하는 문제는 앞으로 실천 속에서 정확하게 밝혀 나가야 합니다.

아무튼 다섯 살 어린이 집단에서 집단을 이끌어 가는 아이를 키울 때는 몇몇 어린이만 중심에서 활약하는 집단보다 어린이 대부분이 활약할 수 있는 집단으로 만들어 가야 합니다.

집단을 발전시키는 것은 목적에 다다르게 하기 위해서이고, 집단을 만들 때는 목적에 다다르는 과정이 중요합니다. 더구나 유아기에서는 이 속에서 어린이들을 어떻게 어울리게 하고, 관계를 맺을 수 있도록 할 것인가 하는 것이 중요합니다.

주의할 점

어린이의 삶에서 시작한다

다섯 살 어린이 집단을 만들 때 적어도 이것만큼은 짚고 넘어갔으면 하는 것을 세 가지 핵심 사항으로 정리해서 이야기해 왔지만, 이 세 가지를 받아들여서 실천하기만 하면 다섯 살 어린이 집단을 쉽게 만들 수 있는 것은 아닙니다.

예를 들면, 모둠을 만들고 어린이들이 폭넓게 사귈 수 있도록 하려고 해도 모둠 속에서 교사에게 마음을 열지도 않고 다른 아이들과 어울리지도 않는 아이가 있어서 반 아이들이 즐겁게 생활할 수 없다면 먼저 그 아이에게 어떤 문제가 있는지 생각해 보아야 합니다.

어디까지나 어린이들의 현실과 반의 모습 속에서 모순을 살피고, 그것을 해결하려고 해야 합니다. 거꾸로 말하면, 어린이의 모습과 보육 조건, 교사의 능력을 전혀 생각하지 않고 세 가지 핵심 사항을 기계처럼 짜 맞추려고 하면 안 됩니다.

반 운영이 중요하다

집단은 두 가지 면에서 목적을 이루어 갑니다. 한 가지는 반 운영 활동, 즉 당번 활동 같은 일입니다. 나머지 하나는 놀이와 활동입니다. 이 두 가지 면을 하나로 어우러지게 실천하는 것이 중요한데, 더구나 중요한 것은 반 운영 활동입니다.

놀이나 활동을 하면서 동료를 생각하는 마음과 함께 해야 한다는 마음이 자라고, 집단이 발전해 간다고 해도 평소에 교사가 아이들을 관리하고, 어린이들이 스스로 자기 생활을 끌어갈 수 없다면 어린이는 집단을 만들어 키우려고 하는 어린이로 자라지 못합니다.

어린이가 바라는 것을 발전시킨다

어린이 집단을 만들 때는 무엇을 근거로 해서 집단을 만들고 있는가 하는 문제에 부딪칩니다. 집단을 만드는 근거는 어린이가 생활하면서 생기는 자기 바람입니다. 어린이가 바라는 것은 현실에서 여러 가지 영향을 받아 생기기 때문에 반드시 올바르다고만 할 수는 없습니다. 그리고 바라는 것이 없는 경우도 있습니다.

예를 들면, 교사가 당번 활동에 어린이들을 끌어들이려고 해도 전혀 마음 내켜 하지 않고 놀이만 열심히 하는 경우도 있습니다. 그럴 때는 어린이들이 마음껏 놀고 싶어하는 마음을 먼저 인정하고, 재미있게 놀면서 만족스러워할 수 있게 합니다. 그리고 마음껏 놀이에 빠져들 수 있는 힘을 지렛대로 삼아 교사가 생각하는 당번 활동을 할 수 있게 지도합니다. 어린이들이 바라는 것을 받아들이고 그 마음을 발전시키면서, 교사가 계획한 것과 맞춰 가야 합니다.

어린이가 바라는 것을 무시하고 교사가 자기 생각을 강요하여 기계처럼 계획을 밀고 나가면 어린이들은 진정으로 힘을 기르지 못합니다. 어디까지나 어린이들이 바라는 데 맞춰서, 어린이들이 스스로 성장해 가는 힘을 바탕으로 해서 실천해야 합니다.

어린이 인격을 존중한다

어린이를 키울 때는 어린이 한 사람 한 사람의 인격을 먼저 인정해야 합니다. 어린이마다 다르게 나타나는 모습이나 행동을 잘 이해하고, 아이들을 모두 평등하게 인정하고 받아들여야 합니다.

문제를 일으키는 어린이를 집단 속에서 새롭게 바꿔 나갈 때, 지나치게 성급하게 생각해서 근본 원인을 정확하게 밝히지 않은 채 어린이들이 서로 이야기하고 있는 곳에서 비판하거나 평가하고 모둠을 바꿔 버리는 경우가 있습니다. 이것은 집단을 틀에 맞춰 만들고, 그 아이를 바꾸려고 하는 태도입니다. 이렇게 지도하면 한순간 성공할지는 몰라도 근본으로 해결하지는 못합니다.

집단 만들기라는 이름 아래 어린이들끼리 쉽게 경쟁하고, 비판하게 만들어 어린이에게 상처를 주거나, 인격을 무시하면 안 됩니다. 어린이들은 교사가 잘못 가르쳐도 그것을 확실하게 비판할 수 없다는 것을 늘 생각해야 합니다.

교사와 부모가 함께한다

어린이 집단을 만들어 나갈 때 교사는 가장 먼저 집단을 보는 눈과 집단의 모습을 비롯해 지도 방법에 대해서 반 아이들과 어린이집 전체와 의논하고 뜻을 하나로 모아 나가야 합니다. 집단을 보는 눈과 교사가 생각하는 집단의 모습이 달라도 끊임없이 어린이들의 모습을 있는 그대로 이야기하고, 거기에서 방향을 찾아 나가야 합니다. 교사 집단을 잘 만들면 어린이 집단은 절반 넘게 만든 것이나 같다고 할 수 있을 만큼 교사 집단은 어린이 집단에 큰 영향을 미칩니다. 교사 자신이 집단을 보는 방법과 생각하는 방법을 몸에 익히고, 교사 집단 속에서 자기 자신을 성장시켜 갈 수 있도록 노력해야 합니다.

교사 집단과 아울러 중요한 것은 부모 집단입니다. 부모 한 사람 한 사람이 교사와 관계를 맺고 자기 아이를 제대로 이해하고, 부모들끼리 걱정거리나 어려움을 나누고 서로 관계를 맺어 가면서 집단의 짜임새를 갖추어 나가야 합니다. 어린이가 집단 속에서 여러 가지 힘을 익히고 성장해 가는 것처럼, 교사와 부모도 자기 집단 속에서 성장하면서 어린이들과 함께 발전해 가도록 합시다.

어린이 행사

행사를 할 때 고민이 되는 것

행사에는 예로부터 내려오는 문화를 이어받는 계절 행사와, 어린이가 성장 발달한 모습을 부모와 함께 기뻐하고 어린이들이 다음 단계로 훌쩍 발전하는 계기가 되는 행사, 그 밖에 채소 같은 것을 심어 거두어들였거나, 목표를 이루었을 때 축하하는 행사가 있습니다.

또 형식으로 보면 어린이집 전체 차원에서 여는 행사에서 반 단위 행사에 이르기까지 교사나 교사 집단의 활동에 따라 행사 규모나 내용이 다릅니다. 행사 내용이나 준비하는 과정을 보면, 어린이집이나 교사 집단이 어린이를 바라보는 관점과 보육관을 알 수 있을 만큼 어린이들이 사는 모습이나 활동하는 모습이 드러나고 있습니다. 그만큼 교사도 고민을 많이 합니다.

예로부터 내려오는 계절 행사라고 하지만 일본 전통 행사와 동떨어져서 잔치 요소만 커져 버린 행사도 있고, 어린이의 생활에서 스며 나온 것이 아니라 어른이 계획해서 만든 행사도 있는 것 같습니다.

또 행사를 준비하고 마치기까지 행사에 쫓겨다니다 보니 어린이들이 보이지 않거나, 부모가 바라는 어린이 모습과 어린이의 실제 모습이 너무 차이가 나거나, 해마다 해 오는 행사를 치르는 것만으로도 일 년이 지나가 버리거나, 어른이 너무 손을 봐 줘서 어린이의 모습이 있는 그대로 보이지 않기도 합니다. 더구나 다섯 살 어린이를 맡은 담임 교사들은 걱정이 많습니다.

다섯 살 어린이의 특징

혼히 다섯 살 어린이를 "모든 것을 하다가 내팽개쳐서 밉다."고 이야기하듯이 다섯 살 어린이는 여섯 살 어린이가 하는 활동에 맞추어 활동하게 하면 너무 어려워하고, 네 살 어린이가 하는 활동에 맞추어 하게 하면 너무 쉬워서 금방 싫증을 냅니다.

다섯 살 시기에는 꽃이 활짝 피는 여섯 살 시기를 준비하지만, 그 모습을 교사가 확인하기 어렵습니다. 그래서 교사는 기대하는 어린이의 모습과 전망을 잃어버리기 쉽습니다. 이러한 것을 깨닫고, 발달 과제와 목표를 확실히 정해서 어린이가 점점 발달해 가는 모습을 늘 관찰할 수 있도록 전문가의 눈을 길러야 합니다.

또 날마다 부모들에게도 어린이들의 모습을 정확하게 전하고 함께 확인해 나가야 합니다.

행사의 목적

재미있어야 한다

다섯 살 어린이는 네 살 어린이와 견주어 스스로 자신을 조절할 수 있지만 아직 미숙합니다. 열심히 할 수 없거나 재미가 없으면 금세 모르는 척하고, 활동을 이어 가지 못합니다. 정신 상태를 한결같이 유지하지 못하고, 머리로는 알고 있지만 행동이 따르지 못하며, 생각하고 행동하는 것은 균형이 맞지 않습니다. 그러므로 다섯 살 시기에 행사를 치를 때는 너무 어렵지 않게, 지금까지 쌓아 온 경험과 자신감을 토대로 해서 열심히 하면 된다는 전망을 쉽게 가질 수 있도록 내용을 정합니다. 또 모든 어린이가 좋아하면서도 마음을 내서 할 수 있도록 발달 단계에 맞는 활동을 준비해야 합니다.

모두 즐거워야 한다

다섯 살 어린이는 동무들이나 어른들과 자신을 견주는 날카로운 눈을 기르고, 그것이 다른 사람을 인정하는 힘이 되어 동무를 더욱 넓게 사귑니다. 그러므로, 행사를 치를 때는 먼저 어린이들끼리 서로 인정하거나 어른한테서 인정받으면서, 자기가 집단 속의 한 사람이라는 것을 깨달을 수 있는 활동을 해야 합니다. 둘째, 교사에게 도움을 받으면서 동무들과 서로 도와서 할 때 더욱 기쁘다는 것을 느낄 수 있도록 활동을 준비합니다. 셋째, 서로 가르쳐 주거나 격려해 주면서 어린이가 내용을 더욱 확실하게 몸에 익힐 수 있도록 활동을 준비합니다.

하고 싶은 것을 한다

다섯 살 어린이는 더욱 뛰어난 것, 더욱 강한 것에 감동하고 그것을 동경하면서 자신도 그 상태로 나아가려고 하는 힘이 생깁니다. 한 살 시기부터 다른 사람을 흉내내지만, 다섯 살 시기에는 단지 모양만을 흉내내는 것이 아니라 내용까지 흉내내려고 합니다.

그러므로 다섯 살 시기에 행사를 준비할 때는 실제 문화를 만나는 기회를 만들거나, 둘레 사람들이 열심히 사는 모습을 보여 주어 어린이가 하고 싶어하는 마음을 낼 수 있는 활동을 합니다. 둘째, 자기보다 나이 많은 아이를 보고 자기도 그 나이가 되면 어떻게 하겠다거나, 빨리 그 나이가 되고 싶다는 마음을 불러일으킬 수 있는 활동을 합니다.

만족스러워야 한다

다섯 살 어린이는 어린이들끼리 해낼 수 있는 힘은 아직 제대로 기르지 못했으므로 교사가 상황에 알맞게 도움말을 해 주어야 합니다. 그런데 이 시기에는 강요받는 것을 싫어해서 반항하거나, 교사가 이것저것 하라고 먼저 말을 꺼내면 "하려고 했는데." 하고 하려는 마음을 잃어버리는 경우가 흔히 있습니다. 그러므로 자기들이 스스로 생각해 냈다고 만족스러워할 수 있도록 어린이들끼리 서로 이야기하게 하고, 어린이들끼리 만들어 가는 것을 소중히 받아 주어야 합니다. 교사는 좋은 말을 해 주면서 어린이들이 이야기하는 데 참여하거나, 방향을 정해 주어야 합니다. 이야기를 나누면서 모두 함께 결정해서 자치 집단을 만들 수 있는 활동을 합니다.

함께 이야기하려면 모둠 구성원은 대여섯 명 정도가 바람직하고, 어린이가 쉽게 생각하고 판단할 수 있고 자신의 힘을 드러낼 수 있어야 합니다. 충실하게 나도 함께 생각했다는 마음이 들 수 있도록 이에 어울리는 활동을 준비합니다.

행사를 치를 때는 적어도 위의 것들은 받아들여야만 합니다. 그렇지 않으면 행사를 치르고 나서 교사가 생각한 대로 어린이를 움직여서 교사는 만족했지만, 어린이들은 불만만 가득 찼다는 경우도 많습니다.

행사를 준비할 때는 누구를 위한, 무엇을 위한 행사인지 생각하면서 때로는 용기 있게 결단도 내려야 합니다.

또 이런 활동을 할 수 있게 하려면 부모와 교사 집단을 떼어 놓고 생각할 수 없습니다.

부모와 교사 집단

부모도 좋아하는 활동

부모는 대부분 행사 때 집단 속에서 자라는 자기 자식을 볼 수 있습니다. 부모는 자기 아이와 나이가 다른 아이들을 보면서 지난 해를 돌이켜 보고, 다음 해를 내다봅니다. 그러나 어린이를 전체 모습으로 판단하지 않고 행사 때 보이는 모습만으로 판단하면 좋지 않습니다. 평소에 아이를 맡겨 놓은 부모와 아이를 맡은 교사의 관계를 뛰어넘어 서로 어린이의 처지에 설 수 있도록 관계를 만들어 가야 합니다.

어린이가 바뀌면 부모도 바뀝니다. 그 반대 경우도 있습니다. 그래서 행사가 중요합니다.

교사들이 힘을 모아서

교사 한 사람이 제아무리 훌륭한 목표를 세우고, 제아무리 심오하게 활동하려고 생각하고 있어도 혼자서는 아이를 제대로 키울 수 없습니다. 하물며 어린이집 전체에서 치르는 행사를 준비할 때는 두말 할 필요가 없습니다. 복수 담임일 때는 먼저 담임들끼리 어린이의 모습을 서로 이야기하고 목표를 찾아 가면서 활동을 이끌어 내고, 어떤 방법으로 어린이가 목표를 이룰 수 있게 할 것인지 자세하게 의논해야 합니다. 이렇게 하지 않고 활동을 서두르면 어린이의 발달 요구나 과제를 잃어버리게 됩니다.

작은 어린이집에서는 이렇게 의논을 잘 하지 않고, 큰 곳에서는 행사를 나눠 특정한 사람에게 맡겨 버리는 경향이 있습니다. 무엇을 함께 확인하고, 서로 일을 나눠야 하는지 정리를 해야 하는 곳도 있습니다.

교사들이 힘을 모아서 훌륭하게 행사를 치르면 교사 한 사람 한 사람도 발전하고, 교사 집단도 질을 높일 수 있습니다. 어린이집마다 역사

속에서 쌓은 경험을 소중하게 여기면서도 타성에 젖지 않고, 발전할 수 있는 행사를 목표로 세워서 열심히 노력합시다.

위에서 말한 것들을 바탕으로 운동회와 생활 발표회를 어떻게 할 것인지 계획을 짜 봅시다.

운동회

어린이들 모습

어린이는 4, 5, 6월 동안 새로운 환경에 익숙해지고, 끊임없이 싸우고 부딪쳐도 서로 인정하거나 동무도 더 깊게 사귀고, 반도 점점 안정을 찾아갑니다.

7, 8월은 수영장 물놀이를 중심으로 개인이 발전해 가는 시기입니다. 물을 싫어하던 아이가 물을 좋아하고, 헤엄을 못 치던 아이가 헤엄을 칠 수 있어서 어린이는 할 수 있다는 자신감을 갖습니다. 또 수영장 물놀이는 어제는 못 했는데 오늘은 할 수 있거나, 무서웠지만 마음먹고 연습했더니 할 수 있다거나 해서, 결과가 뚜렷하고, 다음 단계를 확실히 내다볼 수 있습니다. 이 점이 수영장 물놀이의 장점입니다. 이런 것을 경험한 어린이는 몸과 마음이 몰라볼 만큼 자랍니다.

이렇게 봄, 여름을 지나 온 어린이를 기다리고 있는 것이 운동회입니다. 운동회를 계기로 해서 어린이와 어린이 집단이 새롭게 바뀐다는 말을 자주 합니다. 왜 어린이들이 새롭게 바뀌는지 한 번 더 생각해 보아야 합니다.

준비할 때

운동회는 집단의 규칙을 몸에 익히고, 개인이 발전하고, 반을 짜임새

있게 만들 수 있는 좋은 기회입니다.

다섯 살 어린이는 아직 자기를 조절하지 못하므로 참는 힘과, 한 가지를 계속 하는 힘이 모자랍니다. 그래서 자기 차례가 오기 전에 동무와 싸우거나 하면 놀이에 참가하지 않거나, 긴장감을 이어 가지 못해 되는 대로 연습하거나, 제멋대로 행동합니다.

이런 어린이가 규칙이 있는 집단 놀이를 경험하면서 시련을 많이 겪습니다. 그러므로 해냈다는 기쁨도 큽니다. 아직 불안정한 시기이기 때문에 행사 때 생각지도 못한 사건이 일어나 교사가 당황할 때도 있습니다.

교사는 이러한 일이 생기거나, 아이들이 실패할 때 허둥대지 않고 한 가지 한 가지 일을 어린이들과 함께 생각하면서 다섯 살 어린이의 꽃망울을 크게 부풀려 줘야겠다는 마음으로 다가가야 합니다.

목적

운동회에서는 어린이 하나하나가 지금까지 쌓아 온 힘을 제대로 드러낼 수 있도록 합니다. 그와 함께 동무들끼리 서로 부딪치고 가르쳐 주고 격려하면서 집단에 속한 한 사람이라는 기쁨을 누릴 수 있도록 합니다.

운동회를 치르면서 어린이들은 열심히 하면 할 수 있다는 자신감이 생기고, 눈에 띄게 다음 단계로 나아갈 수 있습니다. 운동회에서 어린이가 성장, 발달하는 모습을 보고 부모와 교사는 함께 기뻐할 것입니다.

중요하게 해야 할 것

어린이와 함께 운동회의 이미지를 넓히자 | 9월에 들어와서 달리기와 릴레이 경기를 하면 어린이들은 "선생님, 운동회 때 공 넣기 해요." "청군 백군 나눠요." 하고 요구합니다. 그 기회를 놓치지 않고 "뭘 하고 싶어?" "아빠, 엄마에게 뭘 보여 줄까?" 하고 서로 이야기해서 앞으로 준비해야 할 것을 정합니다. 아이들은 "릴레이 경기해요." "4단 뜀틀 넘어

요. 할머니에게 보여 줄 거예요." "철봉이 좋아요." 하며 그 때까지 익혀 온 모든 것들을 끌어 와서 이야기합니다. 또 "깃발도 있어야 해요." "들어가는 문도 있어야 해요." 하고 점점 이미지를 넓혀 갑니다. 교사는 아이들이 하는 이야기를 들으면서 다섯 살 어린이의 목표에 맞춰서 방향을 잡아 나갑니다.

어린이와 함께 정하고 어린이의 생각을 운동회에 | "운동장으로 들어오는 문을 어떻게 만들면 좋을까?" 하고 물어 보면 어린이들은 모둠 단위로 의논합니다. 모둠마다 돼지, 고양이와 토끼와 집, 비행기 하며 의견을 말하는데 모둠에 따라서는 두 가지 넘게 의견을 말하기도 하고, 말다툼을 하기도 해서 무척 떠들썩합니다. 교사가 "어떤 것으로 할까? 정해요?" 하면 이제는 의견이 더 많이 나와서 교사는 진땀을 뺍니다. 거기에서 "네모난 마분지 상자로 만들 수 있는 것으로, 가장 만들고 싶은 것 하나만." 하고 한정시킵니다. 가위 바위 보로 하나씩 하나씩 정해 나갑니다. 그러나 결정을 못 할 때도 있습니다. 특정한 아이 두셋이 싫다고 하기 때문입니다. 그럴 때는 잠깐 동안 말다툼을 하게 내버려 뒀다가 도와 주면 어렵게 결정합니다.

이렇게 아이들이 이야기를 나눌 때 의견을 소중하게 받아들이면서 도움말을 해 주고, 방향을 정해 주면서 어린이들끼리 결정할 수 있도록 기

다려 줍니다.

결과를 서두르지 말고 | '카' 어린이는 발달 지체 어린이로 자기 혼자서 바지를 입지 못합니다. 반에서는 '카' 어린이를 갓난아기 다루듯이 해서 뭐든지 다 해 주려고 했습니다.

릴레이 경기를 한 날입니다. '카' 어린이는 바통을 받고도 달리려고 하지 않고 그냥 벙글거리기만 했습니다. 결국 청군이 지고 말았습니다. '카' 어린이 때문에 졌다고 아이들이 불평합니다. 교사가 예상한 일이라 함께 이야기를 해 보기로 했습니다. 그러나 한 번 이야기한다고 아이들이 이해할 리가 없습니다.

교사는 릴레이 경기뿐만 아니라 여러 가지 활동에서 '카' 어린이가 조금이라도 열심히 하여 발전하면 "이렇게 열심히 하고 있어요." 하고 어린이들에게 전했습니다. 그렇게 해서 "'카' 대단하네, 오늘은 잘 달렸어." "'카' 몫까지 열심히 할게." 하는 소리까지 들을 수 있었습니다. 어린이들이 '카' 어린이를 단순히 거들어 주는 것이 아니라, 제 몫을 해낼 수 있도록 격려하고 도와 준다고 생각할 수 있도록 노력했습니다.

이렇게 해서 아이들은 여섯 살 반으로 올라갈 무렵에 '카' 어린이에게 바지를 입혀 주는 것이 아니라 "여기에다 발을 넣어 봐." 하고 도와 줄 수 있었습니다.

힘을 모아 해냈다는 만족감을 소중하게 | 운동회까지 비밀로 하기로 하고 네 살, 다섯 살, 여섯 살로 나눠 응원을 연습하고, 청군 백군으로 나눠 가까운 산이나 공원으로 흩어져 연습했는데 놀랍게도 한 사람도 비밀을 입 밖에 내지 않았습니다. 청군은 가마를 만들어 소란절(홋가이도의 민요)을 춤추기로 하고, 백군은 염색한 무명 천에 비늘 무늬를 그려 넣고, 구렁이춤을 추기로 했습니다. 어린이들은 "소문내지 마, 엄마한테도 말하면 안 돼." 하고 서로 다짐합니다. 모둠만 아는 비밀이 모둠을 생각하는 마음을 높이고 아이들을 한결 즐겁게 해 주는 것 같습니다.

할 수 있는 목표를 세워 | 운동회에는 체육이 빠질 수 없습니다. 4단 뜀틀을 가로 또는 세로로 뛰어넘거나, 매트에서 옆으로 구르거나 앞으로 구르고, 기울어진 평균대 위를 걷거나, 철봉에 다리를 걸고 돌거나 앞으로 도는 활동을 해 봅니다.

우리 어린이집에서는 장애물 경기를 할지, 모둠 단위로 규칙이 있는 체육 놀이를 할지 고민하다가 여섯 살 어린이와 함께 규칙이 있는 체육 놀이를 하기로 했습니다.

어린이들은 운동장에 묻어 놓은 타이어를 뛰어넘으면서 연습했습니다. 그러나 운동을 잘 못 하는 '마' 어린이는 스스로 해 보려는 마음을 내지 않고 자꾸 멀어지려고만 해서 교사가 일부러 끌어들였습니다. 처음에는 귀찮다는 표정만 짓고 있었는데, 뜀틀은 도움닫기를 해서 도약판을 통하고 힘차게 밟고 뛰어넘는다고 몇 번이나 강조하자 점점 리듬을 탔습니다. 그리고 "와, 잘 한다! 아까보다 손을 멀리 짚었네." 하고 행동을 하나하나 짚으면서 격려하자 4단 뜀틀을 가로로 넘을 수 있었습니다. 세로로는 넘지 못했지만 만족스러워하고 웃으면서 교사가 권하는 대로 따랐습니다.

생활 발표회

생활 발표회를 준비할 때

운동회를 하고 나면 어린이에게는 새로운 힘이 붙습니다. 그리고 반 집단도 짜임새를 갖추어 갑니다.

이 때부터 사이좋은 동무들끼리 말을 걸고, 소리를 지르면서 노는 모습을 자주 볼 수 있습니다. 그러나 어린이들만으로는 놀이를 이어 가지 못하므로 교사가 어린이 처지에서 놀이 상대가 되어 도와 주어야 합니다. 이렇게 어린이는 모둠이나 반 전체가 함께 하는 역할놀이와 게임놀이를 하면서 사회성을 몸에 익히고 자신이 맡은 역도 이해해 갑니다.

자기 자신의 힘을 쌓아 온 어린이들은 작품 전시회나 시장놀이를 할 때 지금까지 가꾸어 온 손재주를 맘껏 표현하고, 창조성을 드러내면서 작품을 만듭니다. 함께 가지고 놀 수 있는 물건을 같이 만드는 모습도 자주 볼 수 있습니다. 또 많은 어린이집에서는 이 기회에 4월부터 그려 온 그림을 전시하고, 그림이 새롭게 바뀐 것도 평가합니다.

어린이들은 이야기를 무척 좋아합니다. 다섯 살이 되면 이야기를 듣고 교사가 지도하는 데 맞춰 이미지를 만들어서 말을 할 수 있습니다. 산으로 나들이를 나가서 마분지 상자를 보고는 교사가 "마법의 융단이네!" 하면 어린이들은 "태워 줘." 하고 모여들고, 놀이가 점점 발전해서 모두 한 가지 이미지로 놀 수 있습니다.

지금까지 말해 온 것처럼, 4월부터 몸을 길러 온 것을 바탕으로 해서 이제껏 활동한 모습을 볼 수 있는 생활 발표회를 합니다. 그런데 보여 주는 것에 너무 집착하여 겉모양만을 평가하는 생활 발표회가 되어 버리기도 합니다. 어린이한테 잠재되어 있는 끝없는 가능성을 끌어 내어 그 가능성을 드러낼 수 있도록 생활 발표회를 준비하고, 여섯 살 시기를 맞을 준비를 해야 하겠습니다.

생활 발표회를 할 때

어린이집에 따라서는 생활 발표회를 크리스마스 행사로 하거나, 연말에 하기도 합니다. 또 프로그램으로는 악기 연주, 합창, 연극놀이, 리듬놀이 같은 활동을 할 것입니다. 다섯 살 어린이는 '어떤 곳'을 봐 주었으면 하고 생각하지는 않아도, "내 모습을 봐 주세요." 하고 소박하게 바랍니다.

악기 연주와 합창 | 아이에 따라 여러 악기를 써서 연주하는 것을 즐기거

나, 간단한 멜로디를 연주할 수도 있습니다. 일본 전통 악기를 온몸으로 연주해 보는 것도 좋겠습니다.

연극놀이에 이르기까지 | 어린이들은 몸짓을 중심으로 하는 흉내놀이에서 상상놀이를 거쳐 이미지를 더욱 확실하고 풍부하게 만들어 나갑니다. 이 두 가지 활동이 세 살 시기에 초보 수준으로 역할놀이를 할 수 있는 바탕이 됩니다.

네 살 시기가 되면 역할 활동을 할 수 있고, 진정한 역할놀이로 발전해 나갑니다. 역할놀이를 할 때 교사가 도와 주면 어린이는 간단한 줄거리를 꾸며 넣을 수 있고, 즉흥극을 만들어 즐길 수 있습니다. 그림책에 나오는 인물과 줄거리를 빗대서 하는 놀이를 이야기 극 놀이라고 합니다.

어린이는 이러한 놀이들을 마음껏 하면서 생활 전반을 되살리는 힘을 쌓아 갑니다. 그리고 다섯, 여섯 살이 되면 허구와 현실 세계가 확실하게 갈라져서 연극놀이를 마음껏 즐길 수 있습니다.

연극놀이의 매력 | 어린이들은 연극놀이를 아주 좋아합니다. 연극놀이의 매력은 어디에 있을까요?

연극에는 역이 있습니다. 어린이는 어떠한 역을 맡아도 자신이 주인공이 되어 연기합니다. 그저 몸짓만을 흉내내지 않고 감수성을 모두 끌어 와서 이야기를 이해하려고 합니다.

이야기 속에서 현실에서는 할 수 없는 역을 맡아 그 속에 빨려들어갑니다. 때로는 예쁜 공주님이 되기도 하고, 때로는 아무것도 겁내지 않는 탐험가가 되기도 합니다.

또 점점 줄거리를 풀어 가고, 발전시켜 가면서 즐거움을 누립니다. 다섯 살 어린이는 동무들과 공통된 이미지를 가지고 이야기를 이끌어 나가는 것을 아주 좋아합니다.

연극놀이하는 목적 | 연극놀이를 할 때는 먼저 동무들과 공통된 이미지를 가지고 자신이 맡은 역을 확실히 이해할 수 있게 해야 합니다. 다음

으로는 연극놀이를 하면서 어린이들의 마음 속에 들어 있는 이미지를 끌어 내어 한 사람 한 사람이 주인공이 되도록 해야 하고, 충실하게 함께 해내는 기분을 맛보게 해야 합니다.

연극놀이할 때 중요하게 해야 할 것 | 첫째, 어린이와 함께 이미지를 키워 나가고, 어린이들이 스스로 서로 연구하면서 창조해 나가도록 합니다.

둘째, 어른 처지에서 연극을 만드는 것이 아니라 어린이의 살아 있는 말과 살아 있는 몸짓을 이끌어 내야 합니다.

교사에 따라 연극놀이를 모든 활동을 종합한 활동으로 만들 수도 있고, 못 만들 수도 있습니다. 교사가 어린이들이 말하고, 표현하고, 움직이는 것을 너무 규제하면 생생한 말이나 살아 있는 몸짓이 나오지 않습니다. 어린이가 연기하는 것을 보면 자기가 맡은 역을 소화하지 못하고 있는 것처럼 보이기도 합니다. 더구나 어린이가 자신의 마음 속에 담긴 이미지와 행동으로 똑같이 표현한다고 단정할 수 없습니다. 이럴 때는 교사가 무책임하게 "……처럼 안 보이는데." 하고 지적하거나, 말할 시간을 정해 버릴 것이 아니라 놀이나 연극놀이를 하다가 자연스럽게 알아차릴 수 있게 도움말을 해 줘야 합니다. 또 교사가 어린이와 함께 연극놀이를 하면 놀이를 훨씬 더 즐겁게 만들 수 있습니다.

4

어린이집 교사와 부모가 할 일

멋진 교사

부모와 공감하는 보육

계획과 실천, 한 해 마무리

멋진 교사

다섯 살 어린이 반 교사

새로운 반으로 시작

다섯 살 어린이 반은 보통 중간 또래 모둠이라 합니다. 그렇지만 어린이집에 따라서는 다섯 살 어린이로만 반을 꾸리기도 하고, 정원 때문에 어쩔 수 없이 다섯, 여섯 살 혼합반이나 네 살, 다섯 살 혼합반을 꾸리기도 합니다.

4월 초 어린이의 모습을 우리 어린이집을 예로 들어 살펴보겠습니다.

우리 어린이집에서는 30명을 또래 모둠으로 만듭니다. 네 살 때는 반이 두 반인데, 또래 모둠이 한 반이 됩니다. 한순간에 집단이 커집니다. 물론 네 살 어린이 반 때 교과 과정을 통일시키거나, 함께 밥을 먹고 낮잠을 같이 재워도 반이 바뀌고 담임 교사가 바뀌면 또 다른 모습이 나옵니다. 새로운 반에서 어린이들은 마음이 설레 떠들썩하며, 차분하게 있지 못합니다. 어린이들은 큰 집단에서 저마다 새로운 사람 관계나 자신이 설 자리를 찾습니다. 다섯 살 어린이 반은 아직 태어난 달이 크게 차이가 나서 젖먹이 아기와 유아가 섞여 있는 것처럼 생각될 정도입니다.

교사는 무엇부터 손을 대야 할지 고민스럽고, 자칫하면 문제점만을 보기 쉽습니다. 한 마디로 말한다면 반이 발칵 뒤집혀 있는 상태인데, 오히려 이것을 꼭 지나가야 할 과정이라 생각하고 반을 운영하는 실마리로 삼아야 하겠습니다.

이 시기에 서둘러 반을 통제해서 아무 일 없이 조용한 반으로 만들려고 하면 오히려 그 뒤 여섯 살 어린이 반까지 고생하는 모습을 자주 봅니다.

4월 초에 다섯 살 어린이 반을 제대로 지도하려면 교사가 어린이 한 사람 한 사람을 있는 그대로 받아들이려고 노력해야 합니다.

스스로 하는 어린이

다섯 살이 되면 자기 둘레 일은 어느 정도 자기 혼자서 할 수 있고, 생각한 것을 부모에게 전할 수 있고, 간단한 이야기를 할 수 있습니다. 교사도 부모도 한시름 놓기 쉬운데, 이렇게 끝나지는 않습니다.

네 살 시기에는 "내가 할게." 하고 말하면서도 좀처럼 하지 못했는데, 다섯 살이 되면 어느 정도 자기에게 일어나는 일은 처리할 수 있습니다. 똥 눌 때 잘못해서 옷을 버리면 교사가 말하지 않아도 혼자서 옷을 갈아입습니다. 제대로 잘 하지는 못하지만 어느 정도 할 수는 있습니다.

또 일상 생활에서 말로 뜻을 전달할 수 있지만, 감정 표현은 그렇게 풍부하게 못 합니다. 반에서는 남녀를 생각합니다. 동무한테서 여자 같다는 말을 듣고 한동안 풀이 죽어 있기도 합니다. 그러는 가운데 동무와 어울리면서 부끄러움도 느낍니다. 동무들에게 따돌림받는 것도 싫어하고, 마음 속에서 동무를 중요하게 생각합니다.

밥을 먹고 있을 때 "다 먹으면 ……하자." 하고 모임을 제안할 수도 있습니다. 그러나 마음에 맞는 동무들끼리 모이지 아직 반 전체에까지는 눈길이 미치지 못합니다.

다섯 살 시기는 반 전체 동무들과 함께 생활을 미리 내다보고 "아직은 모자라지만 어느 정도 할 수는 있다." "확실히 할 수 있다."로 이어 가는 중요한 시기라는 것을 보여 주고 있습니다. 이러한 다섯 살 어린이 반을 맡은 교사는 다음과 같은 모습을 갖춰야겠습니다.

놀이를 잘 하는 교사

놀이를 새롭게 만들어야

다섯 살 어린이는 어느 정도 동무를 사귈 수 있고, 놀이를 하고 싶어하지만 아직 놀이를 창의성 있게 잘 하지는 못합니다. 그래서 교사가 함께 놀아야 합니다. 그러나 네 살 시기처럼 교사가 계속해서 놀이를 이끄는 것이 아니라, 곳곳에 다양한 장치를 해서 조금씩 어린이들끼리 놀 수 있도록 만들어 가야 합니다. 교사는 어린이 스스로 주인이 되어 놀이를 풍부하게 할 수 있도록 만들어 주고, 어린이 한 사람 한 사람이 힘을 드러낼 수 있도록 이끌어 주어야 합니다.

어린이들은 선생님을 놀이 동무로, 그것도 자기네들을 살짝 이끌어 주는 골목대장처럼 보고 있습니다. 골목대장은 좋은 뜻에서 기댈 수 있고, 마음 속에서 그리는 대상입니다. 교사가 그렇게 되기 위해서는 놀이를 많이 알고 있어야 합니다.

줄넘기로 앞으로 넘고 뒤로 넘는 것도 확실히 할 수 있어야 합니다. 여섯 살 어린이 반을 맡으면 두 번 이어 도는 것을 보여 주기도 하면서 어린이들이 믿고 따를 수 있도록 하는 것도 중요합니다. 동료를 생각하는 마음이 부쩍 싹틀 때 교사가 생기 있고 발랄하게 생활하면 어린이들은 교사에게 푹 빠져듭니다.

표현 활동을 잘 해야

놀이가 중심이 되는 생활에서 교사는 때때로 목적을 세워 표현 활동을 더해 나갑니다. 그 때는 교재를 잘 만들고, 절차를 갖춰 자신감 있게 해야 합니다. 더구나 다섯 살 어린이는 만들어서 노는 것을 아주 좋아합니다. 만들 것이 확실히 정해지면 놀이 곳곳에 이런 활동을 할 수 있도록 만들어 주어야 합니다.

정리, 정돈을 잘 하는 교사

다섯 살이 되면 그림을 자유롭게 그리고, 종이접기나 종이 자르기처럼 자기가 생각한 것을 만들고 노는 것을 아주 흥미로워합니다. 그래서 반에서는 일정한 교재, 교구를 어린이들이 자유롭게 쓸 수 있도록 해야 합니다.

좁은 방이라도 구석이 있는 것이 좋고, 어린이가 손을 댈 수 있는 곳에 종이나 필기 도구, 자르는 것을 놓아 두어야 합니다. 여섯 살 어린이만큼은 아니지만 물건을 이어서 만들거나 한 가지 물건을 며칠씩 걸려서 만들어 낼 수도 있습니다.

어린이들이 즐겁게 놀 수 있고, 다음 놀이로 원만하게 옮겨 가기 위해서도 정리, 정돈을 잘 해야 합니다. 어린이들이 자기가 생각한 것을 표현할 수 있는 반은 말을 잘 하고, 물건을 잘 만들고, 몸을 마음껏 움직이고, 그림을 풍부하게 그릴 수 있는 곳입니다. 어질러진 반은 언뜻 보기에는 활발해 보이지만 속내는 뒤숭숭할 뿐입니다. 그러나 너무 정리, 정돈을 잘 해서 어린이들이 자유롭게 생각하지 못하고, 마음을 닫게 해 버려도 곤란합니다. 환경을 깨끗하게 만들면 다섯 살 어린이를 더욱 풍요롭게 키울 수 있습니다.

어린이의 스물네 시간을 생각하는 교사

우리는 아이들이 아침에 기운차게 "안녕!" 하며 눈을 반짝이고, 오늘은 무엇을 할까 하고 생기 넘쳐 살기를 바라지만, 현실은 좀처럼 그렇지 못합니다.

교사는 어린이들이 어린이집에서 생활하는 모습만 살펴볼 것이 아니라 생활 전체를 이해하고, 어린이 한 사람 한 사람이 이해할 수 있는 방법으로 생활 리듬을 잡아 주어야 합니다. 늦게 자고 늦게 일어나는 집에서 어린이만 일찍 자고 일찍 일어나게 하려고 부모에게 직업을 바꾸도록 강요하는 것처럼 된다면 문제가 있습니다. 그러나 어린이들은 부모의 생활을 짊어지고 생활하고 있고, 교사가 어린이는 일찍 자고 일찍 일어나야 한다고 설득하면 그것만으로도 부모는 직업을 바꿔야 한다고 생각할 수 있습니다. 교사와 부모는 노동의 신성함과 고달픔을 서로 이해할 수 있어야 어린이들을 올바로 키울 수 있는 길이 보입니다. 다섯 살이 되면 혼자 자게 하거나, 그 아이와 집안 상황에 맞는 생활을 제안하여 어린이가 어린이집에서 활발하게 생활할 수 있도록 할 수 있습니다.

어린이집보다 보육 시간이 짧은 유치원에서는 어린이가 유치원에서 집으로 돌아간 뒤부터 밤까지 어떻게 생활하는지 머릿속에 그리면서 계획을 세우면 아이를 더욱 잘 키울 수 있습니다.

지금까지 다섯 살 어린이 반에 바람직한 교사의 모습을 말해 보았습니다. 정리해서 말한다면, 아직 부족하지만 날마다 어린이가 할 수 있는 힘을 더욱 잘 드러낼 수 있도록 해야 여섯 살 시기에 그 이전까지 익혀온 힘을 펼쳐 나갈 수 있고, 학교에 가고 싶어하는 마음을 불러일으킬 수 있습니다.

언제나 공부하는 교사

교사는 어린이가 온몸을 맡기고 믿는 교육자입니다. 유아를 돌보는 교사는 교사의 인격을 어린이들에게 옮겨 심는 면이 있습니다.

그러나 유감스럽게도 그만큼 중요한 교사의 현실을 보면 노동 시간이 곧 보육 시간이 되고 있습니다. 본디 노동 시간 속에는 보육 시간과, 교재와 교구를 연구하고 준비하는 시간을 포함한 연수 시간 그리고 쉬는 시간이 포함되어 있어야 하는데도 현실은 그렇지 못합니다.

그래도 어린이 한 사람 한 사람에게는 유아기가 긴 인생에서 보면 출발점이고, 훌륭한 교사와 만나는 것이 중요한 만큼 교사는 날마다 인격을 갈고 닦아야 합니다.

어린이들을 더욱 깊이, 한 사람 한 사람을 소중하게 받아들이는 것은 간단한 일 같지만 생각보다 어렵습니다. 교사가 날마다 자신을 갈고 닦고 서로 발전시키려면 집단에서 도움을 주고받아야 하는데, 이것은 다음에 이야기하겠습니다.

인격을 갈고 닦아 그것을 어린이들에게 전하려면 교재와 교구 만드는 연구를 하고, 음악과 이야기를 잘 할 수 있도록 노력하고, 체육 놀이의 기술을 배우고 익혀야 합니다. 해마다 연구 과제를 스스로 만들어서 해 보고, 연수에 참여하고, 집단에서 공부하면서 생각을 하나로 모아 나가는 것도 큰 보탬이 됩니다. 노동 시간 안에서 당연히 연수도 받아야 합니다. 강사가 하는 이야기나 실천 사례를 듣고 자기 것으로 소화해서 살려 나가야 합니다.

민주 교사를 목표로

여기에서는 직장에서 어린이를 중심에 두고 서로 이야기를 나누고 실천하며, 활동하기 쉬운 환경은 어떻게 만들어야 하는지 생각해 보겠습니다.

언뜻 보기에 직장은 주어진 곳은 아니지만 바뀌는 곳이기도 하고, 무엇보다도 노력해서 만들어 가는 곳입니다. 더구나 민주주의가 실현되는 직장은 때로는 싸우면서, 끈질기게 실천해야 만들 수 있습니다. 이런 뜻에서 민주화된 직장 집단은 목표이면서 바로 실천이기도 합니다.

어른 집단도 어린이 집단도 서로 관계를 맺으면서 발전해 가는 만큼, 어른 집단의 질은 어린이를 키울 때 그대로 반영됩니다.

뜻을 같이하는 교사

보육 기관에는 원장, 주임 교사, 교사, 간호사, 조리사, 사무 직원, 영양사, 관리 작업원, 시간제 교사가 있습니다. 그러나 이것은 어린이를 돌보는 처지에서 직업을 나눈 것뿐입니다.

또 나이도 이십 대부터 오륙십 대까지고, 아이를 키운 경험도 살아온 경험도 저마다 다릅니다. 이 사람들이 때로는 복수 담임을 함께 하기도 합니다.

한 군데 보육 기관에 보통 이 사람들이 대여섯 명에서 마흔 명쯤까지 있습 니다. 보육 기관마다 경영 형태도 공립, 사립으로 다르고, 시설 규모도 다르고, 동료 관계도 다릅니다. 그렇지만 여기에는 직장을 만드는 공통 경험이 있다고 생각합니다. 그것을 이야기해 보겠습니다.

교육 방침으로 단결하자 | 보육 기관에서는 직업, 나이, 경험 햇수, 사상, 신념을 넘어서 어린이 한 사람 한 사람을 풍요롭게 키우기 위한 교육 방침이 먼저 같아야 합니다. 이것이 일하는 교사를 뒷받침하는 관점이 되

고, 널리 지역에까지 눈을 돌려 실천하는 자세를 낳습니다. 단결이 어려운 보육 기관에서도 뜻을 하나로 모을 수 있는 것을 찾아서 그것을 해마다 되풀이하고 쌓아 간다면 반드시 전망을 가질 수 있을 것입니다.

보육 기관마다 보육 목표, 기대하는 어린이의 모습, 어린이집 강령 따위가 있는데, 교사들 사이에 뜻이 맞는 교육 방침이 있을 것입니다.

교육 방침이 같다고 해도 일 년 동안 실천하다 보면 의견이 많이 엇갈릴 수 있습니다. 그것도 나이, 경험, 처지에 따라 사람마다 다르게 받아들입니다. 그렇지만 실천하면서 서로 확인하거나, 때로는 그 차이가 오히려 효과를 낳아서 여러 방향에서 방침이 받아들여지고 실천은 더욱 풍성해집니다.

규율이 있고 일하기 좋은 직장 만들기 | 직장은 일하는 동료 집단으로, 단순하게 사이좋은 사람들이 모인 집단이 아닙니다. 노동자들이 모인 집단이기 때문에 당연히 직장 규율이 중요합니다. 스스로 직장 규율을 깨달아서 집단 속에서 일하는 기쁨을 누리고, 자랑스러워할 수 있어야 합니다. 그리고 교사가 서로 세심하게 배려하고, 힘을 모을 때 더욱 생동감 넘치는 직장을 만들 수 있습니다.

한 사람 한 사람이 능력을 높이자 | 직장이 앞으로 나아가는 것은 구성원 한 사람 한 사람이 얼마나 자기 능력을 드러내는가에 달려 있습니다. 고달프고 힘든 일이지만 어린이를 키우는 기쁨을 서로 확인하는 것이 중요합니다. 뛰어난 교사 한 사람이 두드러지는 시대는 지났습니다. 한 사람이 백 걸음 나아가는 것보다는 열 사람이 열 걸음 나아가면서 꾸준히 어린이를 키워야 민주주의 방식으로 아이를 키울 수 있습니다. 그렇게 하기 위해서는 다음 사항을 실천할 수 있어야 합니다. 이것을 할 수 없다면 실현할 수 있도록 서로 힘을 모아야 합니다.

의견을 자유롭게 말할 수 있어야 한다 | 보육 기관에서는 누구든지 어떤 의견이라도 말할 수 있어야 합니다. 그리고 모든 사람들의 의견을 반영하

여 결론을 내려야 합니다. 원장이나 주임이 마음대로 결정하면 안 됩니다. 교사들도 이미 정해졌다고 어쩔 수 없이 받아들이는 것이 아니라, 스스로 과제로 받아들이고 의견을 말하고 정해진 것을 실천해야 합니다.

모두 함께 일을 나누자 | 직업별, 반별, 업무별로 일을 나누어 날마다 해 나갑시다. 그 일들은 모두 중요합니다. 책임이 무거운 일을 민주주의 방식으로 검토하고 절차에 따라 나눠 맡고는 짐을 혼자 다 떠안은 것처럼 생각해서 하는 것은 좋지 않습니다. 정말로 책임이 크다고 느끼면 동료에게 도움과 자문을 부탁해서 함께 해결할 수 있는 방법을 찾아야 합니다.

민주주의의 한 가지 면만 강조하면 자칫 보육 기관 전체가 집중력을 잃어버리기 쉽습니다. 그러므로 원장을 중심으로 하여 민주주의 방식으로 관리하는 것이 좋습니다.

한 사람 한 사람이 주인 정신으로 움직이고, 보육 기관 전체가 집중력을 높이면 보육 기관은 눈에 띄게 발전합니다.

어린이집 원장이 하는 일

여기에서는 원장으로 대표하지만, 주임 교사처럼 관리 업무를 맡은 사람들이 하는 일에 대해서 이야기하도록 하겠습니다.

결론부터 말하면, 원장은 어디까지나 보육 기관을 상징하는 존재입니다. 또한 교통을 정리하는 사람도 되고, 오케스트라를 지휘하는 사람도 됩니다. 그 까닭은 다음과 같습니다.

원장은 교직원 한 사람 한 사람이 보육 기관의 주인공이라고 생각할 수 있도록 노력하고 있는데, 그렇게 하기 위해서는 교사 한 사람 한 사람이 어디에 관심이 있는지, 특기가 무엇인지 알고 살릴 수 있어야 합니다. 그리고 교직원의 성실성이나 노력이 자신감으로 이어질 수 있도록 격려해야 합니다.

다음은 계통을 밟아 일할 수 있도록 치밀하게 준비해서 회의를 진행하고, 목표를 언제나 뚜렷하게 하고, 다음에 할 일이 보일 수 있도록 목표를 검토해서 끌어가고 확인합니다. 교직원 회의를 하기 전에는 회의 주제를 정리하고, 생각해 볼 문제에 대해서 한 마디 덧붙여 문서를 만들어서 나눠 주는 것도 필요합니다. 무엇을 검토해야 할지 알지 못하는 사람이 생기지 않도록 하고, 모든 사람이 스스로 교직원 회의에 참가할 수 있는 방법을 연구합니다.

원장은 한 사람 한 사람의 힘이 모인 집단이 더욱 발전할 수 있도록 이끌어 나가야 합니다. 보육 기관 전체가 힘이 없다든가, 앞으로 나아가지 못할 때도 있지만 결정한 일을 확실하게 처리해 가면서 힘이 붙습니다. 지역과 연대하면서 여러 면으로 활동하는 것을 방침으로 결정하고도 흥미와 관심만으로 진행해 나간다면 일반 회사와 다를 것이 없습니다. 십 년은 걸려야 사람과 자연이 바뀐다고 생각하고 착실하게 실천해 가야 합니다.

원장이나 주임은 교직원 집단을 만드는 책임을 지고 있습니다. 교직원 집단의 뒤를 쫓아다니면서 관리만 하면 직장은 짜임새가 없습니다. 마음가짐과 방침을 한 걸음 앞에 둘 수 있어야 합니다. 그렇게 하기 위해서는 어린이와 부모의 생활을 살피듯이 보육을 둘러싼 정세를 판단하고 공부해야 합니다.

이처럼 민주주의 방식으로 보육 기관을 관리하면 더욱 효과 있게 운영할 수 있고, 낭비를 줄이고, 같은 일을 하더라도 성과를 더욱 올릴 수 있습니다. 더구나 민주주의 방식으로 운영할 때 가장 중요한 것은 이야기와 설득이라고 할 수 있습니다. 원장이나 주임은 언제나 한 자리에 머물러 있지 않고 앞을 바라보며 일을 진행시켜 나가야 합니다. 날마다 노력해야 할 부분입니다.

부모와 공감하는 보육

안심하고 맡길 수 있는 어린이집

다섯 살 어린이 반이 되면 부모는 어린이가 웬만큼 자랐다고 생각해서 한시름 놓습니다. 교사도 집단이 커졌기 때문에 어린이 한 사람 한 사람을 잘 알아 두어야 한다고 생각하면서도 집단 보육에 중점을 두기 쉽습니다. 이처럼 한 사람 한 사람을 제대로 알아야 하지만, 부모와 어린이집은 마찬가지라고 생각하고 다가가지 않으면 흘려 버리기 쉽습니다.

유치원에서는 어린이집과 달리 전체 보육 기간 이 년 가운데 일 년 안에 어린이의 생활 습관을 확실히 알고, 어린이가 집단 생활을 즐겁게 보내도록 해야 하기 때문에 더욱 어렵습니다. 부모와 공감하려면 어린이가 낮에 생활하는 모습을 부모에게 분명하게 전해야 합니다.

부모는 어린이집에 어린이를 안심하고 맡길 수 있어야 합니다. 부모가 어린이를 어린이집에 맡길 때는 어린이가 위험에 빠지지 않고 안전해야 한다는 것을 가장 중심에 놓습니다. 그 다음으로 그 날 어린이의 모습을 전해 들으면 어린이집에 대한 관심은 늘어납니다. 작은 소식지를 만들거나, 게시판에 날마다 소식을 알리고, 또는 그 밖에 다른 방법들을 날마다 연구해야 합니다.

부모도 교사도 함께 일하는 동료

어린이들은 아침에 눈을 뜨고 나서부터 하루에 반이 넘는 시간을 보육 기관에서 살고 있습니다.

보육 기관에서는 어린이가 먹고 자고 놀고 똥오줌을 누면서 집에서 생활하던 것을 그대로 이어 가고, 사람이 살아가는 데 기초가 되는 생활을 합니다. 그리고 규범과 생활도 같습니다. 이러한 점에서 집은 개인이 생활하는 곳, 보육 기관은 교육을 하는 곳으로 나누어 생각하는 것은 잘못이며, 어린이의 생활 대부분을 책임지고 있는 교사는 부모와 연대해야 합니다.

현재 보육 기관이 가장 중요하게 해야 할 일은 생활에 뿌리를 둔 보육을 확립하는 것입니다. 교사와 부모가 힘을 모아야 어린이는 유아기에 길러야 할 힘을 기를 수 있습니다.

교사와 부모가 함께 성장하려고 하는 마음이 있어야 교사는 부모의 생활을 확실히 알고 이해할 수 있습니다. 교사와 부모는 똑같이 노동자이며 자식을 키우고 있습니다. 부모도 교사도 함께 일하는 동료라는 마음으로 어린이를 키우고, 함께 고민하고 생각하며 손을 잡아야 합니다. 또 어린이도 더욱 부드럽고, 차분하게 대해야 보육 기관이 지역에 뿌리를 내리고 성장할 수 있습니다.

이야기를 바탕으로

보육 기관에서 아이를 맞이하고 보낼 때 부모와 교사가 주고받는 말한 마디는 서로를 이어 주는 끈입니다. 어느 보육 기관에서나 날마다 부모와 얼굴을 마주할 때 교사가 건네는 말 한 마디에 안심하고 어린이를 맡길 수 있다고 생각하여 긴장이 풀리는 부모를 볼 수 있습니다.

이런 예도 있습니다. 어느 유치원에서는 부모가 아이를 마중 나올 때 반드시 교사가 그 아이에 대해서 한 마디씩 해 주는 모양입니다. 처음에 부모는 날마다 그렇게 이야기해 주지 않아도 알림장에 써 있는데 하고 생각하다가, 그런 일이 되풀이되면서 유치원에 대한 관심도 높아졌다고 합니다.

또 다른 예도 있습니다. 아이들이 보육 기관 버스를 타고 오는 곳에서는 부모와 교사가 얼굴을 마주할 수 있는 기회가 손꼽을 정도로 적기 때문에 반 모임이나 지역 모임 같은 데서 만나려고 노력하는데 좀처럼 되지 않아서 안타깝다는 것입니다.

이처럼 부모와 관계를 맺으려면 날마다 얼굴을 마주 대해야 합니다.

다섯 살이 되면 어린이는 어른들이 이야기하는 데 끼어들고 싶어서 목을 쭉 내밀고 가만히 듣고 있습니다. 그럴 때는 조금은 어린이가 들어도 좋은 이야기를 하는 마음을 가지는 게 좋겠습니다.

보육 기관 처지에서 보면 부모에게 도움을 받으면서 어린이를 키울 수 있다는 것이 얼마나 기쁜 일인지 모릅니다. 그렇게 되기 위해서 날마다 노력하도록 합시다. 그리고 부모와 교사가 함께 할 수 있는 연결 고리를 만들어 가도록 합시다.

어린이 모습을 부모에게 알린다

어린이가 어린이집에서 생활하는 모습이나 활동 목표를 부모에게 알립시다. 방법은 일 년 생활 속에서 살펴봅시다.

개인 면담

어린이가 새로 어린이집에 들어오거나 윗반으로 올라 갈 때쯤 되면 부모와 담임 교사가 만나서 이야기를 나누도록 합시다. 그리고 지금까지 자라 온 모습과 발달 상황 가운데 특히 주의해야 할 것이 있으면 귀담아듣도록 합시다. 그리고 현재 어린이의 모습이나 상태도 사실대로 이야기합니다.

반 모임

새로운 해가 시작되면 부모에게 담임의 방침을 이야기해 주고, 힘을 모아야 할 것을 이야기합니다. 반 모임은 새로운 부모들끼리 관계를 맺는 중요한 자리이기도 합니다. 보육 기관에 따라 반 모임을 일 년에 세 번 하는 곳도 있고, 달마다 하는 곳도 있습니다. 반 모임은 전체 부모가 모두 모여 교사와 함께 이야기하는 중요한 자리입니다.

가정 방문

교사는 어린이가 어떤 지역과 집안에서 생활하고 있는지 그 환경을 알아야 어린이를 부드럽게 키울 수 있습니다. 교사가 집에 찾아가면 어린이는 물론 부모도 한결 친근감을 느낍니다. 될 수 있는 대로 집 안까지 들어가서 이야기하는 것이 바람직합니다.

개인 만남

반 모임에서도 내 아이와 우리 반의 아이에 대해서 교사와 부모가 서로 이야기할 수 있는 기회는 있습니다. 그러나 모임에서 활발하게 이야기를 하든, 좀처럼 이야기를 못 하든 간에 짧은 시간이라도 자기 아이에 대해서 집중해서 교사와 이야기할 수 있는 자리가 있어야 합니다. 이 때는 어린이의 장점과 극복해야 할 점을 이야기하면서도 부모를 격려해 주어야 합니다. 그리고 보육 기관에서는 눈치채지 못한 어린이의 모습을 서로 이야기한다면 서로 더욱 가까워질 것입니다.

지역 모임

부모가 보육 기관으로 찾아오는 것을 기다리지만 말고, 일 년에 한 번이라도 보육 기관을 벗어나 지역으로 나갑니다. 반 구분 없이 가까이 사는 아이들의 부모를 만나거나, 새로 들어온 아이들의 부모를 만나서 서로 의견을 나눕니다. 그 때 어린이들이 보육 기관에서 생활하는 모습을 담은 슬라이드나 비디오테이프를 보여 주면 반응도 좋고, 이야기도 풍부해집니다.

슬라이드, 비디오테이프의 활용

시청각 기구로 보육 내용을 알리면 아주 좋습니다. 때로는 보육 기관 생활을 소개하고, 때로는 발달 과정을 쫓아가 보기도 합니다.

알림장

다섯 살 어린이 반에서는 날마다 어린이마다 알림장을 기록하는 것보다 반에서 집단으로 생활하는 반 일지를 중점으로 기록하고 있습니다. 그래도 특별히 교사와 부모가 서로 전하고 싶은 것이 있을 때를 대비하여 알림장을 만들어 놓습니다.

반 일지

반 일지는 한 달에 한 번, 일 주일에 한 번, 한 달에 한 번 따위로 펴내는데 어린이가 유치원에서 어떻게 생활하는지 확실하게 부모에게 전하고, 무엇보다 부모를 안심시키기 위하여 빠트릴 수 없는 중요한 자료입니다. 부모는 일지를 보면서 어린이집의 보육 목표를 더욱 깊이 이해할 수 있습니다. 교사와 부모를 연결하는 사랑의 화살로 생각하고 끈기 있게 펴내면 좋습니다.

계획과 실천, 한 해 마무리

동료와 함께 계획을 세운다

보육에는 계획과 실천 그리고 한 해 마무리가 있습니다. 교사 경력과 능력에 따라 여러 가지 방법으로 계획을 세우고, 실천하지만 혼자 생각해서 세워 보는 게 좋습니다. 현재 보육 전문지라고 하는 잡지들은 나이마다 계획안을 보여 주고 일 년 동안 그 방법대로 따라 하면 좋다고 주장하고 있습니다. 그러나 자기가 맡은 반의 어린이를 확실하게 이해하고, 어떻게 키워야 하는지 검토하는 훈련은 스스로 해 나가야 몸에 익힐 수 있습니다.

어린이의 현실에 맞춰 올해는 몸을 많이 움직이게 하는 활동을 한다거나, 노래를 실컷 부르게 한다거나 하면서 다섯 살 어린이 보육에서 반드시 짚고 넘어가야 할 것 가운데 그 해 중점으로 해 보고 싶은 것을 살리는 것도 좋겠지요.

계획을 세우지 않거나, 제대로 세우지 않아도 어린이를 키울 수 있다고 말할 수 있습니다. 그러나 한 달만 지나면 "오늘은 됐어. 내일부터 하면 돼." "행사가 다가오면 하면 돼." 하고 생각하면서 어린이를 키우는 것과, 날마다 되풀이하면서 앞을 미리 내다보고 어린이가 성장, 발달하는 데 필요한 힘을 몸에 익히게 하는 것에는 차이가 있습니다. 그러니 일 년이 지나면 차이가 아주 많이 날 것입니다.

복수 담임이 계획을 세울 때는 실천 계획을 하나하나 자세하게 일치시켜야 하기 때문에 몇 번이고 검토하고 실천하면서도 되풀이해서 이야기를 해 나가야 합니다. 반에서 세운 계획을 다음에 교직원 집단에서 이야기해 봅니다.

우리 어린이집에서는 보육을 중심으로 이야기를 나누기 위해서 한 달에 한 번 보육 회의를 엽니다. 회의는 원장 중심으로 운영하지 않고 보육위원회가 중심이 되어 하고 있습니다. 이 위원회는 전체 토론을 위해서 나이마다 모임을 따로 갖기도 합니다. 그 때 연간 보육 주제를 파고 들어 검토합니다. 1959년도를 보면 연간 보육 주제는 '어린이다운 마음과 건강한 몸'이고, 그 내용은 '날마다 힘차게 어린이집에 오는 어린이, 기운차고 하고 싶어하는 마음이 넘치는 어린이, 표현을 풍부하게 하는 어린이, 잘 바라보고 잘 생각하는 어린이'입니다. 이것은 몇 년 동안 바뀌지 않을 것이지만, 그 주제를 실현하기 위해 올해는 연도 초에 다음과 같은 것을 결정했습니다.

첫째, 한 살부터 여섯 살까지를 내다보며 전망을 갖고 어린이를 키우기 위해서 연구 활동을 합니다.

둘째, 부모와 좀 더 손을 잡기 위해서 정보 활동을 강화합니다.

셋째, 나이가 다른 반이 서로 많이 교류할 수 있도록 합니다.

위에 맞춰서 먼저 교사가 반 어린이의 현실에 맞는 계획을 세우고, 다음으로 자기 중심으로 계획을 세우지 않았는지 토론합니다. 그리고 마지막으로는 한 살부터 여섯 살까지 핵심으로 해야 할 것을 간결하게 이야기할 수 있을 때까지 계획을 세우면 다른 교사들도 별다른 의견 없이 받아들이는 것 같습니다.

예전에 보육 계획은 세워지자마자 죽는다는 말이 있었습니다. 보육 계획의 한 면을 풍자하는 말입니다. 아무리 계획을 세워도 그 날 어린이의 상황이나 날씨에 따라 바뀌어 버리고, 계획대로 진행되지 않는다는 것을 나타내고 있습니다. 또한 어린이의 현실을 무시하고 계획대로 하면 안 된다는 것을 나타내는 말이기도 합니다.

이러한 면은 현재에도 남아 있지만 죽기까지는 않은 것 같습니다. 무엇을 주고, 어린이를 어떻게 키울 것인가를 먼저 생각한다면 그렇게 되겠지만 어떠한 아이로 키울 것인가 하는 목표가 뚜렷하면 계획 그 자체는 살아 있는 것으로, 죽은 것이 아닙니다.

잘 먹고, 잘 놀고, 잘 표현하고, 앞을 미리 내다보고, 자립할 수 있는 아이를 목표로 한다면 계획은 더욱 생생한 것이 될 것입니다. 이는 실천 사례에서 확실하게 나타납니다.

교재와 교구를 풍부하게 준비한다

흥미 있는 교재와 교구

어느 나이라도 어린이가 활동할 때는 활동하고 싶어하는 마음을 불러일으킬 수 있는 내용이 있어야 합니다. 그 마음은 대상이 되는 것이 있어야 생깁니다.

활동하고 싶어하는 마음을 불러일으킬 수 있는 대상은 시각 청각 촉각 및 운동 기관을 자극하는 것이고, 말을 배울 수 있는 것이어야 합니다. 또 어린이는 알지 못하는 대상에 도전하는 심리가 있는데 거기에 맞는 것이어야 합니다. 그러나 이것은 현실 생활과 동떨어진 것이 아니라, 평소에 보거나 알고 있고, 살릴 수 있는 것이어야만 합니다.

그러기 위해서는 교사가 어린이와 교재, 교구 사이에 들어갈 수 있어야 하고, 어린이가 교재와 교구를 계속 흥미로워할 수 있어야 하고, 어린이가 기쁨을 느낄 수 있어야 합니다.

여러 가지 교재와 교구

• 손으로 주무를 수 있는 것으로 모래, 흙, 두부 비지, 밀가루 점토, 지점토, 기름 점토, 자신들이 만든 지점토 따위가 있습니다.

• 그림을 그리거나 가위로 자를 수 있는 것으로 4절, 8절 도화지, 색도화지, 색지, 포장지, 셀로판, 기름 종이, 마분지, 두꺼운 천, 얇은 천 그리고 재생 섬유인 구리암모늄레이온 같은 것이 있습니다.

• 종이를 자를 수 있는 가위, 마분지를 자르는 가위, 천을 자르는 가위, 커터 따위가 있습니다.

• 글을 쓰거나 색을 칠할 수 있는 것으로 굵은 매직펜, 마커, 크레용, 연필, 그림물감, 포스터물감 같은 것이 있습니다.

• 종이나 천 따위를 붙일 수 있는 것으로 풀, 스테이플러, 본드, 셀로판테이프, 컬러테이프가 있습니다.

모두 어린이 가까이에 늘 놓아 두고 싶은 것들뿐입니다. 그러나 주는 방법, 그 사물의 쓰임새, 그 사물을 쓰는 방법에 대해서도 생각해 두어야 합니다.

우리 둘레에 있는 것, 예를 들면 나들이, 어린이집 마당에 있는 고정 놀이 기구, 체육 놀이, 문학, 말, 음악, 리듬, 자연, 사람 관계, 생활이 어린이들한테는 교재입니다.

종이접기 하나도 어린이들이 모두 이해할 수 있게 설명하려면 어렵기만 합니다. 늦게 이해하는 아이도 쉽게 알 수 있도록 설명하는 것을 연구하는 것도 교재 연구입니다.

교사는 늘 시간에 쫓기기 쉽지만, 그럴수록 교재 연구를 좀 더 열심히 해야 합니다.

한 해 마무리

날마다 실천한 것을 기록해야 실천을 되돌아볼 수도, 어린이의 모습을 이해할 수도 있습니다. 또 보육 일지를 열심히 기록하거나, 자기의 연구 주제에 맞추어 정리해 나가는 것도 도움이 됩니다. 그리고 과제마다 따로 정리해 보거나, 넓게 되돌아보는 것도 좋습니다.

1, 2, 3기로 정리해 보거나, 전반기와 후반기로 정리하면서 일 년을 정리해 갑니다.

실천이 공통의 재산이 될 수 있도록 한 해가 끝날 때는 물론 단계마다 실천한 내용을 교직원 집단에서 함께 확인할 수 있어야 합니다.

그래도 때때로 반에서 정리해 보는 내용과 교직원 전체에서 평가하는 내용이 다를 경우도 있습니다. 그 때는 담임 교사에게 한쪽으로 치우친 경향이 있는지, 교직원 회의를 할 때 반 현실을 잘 모르는 상태에서 말만 한 것인지 차분히 이야기를 나누어 보고 저마다 자기가 맡은 반을 잘 이끌어 나가야겠습니다.

실천을 정리할 때는 무엇을 했는지 보는 것도 중요하지만, 그 속에서 어린이가 어떻게 바뀌고 발전했는지, 무엇이 과제로 남았는지를 뚜렷하게 밝혀야 합니다.

그리고 한 해를 정리할 때는 대체로 다음 해 담임도 정해지기 때문에 교사가 담임을 맡을 반에 마음을 낼 수 있는 방향으로 하면 좋겠습니다.

마무리하고 정리하는 것뿐만 아니라 실천한 내용을 기록합시다. 그리고 여러 방향에서 실천을 드러나게 하여 교직원 집단의 힘으로 기록을 더욱 잘 다듬어서 활용할 수 있는 방법을 찾으면 좋겠습니다.

5

궁금해요

질문 간질이 있는 아이가 어린이집에 들어오는데 주의해야 할 것
① 이 무엇일까요?

간질은 경련 같은 발작을 되풀이해서 일으키는 병입니다. 이 발작은 뇌세포에서 이상한 방전이 일어나서 생긴다고 합니다. 간질은 발작 형태에 따라서 여러 종류가 있습니다. 발작 형태에 따라 증세가 나타나는 나이가 다른데, 점두간질은 두 살까지 나타나는 경우가 많고, 레녹스 증후군은 두 살부터 일곱 살까지 나타나는 경우가 많다고 합니다.

간질에는 발달 지체가 함께 오는 경우와 그렇지 않은 경우가 있고, 그 증세도 발작 형태에 따라 여러 가지로 나타납니다.

간질의 진단은 뇌파 소견에 따라 합니다. 의학에서는 간질을 약물로 치료하는 게 중심인데, 항경련제를 먹게 합니다. 항경련제는 오랫동안 먹어야 하고, 부작용이 생기는 경우가 많기 때문에 정기 검진을 받거나, 평소에 의심이 가는 것은 확실히 의사에게 알려야 합니다. 부작용을 염려하여 마음대로 처방 약을 끊어 버리는 보호자도 있는 것 같습니다. 하지만 발작이 자주 일어나면 뇌세포에 아주 나쁜 영향을 주기 때문에 의사와 제대로 상담해야 합니다. 보통 뇌파가 정상화된 이 년 뒤부터 약을 줄여 나갑니다.

간질이 있는 어린이가 어린이집에 들어왔을 때는 다음과 같은 점을 배려해야 합니다.

먼저, 의사나 부모한테서 일상 생활에서 조심하고, 배려해야 할 점을 잘 들어 두어야 합니다. 어떤 때 발작이 일어나기 쉬운지, 무엇을 주의해야 좋은지 따위를 알아 두어야 합니다. 또 발작이 일어났을 때 어떻게 대처해야 하는지도 알아 두어야 합니다. 더구나 수영장 물놀이를 지도할 때는 많이 조심해야 하는데, 그 아이를 전담하는 담당자를 정해 놓는게 좋습니다.

다음으로 생각해 둬야 할 것은 항경련제는 간질 그 자체를 낫게 하는 약이 아니라 발작을 억제하는 약이라는 것입니다. 약으로 발작을 억제하면서 뇌가 성숙해져 발작이 일어나지 않는 상태를 기다리는 것입니다. 그렇기 때문에 어린이가 제대로 잘 발달할 수 있도록 아이를 잘 돌보고 키워야 병을 이겨 내게 할 수 있습니다.

질문 2 언제나 얼굴이 꺼칠꺼칠하고 안정감이 없는 아이는 어떻게 해야 좋을까요?

안정감이 없는 아이는 보통 날마다 텔레비전을 많이 보거나 늦게 자고, 아침에 늦게 일어나거나 밥을 제때 먹지 않아 생활 리듬이 흐트러져 있는 경우가 많습니다. 어린이가 생활 속에서 안정을 찾을 수 있도록 교사와 부모는 이야기를 자주 나눕시다.

그런데 특별히 눈에 띄게 산만하게 돌아다니거나, 집단에도 쉽게 섞이지 못하면 미세 뇌 손상일 수도 있으므로 그 밖에 다른 여러 모습도 잘 관찰하도록 합시다.

미세 뇌 손상이 있는 어린이는 지적 발달은 제대로 하지만 여러 행동에서 이상이 나타납니다. 예를 들면 조금도 가만있지 못하고 계속 움직이고, 손과 발을 어색하게 움직이고, 흥미를 기울이는 범위가 아주 좁고, 한 가지 일이나 사물에 집착합니다. 그리고 건너뛰기처럼 두 발이 어우러지는 운동은 잘 하지 못하고, 말은 잘 하는데 다른 사람이 하는 말을 잘 이해하지 못하거나, 장면과 관계 없는 것만을 이야기하기도 합니다. 또는 집중하는 시간이 짧고, 여러 가지 자극에 반응하여 주의가 산만한 경우도 있습니다. 대인 관계가 원만하지 못한 경우도 많습니다. 이런 증상 가운데 몇 가지가 미세한 신경학적 이상 때문에 나타나는 경우를 미세 뇌 손상 증후군이라고 합니다.

이러한 어린이들은 유아기에는 좀처럼 잘 나타나지 않지만, 보육을 하다가 특별히 이상하다고 생각되면 어린이 상담소나 그 밖에 어린이 상담 기관에 찾아가 보기 바랍니다.

질문 ③ 청각 장애 어린이가 어린이집에 들어왔는데 보육할 때 배려해야 할 점을 이야기해 주세요.

청각 장애는 얼마만큼 청력 손실이 되었느냐에 따라서 경도 난청(10~40데시벨), 중등도 난청(40~60데시벨), 고도 난청(60~90데시벨), 농아로 나눕니다. 또 환부에 따라서 바깥귀부터 가운뎃귀, 속귀의 감각 세포까지 전음 기관에 장애가 있는 전음성, 깊은 청신경부터 대뇌의 중추에 이르는 경로에 장애가 있는 감음성, 그리고 혼합성으로 나누거나, 음역에 따라 장애를 나누기도 합니다.

장애를 규정하는 요인에는 이런 것들과 장애가 나타난 시기나 태어나서 자라 온 생활 환경이 얽혀 있습니다. 그렇기 때문에 청각 장애라고 해도 그 정도나 질, 발달 상황이 어떠한가에 따라 배려해야 할 점이 달라집니다.

그러나 대체로 남아 있는 청력을 최대한 활용하게 가르치는 청능 훈련과 언어 훈련은 꼭 해야 합니다.

청각 장애 어린이는 처음에 말을 배울 때도 청력이 거의 손실되지 않은 건청 어린이와 견주어 재잘거리며 말하는 시기에 학습해야 할 음성 목록이 쌓이지 않거나, 본이 되는 소리말을 제대로 들을 수 없는 곤란한 면이 있습니다. 그러므로 되도록 빨리 보청기를 써야 합니다. 보청기도 일정한 때마다 조정해야 하는데 의사와 상담하면서 조정하도록 합니다.

중증 장애일 경우 보청기만으로는 제대로 언어를 훈련할 수 없으므로 입술 움직임과 얼굴 표정으로 상대방이 하는 말을 이해하는 구화법이나, 수화, 손가락으로 어떤 모양을 지어 이를 부호로 한 문자인 지문자 같은 다양한 표현 기초를 훈련하여 몸에 익혀야 합니다.

따라서 청각 장애 어린이가 어린이집에 다닐 수 있는지, 어린이집에는 청각 장애 어린이를 받을 만한 환경이 갖추어져 있는지는 이비인후과나 농아 학교에서 전문가한테 의견을 듣고 결정해야 합니다. 그런 다음에 어린이집에 들어오면 상대방을 잘 볼 수 있고, 말을 잘 들을 수 있고, 상황을 쉽게 판단할 수 있도록 책상을 알맞은 곳에 놓아 주고, 말을 할 때는 그 어린이를 보면서 해야 합니다.

더구나 이런 아이들은 스스로 생각하지 않고 다른 아이가 움직이는 것을 흉내만 내기 쉽습니다. 그러므로 스스로 판단해서 '이렇게 해야' 하는 것을 생각해서 행동할 수 있도록 하고, 지금부터 이 활동을 왜 하려고 하는지 어린이의 얼굴을 보고 몸짓을 곁들여 천천히 되풀이해서 설명하고, 어린이가 이해하고 행동할 수 있도록 해 줘야겠습니다.

놀이를 하면서도 자기 주장을 할 수 있게 하고, 집단 놀이에서 자기를 강하게 표현하고 있는지 확인해 봅시다.

질문 ④ 우리 아이는 다른 아이들보다 뚱뚱한 것 같은데 특별히 마음 써서 돌보지 않아도 될까요?

비만인지 아닌지 눈으로 판단하는 것은 느낌일 뿐입니다. 신체 발육 퍼센타일 곡선에 어린이의 키와 몸무게를 적어 보고 100퍼센타일을 웃돌 때는 비만이라고 봐도 좋겠지요.

또 다른 판정 기준으로 카우프 지수라는 것이 있습니다. 왼쪽의 수식으로 계산해서 그 수치가 20이상이면 비만이라고 합니다. 보통 수치는 16~18입니다.

비만은 성인병을 낳기 쉬우므로 만약 비만이라면 생활 전체를 점검해 보아야 합니다.

첫째, 밥과 간식을 먹는 시간과 양을 지킵시다. 집단 생활을 한다면 양은 그렇게 조심하지 않아도 되지만, 한 그릇보다 더 먹지 않도록 해야 합니다. 목욕하고 난 뒤나, 자기 전에 음료수를 마시지 않도록 합시다.

둘째, 밥은 되도록 천천히 꼭꼭 씹어서 먹도록 합시다. 1984년 9월 4일치 마이니치 신문에 실린 '성 마리안나 의과 대학 병원 영양 상담실에서 조사한 결과' 를 보면 어른도 빨리 먹는 사람에게서 비만이 많이 나타난다는 결과가 나와 있습니다. 천천히 먹으면 그 사이에 혈당치가 올라 식욕 중추가 배가 부르다는 신호를 보내는데, 빨리 먹는 사람은 그 신호가 나오기 전에 많이 먹어 버리기 때문입니다.

셋째, 천천히 먹게 하기 위해서는 잘 씹어야 먹을 수 있는 음식을 상에 올립니다. 쌀밥보다는 현미밥을, 섬유질이 많은 우엉이나, 배추와 양배추의 단단한 부분과 미나리 같은 채소를, 고기는 덩어리째 음식을 만들어서 잘라 먹을 수 있도록 해 줍니다. 그 밖에 닭똥집, 콩, 오징어 같은 것도 좋습니다.

넷째, 지방은 조금이라도 에너지가 많이 나오기 때문에 유지방을 써서 만든 음식은 먹지 않도록 합니다. 단백질이 많이 들어 있는 식품도 고기보다는 생선이나 콩이 좋습니다.

그러나 비만에 너무 신경 쓴 나머지 이것도 안 되고 저것도 안 된다는 식으로 잘 먹지 못하게 하거나, 밥 양을 줄이면 배가 빨리 고파 와서 간식을 많이 먹으려고 합니다. 어린이가 섭취한 에너지를 다 쓸 정도로 놀이에 푹 빠져 활발하게 놀면 너무 걱정하지 않아도 됩니다.

질문 ⑤ 다섯 살 아이를 둔 어머니입니다. 부모회에서 이런저런 이야기를 나눴는데, 대부분 집에서는 어린이들에게 수영이나 피아노 같은 과외 공부를 시키는 것 같았습니다. 우리 아이는 어린이집에서 수영을 할 수 있고, 노래도 많이 알고 있기 때문에 굳이 과외 공부를 시키지 않아도 된다고 생각하고 있었습니다. 그런데 아이의 앞날을 생각하면 이렇게 태평하게 있을 수만은 없다는 생각도 들었습니다. 어떻게 하면 좋을까요?

신문이나 텔레비전을 보고 있으면 "네 살은 이미 늦다."거나, "한 살부터 학원에." 하는 구호가 넘쳐나고 있고, 학습지 외판원도 상품을 팔려고 "지금 하지 않으면 평생 후회합니다." 하면서 부모를 유혹합니다.

또 함께 놀려고 해도 동무들이 모두 과외 학원으로 가 버려서 놀 동무가 없다는 말도 듣습니다.

이렇게 되니까 어머니는 불안하기만 합니다. 그러나 어린이는 어린이집에서만 생활해도 되고, 또한 그것이 올바르다고 생각합니다. 예를 들면, 피아노 연주자가 되려고 하는 확실한 목표가 있으면 다르겠지만, 지금 뭔가 배우게 하지 않으면 뒤처지는 것은 아닐까 하고 생각하지 않아도 됩니다.

다섯 살쯤 되면 아직 무엇을 배우고 싶은지 확실하게 생각하지 못합니다. "○○도 배우고 있으니까 나도 수영 학교에 가고 싶다."고 생각하는 정도입니다. 그래서 보내 주지만 결국 한달 만에 그만두기 쉽습니다. 또 부모가 배우게 하고 싶어 강제로 보내지만 학원 가는 날이 되면 어린이가 가기 싫어해서 달래서 보낸다는 이야기도 자주 들립니다.

또 어린이집에 다니고 있는 어린이는 날마다 어린이집에 가서 생활하는 것만으로 많이 긴장해 있고 피곤해합니다. 거기에다 또 과외 공부까지 한다면 어린이는 아주 부담스러워합니다. 과외 공부 때문에 오래간

만에 동무들과 놀 수 있는데 거기에서 빠져 나와야 하거나, 일요일에 동무들과 놀 약속도 하지 못한다면 좋지 않습니다. 이 시기는 동무들과 함께 돌아다니면서 노는 것이 즐거운 시기입니다. 그것을 과외 공부 때문에 망친다면 가엾은 일입니다.

그러면 어느 무렵부터 과외 공부를 시키느냐 하는 문제가 생기는데, 이것은 부모가 아이를 어떻게 생각하느냐에 따라서 달라집니다. 초등학교에 다닐 때부터 고등 학교를 졸업할 때까지 한 번도 과외 공부를 하지 않는 어린이도 얼마든지 있습니다. 중요한 것은 다른 아이도 하니까 우리 아이도 시킨다고 생각하지 않는 것입니다.

학원에 보내 놓으면 안심이 된다는 식으로 부모가 불안하지 않으려고 보내거나, 부모의 겉치레를 위해서는 보내지 않아야 합니다. 이렇게 하면 어린이에게 어떠한 점이 도움이 되는지, 어린이가 부담스러워하지 않는지, 오랫동안 다닐 수 있는지 같은 것을 생각해서 결정해야 합니다. 만약 보낸다고 한다면 몇 군데를 견학한 다음에 아이에게 맞는 곳을 골라서 결정하는 것이 좋겠습니다.

질문 ⑥ 두 아이를 둔 어머니인데, 나이는 서른 살입니다. 시어머니와 함께 살고 있습니다. 시어머니는 손자에게 지나치게 관대해서 무엇이든 다 사 줍니다. 저는 좀 더 구분해서 사 주고 확실하게 버릇을 들이고 싶습니다. 아이를 키우면서 시어머니와 늘 부딪치고 있습니다. 어떻게 하면 좋겠습니까?

'할머니가 키우는 아이'라고 흔히 말하는 것처럼 할머니가 아이를 키우면 안 좋은 면이 많다고들 이야기합니다. 손자가 귀여운 나머지 지나치게 보호해서 모처럼 자라나고 있는 자립의 싹을 꺾어 버린다거나, 아이가 무엇을 사 달라고 하면 금세 사 주어서 욕구를 억제하지 못하게 한다거나, 그 밖에 여러 문제들을 이야기합니다. 그래서 아이가 어려운 일은 스스로 해결하지 못하고 문제에 부딪치면 울기만 한다고도 합니다.

할머니는 아이를 키워 보았기 때문에 젊은 어머니가 아이를 키우는 것을 보면 위태위태하고 조마조마해서 보고만 있지 못하고 참견을 하기 쉽습니다. 그러나 아이 키우는 책임은 부모한테 있습니다. 할머니에게는 아이를 키워 본 경험과 슬기를 빌리면서, 할머니에게 부모가 생각하는 것도 전하여 서로 생각을 하나로 모을 수 있도록 노력해야 합니다.

어린이는 부모가 책임지는 것이 기본이라는 것을 확실히 한 다음에, 할머니와 같이 어린이가 어떻게 자라기를 바라는지, 평소에 함께 이야기할 수 있으면 좋겠습니다. 어른들이 자기 일로 마음을 쓰고 힘을 모은다는 것을 느낄 수 있는 집에서 자라는 어린이는 행복합니다.

그런 어린이들은 왠지 모르게 마음이 느긋하고, 동무들을 잘 이해하고, 서로 조금 부딪쳐도 손부터 나오지 않습니다. 상대방 마음을 생각해 주는 태도가 자연히 갖추어져 있는 것 같습니다. 부모뿐만 아니라 좀 복잡한 관계 속에서 어른들이 어울리는 것을 보고, 듣고, 느끼면서 자랐기 때문일 것입니다. 그런 따뜻한 분위기 속에서 어린이는 바쁜 부모와 달리 느긋한 할머니와 만나면서 옛날 이야기를 듣고 진귀한 놀이를 배웁니다. 이런 생활은 어린이의 마음 속에 그리움과 풍부함을 키워 줄 것입니다.

핵가족이 많이 늘어나면서 태어나는 어린이도 줄어들고 있는 이 때, 할아버지 할머니는 아이를 키울 때 꼭 있어야 하는 귀중한 존재입니다. 안 좋은 면도 있지만 그것보다 더 좋은 면이 많으므로 할아버지, 할머니가 할 수 있는 일을 확실하게 자리매김해 놓아야 합니다.

인류가 만들어 온 문화나 생활, 생명을 이어받을 수 있도록 아이를 키웁시다. 오늘날 이 일은 참으로 중요한 일이라고 생각합니다.

질문 7 저는 공립 어린이집에 근무하는 교사입니다. 요즘 우리 시에서는 공립 어린이집에 들어오는 아이가 줄어들어 정원 미달이라는 큰 문제가 생기고 있습니다. 시 당국은 요즘 공립 어린이집의 규모를 줄이고, 교사도 다른 직업으로 바꿔 배치하려고 생각하고 있는 것 같습니다. 어떻게 하면 좋겠습니까?

보육 기관의 규모에 따라 맡아야 하는 어린이의 수가 정해져 있고, 정원은 그 보육 기관이 인가받을 때 정해집니다. 어린이집에 들어온 어린이 수가 그 정원을 밑돌면 정원 미달이라고 합니다.

국가나 시, 군, 구는 태어나는 어린이가 줄어들고, 보육 시설이 넘쳐서 정원 미달이 생긴다고 말하고 있습니다. 또 사립 어린이집에서 정원 미달이 되면 어린이집을 경영하기 어렵고, 교사들은 실직하고, 둘째, 공립 어린이집은 시 군 구에서 보육 기관 경영을 책임지고 있고, 교사들도 다른 직업으로 바꿔 융통성 있게 배치할 수 있기 때문에 공립 어린이집부터 규모를 줄여 나간다고 설명하고 있습니다. 그러나 국가는 공무원을 줄이는 정책을 펴고, 사회 복지 시설을 민간에 위탁 운영하려고 하고 있습니다. 또 이 기회에 재정 부담이 큰 공립 어린이집을 줄이려고 생각하는 지방 자치 단체도 있습니다.

출생률이 낮아져 태어나는 어린이는 몇 년 사이에 빠르게 줄어들고 있지만, 일하는 어머니는 늘어나고 있기 때문에 어린이집에 다녀야 하는 어린이들은 많아지고 있습니다. 실제로 오사카에서도 인가받은 어린이집에서는 정원 미달이 생기고 있어도, 영리를 목적으로 하는 사립 보육 시설은 약 5백여 곳이나 있습니다. 오사카 부에서 조사한 데 따르면, 오사카 시를 제외하고 약 6천 명이 넘는 아이들이 그 곳에 다닌다고 합니다.

공립이나 사립 어린이집에 아이를 맡기려고 해도 앞으로 일을 하고 싶은 사람이나, 옆에 할머니나 할아버지가 있는 사람은 아이들을 맡길 수 없는 것처럼, 어린이집에 들어갈 수 있는 기준이 점점 까다로워지고 있습니다.

그 밖에 보육료가 비싸고, 보육 시간이 맞지 않고, 출산 휴가가 끝날 때부터 아이를 맡길 수 없고, 젖먹이 아기의 정원이 언제나 넘쳐서 맡길 수 없는 것처럼, 아이를 어린이집에 맡기고 싶어도 맡기지 못하는 사람들이 많이 있습니다.

그렇기 때문에 먼저 정원 미달이 생기는 진짜 까닭을 조사해 봐야 합니다. 그렇게 하기 위해서는 지역 어린이의 생활 상황을 초등 학교와 나이마다 구분하여 어린이가 보육 기관에 얼마나 다니고 있는지, 보육 기관은 모자라지 않는지, 보육 내용은 어떠한지 따위를 행정 자료에 근거하여 정확하게 밝히고, 잠재해 있는 보육 요구에 대해서도 조사해 봐야 합니다. 부모회와 지역의 보건소 같은 곳과 함께 연락하고, 어린이가 있는 집을 찾아가고, 어린이집 설명회나 모임을 만들어 어떠한 아이로 어떻게 키울 것인지, 그것을 위해서 보육 기관이 어떤 일을 하고 있는지 주민들이 올바로 알 수 있도록 활동합니다.

또 비싼 보육료를 낮추거나 공립 어린이집의 보육 내용을 개선하고, 출산 휴가가 끝난 뒤 아이를 맡기는 운동, 보육 시간 연장 운동, 급식 개선 운동 같은 것을 해서 안심하고 맡길 수 있는 어린이집을 만들기 위해 더욱 노력해야 합니다.

마지막으로 사립 어린이집과 관계되는 문제인데, 공립 어린이집에 다니는 어린이들을 사립으로 돌려 사립 어린이집의 경영이 잘 되게 하려고 해도, 국가의 최저 기준이 너무 낮습니다. 그래서 사립 어린이집에서는 보육 예산이 모자라 교사 정수를 채우거나, 교사 인건비를 제대로 줄수 없습니다. 이렇게 운영 모순을 근본부터 해결하지 않고서는 결국 나중에 턱없이 낮은 기준 아래서 사립 어린이집을 경영할 것을 강요할 수 있습니다. 어린이집 수도 지나치게 민간에 기대면 공립과 사립의 격차가 바로잡히지 않는 것이 현실입니다. 사립 어린이집을 건전하게 운영하려면 공립 어린이집을 줄이지 않고 공립, 사립 어린이집과 함께 지역주민이 바라는 보육 내용과 제도를 공공으로 갖춰 나가야 합니다. 이것을 이루기 위해서 적극 나서야 합니다.

교사, 부모, 연구자 들이 쓴 어린이집 실천 기록

다섯 살, 우리 아이 어떻게 키울까?

2007년 7월 12일 1판 1쇄 펴냄 | 2015년 3월 3일 1판 4쇄 펴냄 | **글쓴이** 오사카보육연구소 | **옮긴이** 이학선 | **표지 그림 · 사진** 강우근, 권혁도, 윤종진, 이태수 | **펴낸이** 윤구병 | **편집** 신옥희, 심명숙, 한유경 | **교열 교정** 이송희 | **디자인** 비마인 | **제작** 심준엽 | **영업 홍보** 백봉현, 안명선, 양병희, 이옥한, 정영지, 조병범, 최민용 | **경영지원** 임혜정, 전범준, 한선희 | **인쇄** (주)미르 인쇄 | **제본** (주)상지사 | **펴낸 곳** (주)도서출판 보리 | **출판 등록** 1991년 8월 6일 제 9-279호 | **주소** 경기도 파주시 직지길 492 우편 번호 403-832 | **전화** (031)955-3535 | **전송** (031)955-3533 | **홈페이지** www.boribook.com | **전자 우편** bori@boribook.com

ISBN 978-89-8428-442-5 04370
      978-89-8428-444-9 (전 6권)

이 책의 국립중앙도서관 출판도서목록(CIP)은 e-CIP 홈페이지(http://www.nl.go.kr/cip.php)에서 볼 수 있습니다. (CIP 제어번호 : CIP 2007001861)